현직 디자이너가 알려주는
인디자인 핵심 다이제스트

인디자인
편집디자인
실무노트

심소연 저

DIGITAL BOOKS
디지털북스

현직 디자이너가 알려주는
인디자인 핵심 다이제스트

인디자인
편집디자인
실무노트

| 만든 사람들 |

기획 IT · CG 기획부 | **진행** 양종엽 · 신은현 | **집필** 심소연 | **책임 편집** D.J.I books design studio
표지 디자인 D.J.I books design studio 김진 | **편집 디자인** 디자인숲 · 이기숙

| 책 내용 문의 |

도서 내용에 대해 궁금한 사항이 있으시면,
디지털북스 홈페이지의 게시판을 통해서 해결하실 수 있습니다.

디지털북스 홈페이지 : www.digitalbooks.co.kr
디지털북스 페이스북 : www.facebook.com/ithinkbook
디지털북스 카페 : cafe.naver.com/digitalbooks1999
디지털북스 이메일 : digitalbooks@naver.com
저자 이메일 : simxo@naver.com

| 각종 문의 |

영업관련 dji_digitalbooks@naver.com
기획관련 digitalbooks@naver.com
전화번호 02 447-3157~8

머리말

최근 편집 디자인 분야에서는 물론이고, 웹디자인 분야에서도 인디자인에 대한 선호도가 날로 높아지고 있는 추세입니다. 이미지와 글을 다루는데 굉장히 편리한 프로그램이기 때문에 인디자인에 익숙해지면 기존까지 일러스트로 책자를 만드시던 분들도 "이제 일러스트로는 책자를 다시 못 만들겠다."라고 말씀하실 정도죠.

물론 익숙해지기까지는 어려워하시는 분들도 많아요. 기존에 접해왔던 일러스트나 포토샵과는 조금씩 기능이 다르기 때문인데요. 하지만 쉽게 익힐 수 있고, 또 실무에 편리하게 적용이 가능해서 작업을 하다보면 "내가 인디자인을 몰랐으면 어쩔 뻔 했나~"하는 디자이너들이 많이 있어요. 저도 포함해서요. 필자는 대학 시절에 Quark이나 페이지메이커라는 편집 프로그램을 배웠었는데, 툭하면 이미지나 폰트가 손실되고 누락되고, 타 프로그램과 호환성이 떨어지는 까다로운 부분들 때문에 편집 디자이너는 죽어도 못하겠다고 생각했던 때가 있었습니다.

그러다가 지금으로부터 7~8년 전쯤이었을 거예요. 아직 인디자인이 국내에서 활발하게 사용되기 전에 오랜 기간을 편집 디자이너로 일해오신 작은 삼촌 덕분에 처음으로 인디자인이라는 프로그램을 알게 되었고, 삼촌과 서적에 의지해 더듬더듬 인디자인을 배우기 시작했습니다. 그리고 본격적인 실무를 진행하면서 학원도 다녀보고, 책도 읽어보고, 혼자 골몰하기도 하면서 인디자인이라는 프로그램과 함께 하게 되었습니다.

어느덧 좋아하는 사람들과, 좋아하는 일을 하며 경력이 쌓였고, 프리랜서로 독립을 하고, 인디자인과 편집디자인 실무에 관한 강의를 하고, 이렇게 집필까지 하게 되었습니다. 물론 디자이너는 항상 진화해야 한다고 생각하기 때문에 아직도 배울 것이 많습니다. 끊임없는 발전을 위해 노력 중이기도 하고요. 국내에는 저보다 경력도 많으시고 훌륭한 디자이너 분들이 많으시기에 책을 낸다는 것 자체가 쑥스럽지만 한창 활기차게 필드를 뛰고 있는 디자이너로서 그 동안 열심히 배워온 지식들과 실무 노하우 등을 함께 공유하고, 독자들과 함께 국내 디자인 분야를 발전시키는데 이바지 하고자 이렇게 나서게 되었습니다.

이 책이 나오기까지 도움주신 모든 분들께 감사의 마음을 전합니다. 특히 디자인을 계속할 수 있게 환경을 만들어주고 꼼꼼히 알려준 작은 삼촌 고마워~ 하염없이 늘어지는 원고를 끈기 있게 기다려 주신 디지털북스의 양종엽 차장님 신은현 담당자님 너무 감사드립니다.

디자인을 다시 시작할 수 있게 길을 만들어준 나의 영원한 선배 태란이니, 우리나리 디자인계를 업그레이드 시키고자 하는 꿈을 실현할 수 있게 기회를 만들어준 리메인 준우, 늘 서포트 해주는 유비 건주도 고맙고, 할 줄 아는것도 별로 없던 신입 디자이너를 열정 하나만 보고 뽑아주시고 각종 지원을 아끼지 않았던... 수많은 인쇄사고에도 수업료 지불하고 좋은 경험 한거라고 다독여 주시던 내 생에 최고의 회사 디자인그룹 낯선 이효빈 대표님께도...함께 필드를 뛰던 낯선 동료들에게도 감사의 말씀을 전합니다.

대한민국의 많은 디자이너들이 행복한 디자이너가 되길 희망합니다.

감사합니다.

2017년 1월

심 소 연

PART 01

세팅하고 시작할까?

병사가 출전하기 전 무기를 점검하듯이, 본격적인 시작에 앞서 프로그램에 대해 알아보고 나에게 맞는 환경을 세팅한다.

알아볼까 인디자인?

본격적으로 인디자인 프로그램을 파헤쳐본다. 기본적인 툴과
패널의 기능은 물론 고급 노하우와 테크닉을 익혀보자!

PART 02

PART 02

디자인 스킬을 올려주는 실무 노하우들

기본이 되는 이론과 실무에서 경험한 노하우들을 바탕으로 디자인
스킬을 높여보자!

PART 03

인쇄, 후가공, 감리 등 현장의 모든 것

알고 보면 너무나 재미있는 현장 이야기

프로젝트 돌입!

실무 편집 디자인 프로젝트를 실습해보자! 차근차근 따라 하면 어려울 것이
하나도 없으니 겁먹지 말것!

PART 05

"이제 시작할까요?"

PART 01
세팅하고 시작할까?

Chapter 01

인디자인 설치하기

01 한글판 vs 영문판 어느 것을 사용할까?

인디자인을 강의 할 때 학생들이 많이 하는 질문이 있습니다.

"인디자인 영문판이 좋아요? 한글판이 좋아요?"

영문판 포토샵이나 일러스트를 주로 사용했기 때문에 인디자인도 영문판으로 사용해야 하는 게 아닐까 생각하는 분들이 많은 것 같습니다. 하지만 국내에서는 영문보다는 국문 편집을 할 상황이 훨씬 많기 때문에 한글 편집에 필요한 기능(세로쓰기, 문자회전, 자간세트, 합성글꼴, 루비, 할주 등)이 있는 한글판을 사용하는 걸 추천합니다. 또한 한글로도 어려운 메뉴가 많기 때문에 무작정 영문판을 사용하다보면 인디자인의 기능을 자유롭게 활용하지 못하는 일도 발생합니다.

그럼 영문판에 없는 기능들은 어떤 것이 있을까요?

∷ 세로쓰기

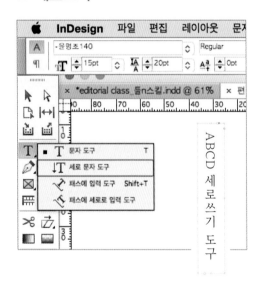

세네카(책등)나 현수막 등에 주로 사용합니다. 영어 알파벳에는 세로쓰기가 없기 때문에, Enter 키로 한 행씩 나눠 주어야 합니다.

∷ 문자회전

글자를 회전시킬 때 문자 패널에서 사용 가능하며 360°까지 글자 회전이 가능합니다. 영문판에는 항목이 없습니다.

∷ 합성글꼴

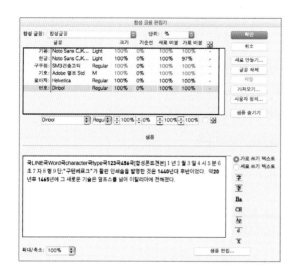

한글, 영문, 구두점, 기호, 번호 등에 각기 다른 서체를 지정하여 사용하는 합성글꼴입니다. 한글과 영문 조합이 많은 본문을 다룰 때 편리하게 사용되는데 영문판에는 이 기능이 없습니다.

그 밖에도 한글 폰트명이 영문으로 표기되고 영문이 우선순위로 배치되는 등 한글을 편집하기에 한글판보다 불편한 점이 여러 가지 있습니다. 한자를 읽는 방법을 표기하는 [루비]나 중요한 글자를 강조하는 [권점], 주석이나 보충설명을 2줄로 쉽게 표기할 수 있는 [할주] 등의 기능 또한 한글판에만 있는 기능들입니다.

02 CS6, CC 다른 점이 뭘까? 어떤 버전을 사용하지?

인디자인 CS5.5에 익숙해질 만하니까 CS6가 출시되더니 이제는 그 이름도 생소한 CC? 내 나이만 빨리 먹는 줄 알았더니 인디자인도 자꾸만 진화합니다. 그렇다면 익숙해진 CS6 버전을 삭제하고 CC버전으로 나도 함께 진화해야 하는 걸까요?

결론부터 말씀드리자면 무조건 최신 버전을 사용할 필요는 없습니다.

필자 주변의 유명한 디지털 드로잉 작가 중에는 아직 포토샵 CS 이하의 버전을 사용하는 분도 있고, 오랜 시간 편집 디자인계에서 일한 편집자 중에서도 CS3 버전을 활발히 사용하는 분도 있습니다.

물론 버전이 바뀔 때마다 몇몇 기능들이 새롭게 추가되고, 하위 버전에서 상위 버전 작업물을 열 수 없다거나 하는 문제가 생기기도 하지요. 하지만 각 프로그램별로 버전을 다운해서 작업물을 열 수 있고, 일시적으로 체험판을 사용할 수도 있으니 그리 큰 문제는 아닙니다.

무엇보다 작업 환경은 익숙하고 즐거워야 합니다. 최상의 프로그램 버전보다는 자신에게 익숙한 툴을 사용할 때 최상의 작업물이 나옵니다. 물론 새로운 버전이 출시될 때마다 경험해보고 싶은 분들이라면 직접 비교하셔도 좋습니다.

CS6

- 소프트웨어 구매 후 사용 (100 ~ 190만원)

CC

- 월마다 2 ~ 6만원 비용 지불 후 사용
- 대용량 클라우드 제공
- Behance 통합
- 글꼴 즐겨찾기 기능 추가
- 색상 그룹 기능 추가(단락 스타일과 유사)
- 그룹 해제 시 레이어 기억
- 표에 이미지 가져오기
- 키보드 단축키, 사전 설정, 작업 영역 등 클라우드에 작업 영역 설정 동기화 후 다른 컴퓨터에서 동일한 설정으로 작업 가능

03 인디자인 설치하기

필자는 CS6 버전을 사용 중이지만 CC 버전의 추가된 기능들도 함께 다루기 위해 CC 버전 체험판을 설치하였습니다. 그럼 여기에서는 간략한 설치 방법을 알아보도록 하겠습니다. 이미 설치가 되어있는 분들은 이번 파트를 건너뛰기 하셔도 됩니다.

> ★ CC버전 설치가 가능한 사양
> Microsoft_ Windows 7 , Windows 8, Windows 8.1(XP에는 CC버전을 설치할 수 없습니다.)
> Mac_OS X v10.7, v10.8, v10.9, v10.10(10.7 라이온 이상 설치 가능)

CC버전 사용료

포토그래피
₩11,000/월

연간 플랜, 매월 결제 ⬍

- Photoshop CC
- Lightroom CC
- 데스크탑 및 모바일 디바이스에서 사진을 구성하고, 편집하고, 공유하는 데 필요한 모든 필수품
- 자세히 알아보기

[가입]

단일 앱
₩23,100/월

InDesign ⬍
연간 플랜, 매월 결제 ⬍

- 선택한 앱의 최신 버전
- ProSite 포트폴리오 웹사이트
- Typekit 데스크탑 및 웹 글꼴
- 20GB의 클라우드 스토리지

[가입]

전체
₩59,400/월

연간 플랜, 매월 결제 ⬍

- Photoshop CC 및 Illustrator CC를 포함하여 20개 이상의 크리에이티브 데스크탑 및 모바일 앱에 대한 전체 컬렉션
- 자신의 포트폴리오 웹 사이트, 프리미엄 글꼴 및 20GB의 클라우드 스토리지

[가입]

설치방법

① http://www.adobe.com/kr/접속 ➡ [메뉴] ➡ 팝업창에서 InDesign 아이콘 클릭

② [무료 시험버전]을 클릭합니다.

③ [로그인] 또는 [Adobe ID 등록 신청]을
클릭합니다.

1. Creative Cloud 설치 프로그램
열기

2. Creative Cloud 데스크탑 앱 설
치

3. InDesign 설치

Creative Cloud 데스크탑 앱이 자동

④ Creative Cloud 프로그램을 설치합니다.

Chapter 02

나만을 위한 인디자인
환경설정하기

01 본격적인 시작을 위한 환경설정

인디자인으로 작업을 하다보면 한 번씩 문제가 생깁니다. 원하는 파일을 불러오려는데 파일이 열리지 않을 때가 있는가 하면, 시간은 없고 일은 많은데 갑자기 알 수 없는 이상한 단위들이 뜨죠. 사실 이것은 오류가 아니라 작업자의 스타일에 따라 수십 가지 모습으로 변하게 프로그래밍 되어 있는 인디자인의 능력 때문인데요. 본격적인 작업을 시작하기 전에 내 작업 스타일에 꼭 맞는 환경으로 세팅해두면 문제없겠죠?

:: 환경설정

환경설정을 할 때는 아무 문서도 열지 않은 상태에서 진행해야 합니다. 문서를 열어놓은 상태에서 설정하면 열려있는 해당 문서에만 설정값이 적용되고, 인디자인을 껐다 켜거나 새로 만든 문서에는 적용 되지 않습니다.

[편집] ➡ [환경설정] (Ctrl + K)

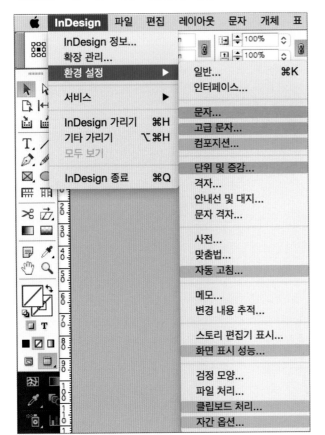

반드시 변경해야 하는 설정들입니다.

작업자 스타일에 따라 자유롭게 변경이 가능한 설정들입니다.

⠿ 문자 환경설정하기_따옴표

따옴표를 입력할 때 굽은 따옴표 또는 곧은 따옴표를 설정하는 창입니다. 굽은 따옴표 사용을
원하는데 체크박스가 해제되어 있다면 체크해주세요.

[편집] ➡ [환경설정] (Ctrl + K) ➡ [문자]

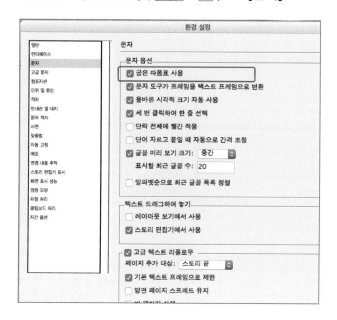

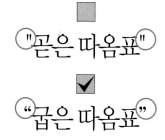

이미 입력된 따옴표는 이후에 옵션을 체크하거나 해제해도 변화가 없습니다. 이렇게 했는데도 여전히 굽은 따옴표가
제대로 표시되지 않을 때가 있는데요, 이럴 때는 사전에서 인용부호를 변경해주면 됩니다.

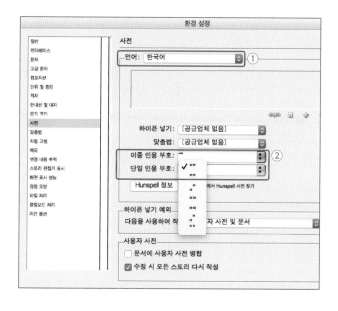

① [언어: 영어]는 기본적으로 인용 부호가
   굽은 따옴표로 설정이 되어있지만 한국
   어는 그렇지 않습니다. [언어: 한국어] 선
   택 후
② 이중 인용 부호와 단일 인용 부호를 굽
   은 따옴표로 설정해주면 됩니다.

:: 고급 문자_위첨자, 아래첨자, 작은 대문자

위첨자, 아래첨자의 사이즈와 위치를 조정해주는 기능입니다.

[편집] ➡ [환경설정] (Ctrl + K) ➡ [고급문자]

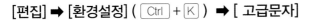

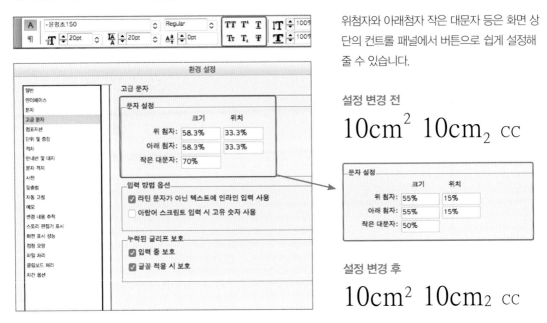

위첨자와 아래첨자 작은 대문자 등은 화면 상단의 컨트롤 패널에서 버튼으로 쉽게 설정해 줄 수 있습니다.

설정 변경 전

$10cm^2$ $10cm_2$ cc

설정 변경 후

$10cm^2$ $10cm_2$ cc

:: 고급 문자_입력 방법 옵션

체크가 해제되어 있으면 한글 같은 2바이트 문자를 입력할 때, 글자가 텍스트 프레임이 아닌 좌측 상단 또는 하단에 표시되며 글자 입력이 완료되고 나면 프레임에 문자가 입력됩니다.

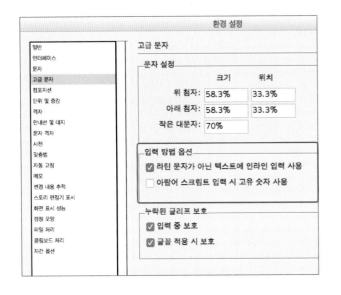

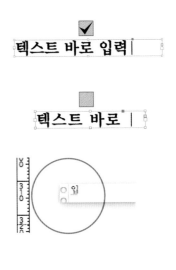

:: 단위 및 증감

새 문서를 열 때 우리에게 익숙한 mm단위가 아니라 pica 같은 낯선 단위가 뜰 때가 있습니다. 여기서는 단위를 변경해보고, 그 밖의 다양한 값들을 용도별로 변경해 보겠습니다.

[편집] ➡ [환경설정] (Ctrl + K) ➡ [단위 및 증감]

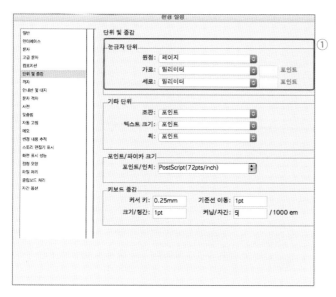

① 눈금자 단위 (Ruler Units)
- **원점** : 용지가 시작이 되는 곳을 0으로 설정하는 것이 일반적이므로 "페이지"로 설정합니다.
- **가로세로** : 눈금자에 사용되는 단위를 설정합니다. 우리나라는 미터법을 사용하므로 "밀리미터"로 설정합니다.(인쇄에서는 거의 밀리미터로 사이즈를 이야기합니다.)

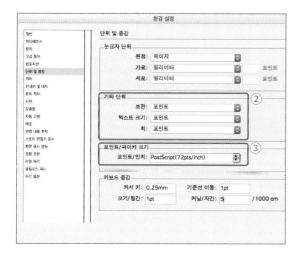

② 기타 단위 (Other Units)
- **조판** : 행간이나 기준선 같은 컴포지션의 단위 설정 인쇄가 목적이므로 포인트로 설정합니다.
- **텍스트 크기** : 글꼴 크기의 단위 설정. 인쇄가 목적이므로 포인트로 설정합니다.
- **획** : 도큐먼트 안에서 사용되는 선의 단위 설정 자신에게 익숙한 단위로 설정하면 됩니다. 일반적으로는 포인트를 사용합니다.

> **Tip** 꼭 포인트는 사용해야 하는 이유는 없지만 인쇄가 목적인 작업물 제작 시 한국에서 가장 많이 사용되는 단위이므로 포인트로 설정하는 것이 작업에 유리합니다.

③ 포인트/파이카 크기 (Point/Pica size)
1인치를 몇 포인트로 처리할지 설정 PostScript (72pts/inch)로 설정합니다.

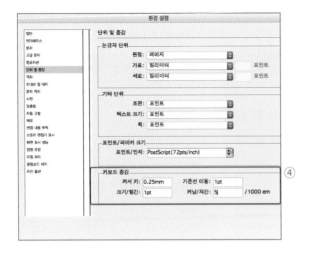

④ **키보드 증감 (Keyboard Increments)**
- **커서 키** : 오브젝트 선택 후 방향키를 눌렀을때 한번에 움직이는 크기를 설정하는 항목입니다. 보통은 기본값 0.25mm를 그대로 사용합니다.
- **크기/행간** : 글자 및 행간의 증감 폭 설정. 1pt로 설정합니다.
- **기준선 이동** : 1pt로 설정합니다.

∷ 눈금자 단위 쉽게 변경하기

WIN,Mac: [보기] ➡ [눈금자 표시] (Ctrl + R)

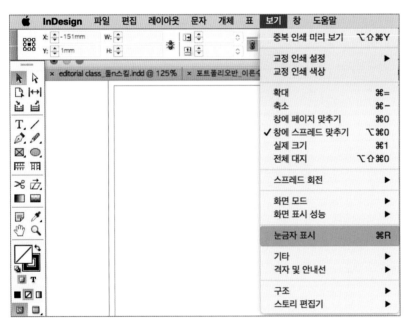

보기 메뉴를 눌러 눈금자 항목을 체크합니다.

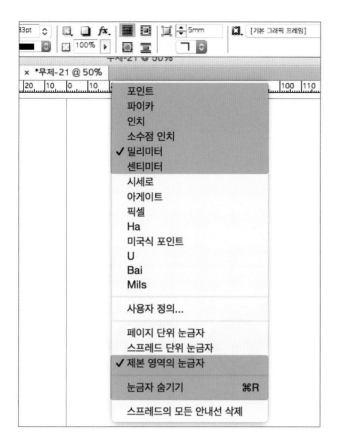

페이지 상단에 눈금자가 생기면 [우클릭]하여 용지의 시작점이나 **눈금자의 단위**도 원하는대로 변경할 수 있습니다.

∷ [스프레드] [페이지] [제본 영역] 각 원점 설정별 차이

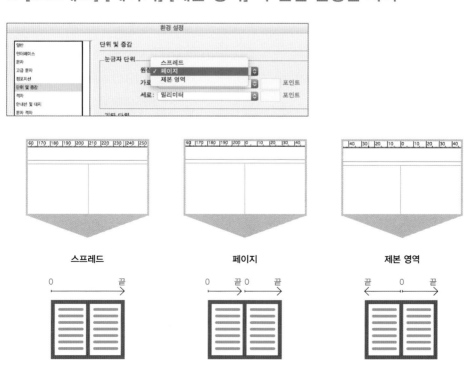

스프레드	페이지	제본 영역

화면 표시 성능

작업 화면의 해상도를 설정하는 곳입니다. 기본설정 그대로 사용하여도 되지만 설정 방법에 따른 변화는 알아두는 편이 좋습니다.

? 해상도가 좋은 이미지가
인디자인에서는 왜 자꾸 깨져보일까요?

인디자인에서는 기본적으로 화면 표시 성능이 [일반 표시]로 되어있습니다. 페이지가 많아져 그래픽 소스들이 많이 링크되어도 프로그램이 수월하게 돌아가게 하려고 해상도를 압축해서 보여주기 때문이죠. 하지만 화면에만 그렇게 표시될 뿐! 실제 인쇄나 고품질로 내보낼 때 파일 자체의 해상도로 표시됩니다.

화면에 보이는 그래픽 해상도

실제 인쇄되는 그래픽 해상도

화면에 표시되는 해상도는 다음과 같이 변경할 수 있습니다.

[편집] ➡ [환경설정] (Ctrl + K) ➡ [화면 표시 성능]

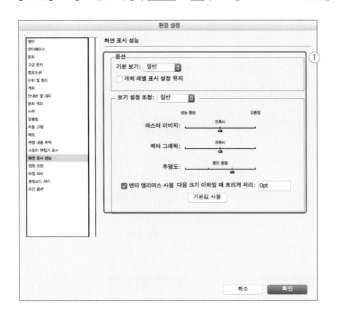

① 옵션 (Options)

• **빠르게, 일반, 고품질** : 해상도의 옵션을 총 3가지로 설정할 수 있습니다.

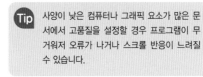
Tip 사양이 낮은 컴퓨터나 그래픽 요소가 많은 문서에서 고품질을 설정할 경우 프로그램이 무거워져 오류가 나거나 스크롤 반응이 느려질 수 있습니다.

또한 환경설정 자체에서 화면 표시 성능을 변경하지 않고도 해당 문서만, 또는 해당 오브젝트만 고품질로 보이두록 문서 내에서 설정할 수도 있습니다.

[보기] ➡ [화면표시성능] ➡ [고품질 표시 / 일반 표시 / 간단 표시]를 설정하거나

단축키 　(고품질 보기: [Alt] + [Ctrl] + [Shift] + [9])

　　　　(일반 표시: [Ctrl] + [Shift] + [9])

　　　　(간단 표시: [Alt] + [Ctrl] + [Shift] + [Z])를 사용하여 해당 문서의 화면 표시 설정을 바꿀 수 있습니다.

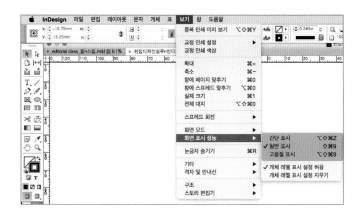

왼쪽 그림처럼 메뉴바의 보기에서 설정하는 방법 : 현재 사용하는 문서 내의 모든 페이지에 적용됩니다.

해당 오브젝트만 고품질로 보이도록 할 때는 다음과 같이 설정합니다.

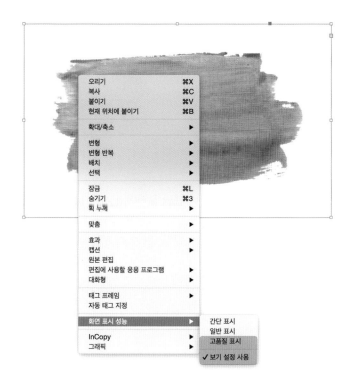

오브젝트에 우클릭 하여 설정하는 방법 : 선택된 오브젝트에만 적용됩니다.

또는 앤티 앨리어스를 사용할 수도 있습니다.

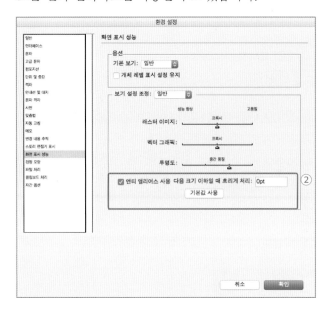

② 앤티 앨리어스

문자 및 비트맵 이미지의 가장자리를 매끄럽게 처리해 보여주는 기능입니다.

- 앤티 엘리어스 사용 X

- 앤티 엘리어스 사용 ✓

- 다음 크기 이하일 때 흐리게 처리 :
문서 화면을 축소 했을 때 글자를 회색 라인으로 보이게 하는 기능입니다. 기본 설정은 7pt로 되어있어서 글자 사이즈가 화면상 7pt 이하가 되면 글자가 회색 라인으로 보이게 됩니다. 화면이 작아져도 글자를 정확하게 보려면 0으로 설정합니다.

- 앤티 엘리어스 사용 7pt 설정 시 : 화면이 작아지면 글자가 회색처리 됩니다.
- 앤티 엘리어스 사용 0pt 설정 시 : 화면이 작아져도 회색으로 표시되지 않습니다.

자주쓰는 기능을 나만의 단축키로 설정하기

작업 속도를 빠르게 해주는 요소 중에 빠질 수 없는 것이 바로 단축키입니다.

대부분의 디자이너가 사용하는 단축키들은 포토샵, 일러스트, 인디자인에 이르기까지 모두 비슷하지만 다른 것들도 있습니다. 단축키 사용이 필수는 아니지만, 작업에 편리함을 더하는 기능이니 손에 익혀 놓으면 좋겠지요?

단축키는 기본값(InDesign) 단축키 모음, QuarkXPress 4.0 또는 Adobe PageMaker 7.0 단축키 모음 등이 있으며, 사용자가 직접 만든 단축키 모음을 사용할 수도 있습니다. 뿐만 아니라 동일한 플랫폼에서 인디자인을 사용하는 다른 사용자와 단축키 세트를 공유할 수 있는 편리한 기능도 있지요.

이런 단축키는 메뉴에서 명령 이름 옆에 표시됩니다.

WIN, Mac : [편집] ➡ [단축키]

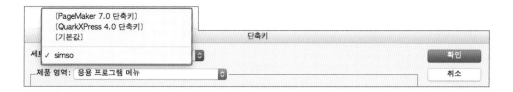

필자의 경우 [simso]라는 사용자 지정 단축키 모음을 사용하고 있는데요.

이미 설정되어 있는 단축키 목록에 저만의 단축키 항목들을 추가하였습니다. 작업을 하면서 [현재 위치에 붙이기] 기능을 자주 사용하는데, 해당 항목에는 단축키가 설정되지 않은 경우가 많고 설정되어 있더라도 Alt + Ctrl + Shift + V 또는 option + ⌘ + Shift + V로 지정되어 있어 한 손으로 조작하기에는 꽤 불편합니다. 그래서 저만의 새 세트를 만들어 사용하고 있는 것이지요. 여러분도 작업하면서 자신의 스타일에 맞는 단축키를 직접 지정해보세요. 기존에 있던 단축키를 수정하는 것도 가능합니다.

그림 [현재 위치에 붙이기] 기능 단축키를 예시로 함께 만들어 볼까요?
[현재 위치에 붙이기] 기능 단축키가 원래 기본 편집 메뉴에 설정되어 있어서 제거 후 새로운 단축키 조합을 입력해야 해요.

[편집] ➡ [단축키] ➡ [편집메뉴]

- **한글판** : [편집] ➡ [단축키] ➡ [편집메뉴] ➡ [현재 위치에 붙이기]
- **영문판** : [Edit] ➡ [keyboard shortcut] ➡ [Edit menu] ➡ [keyboard shortcut]

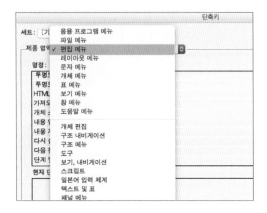

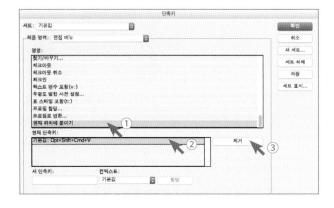

① [현재 위치에 붙이기]를 클릭합니다.
② 네모 창 안에 기존 단축키가 설정 되어 있을 경우 클릭합니다.
③ 제거합니다.

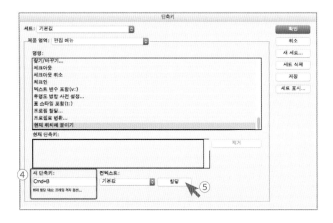

④ 새 단축키 안에 원하는 단축키 설정합니다. 저는 맥을 사용하고 있어서 ⌘+B 키 조합을 넣었어요.

> **Tip** 이 때는 Ctrl 이나 ⌘를 직접 적는게 아니라 단축키를 실행할 때처럼 Ctrl 이나 ⌘를 누른 상태에서 알파벳을 눌러줍니다.

⑤ 할당을 클릭 합니다.

⑥

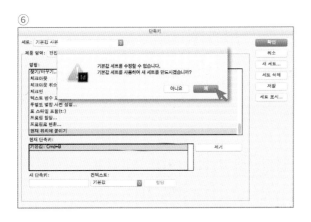

⑥ 할당을 누르면 위와 같은 창이 뜹니다. [예]를 클릭하여 새 세트를 생성합니다.

⑦ 새 세트 지정 창이 뜨면 이름을 정하고 [확인] 을 눌러주세요

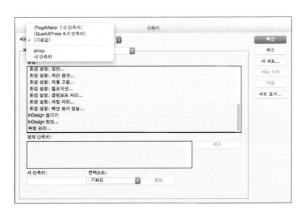

이와 같이 [내 단축키]가 리스트에 생깁니다. 때에 따라 원하는 단축키 세트를 선택하여 사용하세요

:: 도구 힌트

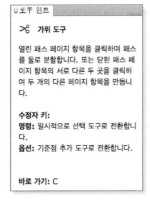

WIN, Mac: [창] ➡ [유틸리티] ➡ [도구 힌트]
도구를 선택할 때 찍 해당 도구에 대한 기능 설명과 단축키가 나오는 친절한 패널 입니다.

:: 자주 쓰이는 단축키 리스트

1. 도구에 사용하는 키

도구	Windows	Mac OS
▶ 선택 도구	V, Esc	V, Esc
▷ 직접 선택 도구	A	A
▷ 페이지 도구	Shift+ P	Shift+ P
↔ [간격] 도구	U	U
✏ 펜 도구	P	P
✚✏ 고정점 추가 도구	=	=
✏ 고정점 삭제 도구	−	−
∖ 방향점 변환 도구	Shift + C	Shift + C
T, 문자 도구	T	T
⤢ 패스 상의 문자 도구	Shift+T	Shift+T
✏ 연필 도구(메모 도구)	N	N
╱ 선 도구	₩	₩
⊠ 사각형 프레임 도구	F	F
▭ 사각형 도구	M	M
◉ 타원 도구	L	L
↻ 회전 도구	R	R
⤢ 크기 조절 도구	S	S
↗ 기울이기 도구	O	O
⋈ 자유 변형 도구	E	E
✐ 스포이드 도구	I	I
▭ 측정 도구	K	K
▮ 그레이디언트 도구	G	G
✂ 가위 도구	C	C
✋ 손 도구	H	H
✋ 일시적으로 손 도구 선택	Space	Space
🔍 돋보기 도구	Z	Z
🔍 일시적으로 확대 도구 선택	Ctrl+Space	Cmd+Space
⬚ 칠 및 획 켜기/끄기	X	X

도구	Windows	Mac OS
칠과 획 교체	Shift + X	Shift + X
컨테이너에 서식 적용 및 텍스트에 서식 적용 전환	J	J
색상 적용	.	.
그레이디언트 적용	.	.
색상 적용 안 함	/	/
[표준] 보기 모드 및 [미리 보기] 모드 전환	W	W
그레이디언트 페더 도구	Shift+G	Shift+G

2. 화면 보기 단축키

도구	Windows	Mac OS
미리보기 화면 모드	W	W
프리젠테이션 모드	Shift + W	Cmd + W
화면에 맞춰 한페이지 보기	Ctrl + 0	Cmd + 0
화면에 맞춰 양페이지 보기	Ctrl +Alt + 0	Option + Cmd + 0
100% 사이즈로 보기	Ctrl + 1	Cmd + 1
200% 사이즈로 보기	Ctrl + 2	Cmd + 2
화면 축소	Ctrl + −, -	Cmd + −, -
화면확대	Ctrl + +, =	Cmd + +, =
스크롤을 이용하여 화면 확대 · 축소	Alt + 스크롤	Option + 스크롤
스크롤을 이용하여 화면 좌 · 우 이동	Ctrl + 스크롤	Cmd + 스크롤
[표준] 보기 모드 및 [미리 보기] 모드 전환	W	W
그레이디언트 페더 도구	Shift + G	Shift + G

3. 문자 작업에 사용하는 키

도구	Windows	Mac OS
글꼴 크기 키움	Ctrl + Shift + 〉	Shift + Cmd + 〉
글꼴 크기 줄임	Ctrl + Shift + 〈	Shift + Cmd + 〈
글꼴 크기 키움 x5배	Alt + Ctrl +Shift + 〉	Option +Cmd + Shift + 〉
글꼴 크기 줄임 x5배	Alt + Ctrl +Shift +〈	Option +Cmd + Shift + 〈
행간 늘임	Alt + ↓	Option + ↓
행간 줄임	Alt + ↑	Option + ↑
행간 늘임 x5배	Alt + Ctrl + ↓	Option + Cmd + ↓
행간 줄임 x5배	Alt + Ctrl + ↑	Option + Cmd + ↓
자간 늘임	Alt + →	Option + →
자간 줄임	Alt + ←	Option + ←
자간 늘임 x5배	Alt + Ctrl + →	Option + Cmd + →
자간 줄임 x5배	Alt + Ctrl + ←	Option + Cmd + ←

키보드 증감 값은 WIN : [편집] ➡ [환경설정] ➡ [단위 및 증감]

Mac : [Indesign] ➡ [환경설정] ➡ [단위 및 증감] 에서 설정합니다.

4. 개체 변형을 위한 키

도구	Windows	Mac OS
오브젝트 추가 선택	Shift + 추가 선택 할 오브젝트 선택 ↖	Shift + 추가 선택 할 오브젝트 선택 ↖
선택 항목 복제	Alt + 복제 할 오브젝트 선택 ↖ 드래그	Option + 복제 할 오브젝트 선택 ↖ 드래그
레이어의 모든 오브젝트 선택	Alt + Shift + ↖ 레이어 클릭	Option + Shift + ↖ 레이어 클릭
선택 항목을 새 레이어로 복사	Alt + Shift + ↖ 레이어의 작은 네모를 새 레이어로 드래그	Option + Shift + ↖ 레이어의 작은 네모를 새 레이어로 드래그
아래에 깔린 오브젝트 선택하기	Ctrl + ↖ (여러 개가 겹쳐 있어도 한단계씩 내려가며 선택 됨)	Cmd + ↖ (여러 개가 겹쳐 있어도 한단계씩 내려가며 선택 됨)

5. 패널에 사용하는 키

도구	Windows	Mac OS
모든 패널, 도구 상자 및 [컨트롤] 패널 표시/숨기기	Tab	Tab
고정된 또는 고정되지 않은 [도구 상자] 및 [컨트롤] 패널을 제외한 모든 패널 표시/숨기기	Shift + Tab	Shift + Tab
패널 전체 확장 · 축소	Alt + Ctrl + Tab	Cmd + Option + Tab

6. 그 밖에 자주 쓰이는 단축키

도구	Windows	Mac OS
찾기 / 바꾸기	Ctrl + F	Cmd + F

03 손이 빠른 디자이너가 되기 위한 패널정리, 작업영역

"저 디자이너는 손이 참 빠르다."라는 말을 들어보신 적 있나요?

손이 빠른 디자이너는 정말로 손을 빠르게 움직이기 때문에 그런 말을 듣는 걸까요?

물론 아니겠죠. 디자이너의 손이 빠르다는 것은 곧 작업 속도가 빠르다는 말과 동일합니다. 그렇다면 작업 속도를 빠르게 하기 위해서는 어떻게 해야 할까요? 늘 기획부터 디자인 구성까지 막힘없이 진행되지는 않습니다. 하지만 자기 자신에게 꼭 맞는 프로그램 환경과 패널을 설정하면 작업 시간을 조금이라도 절약할 수 있겠죠.

모든 디자이너는 자신만의 작업 스타일을 갖고 있습니다. 툴과 패널을 최대한 간소화하여 사용하기도 하고, 패널의 위치를 자유롭게 조절하기도 합니다. 그렇다면 이런 설정들은 어디에서 할까요?

:: 인디자인 기본 인터페이스

메뉴바
작업에 필요한 세부적인 내용과 대화상자를 불러
올 수 있는 곳입니다.

컨트롤 패널
선택한 개체에 따라 자동으로 내용이 바뀌며 해당 개체
에 필요한 항목을 최적화하여 보여줍니다.

도구
작업 시 필요한 주요 도구
로 구성된 패널입니다.

패널 도크와 패널
작업물의 스타일에 따라 입력체계를 변경하며 사용할 수 있고, 작업
자가 필요한 패널을 추가로 배치하거나 삭제할 수 있고 작업 영역을
저장하여 다시 실행해도 항목과 위치를 유지할 수 있습니다.

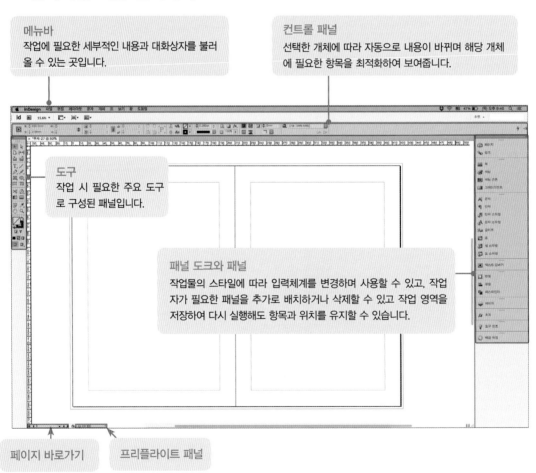

페이지 바로가기

프리플라이트 패널

:: 필요한 패널 배치하기

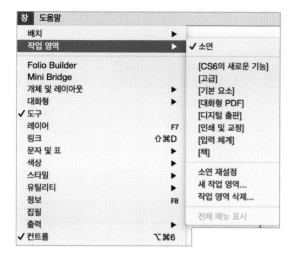

좌측 작업영역을 보시면 필자의 작업 영역으로 설정되어있는 것을 확인할 수 있습니다.

그 아래에는 인디자인 자체에서 제공하는 기본 작업 영역 세트가 있습니다. 이 기본 작업 영역 중에서 스타일을 고를 수도 있지만, 작업을 하다보면 점점 나에게 맞는, 내가 자주 쓰는 기능들이 생기기 마련입니다. 나의 작업 스타일에 최적화된 세트를 배치하고 저장하는 방법을 알아봅니다.

WIN, Mac: 메뉴바 [창]

창 하단 메뉴에서 ① 원하는 패널을 클릭하여 꺼내고 ② 패널 도크의 원하는 위치에 넣어주시면 됩니다.

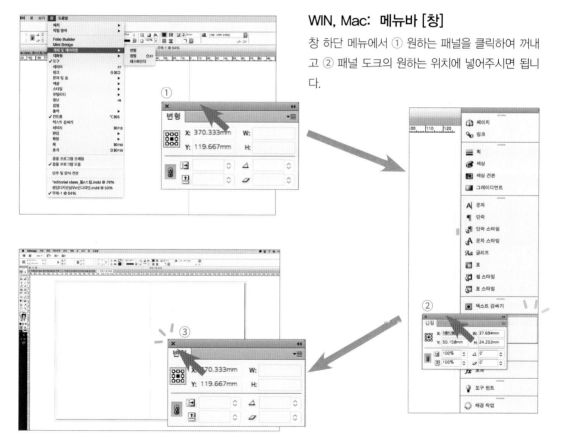

③ 도크에서 없애고 싶을 때는 패널을 드래그하여 도크에서 떨어뜨린 다음, X를 눌러 없애주시면 됩니다.

:: 작업 영역 저장하기

애써 세팅해 놓은 작업 영역을 프로그램을 실행할 때마다 다시 설정해야 한다면 정말 짜증 나겠죠?
그래서 다시 프로그램을 실행해도 항상 그 패널 그 순서대로 세팅 되도록 저장을 해줍니다.

WIN, Mac : 메뉴바 [창] ➡ [작업 영역] ➡ [새 작업 영역]

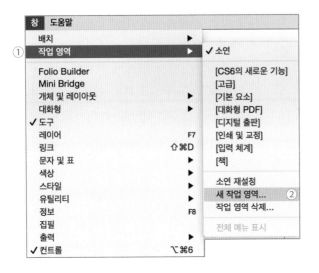

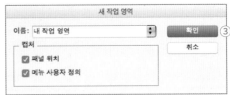

① 작업 영억을 클릭하여 ② 새 작업 영역을 누른 후 팝업 창이 뜨면 이름을 정해주고 ③ 확인합니다.

> **Tip** 저장할 때는 [패널 위치]와 [메뉴 사용자 정의] 두 가지 모두를 체크해 주셔야 패널의 위치도 함께 저장됩니다.

이 설정은 한 대의 컴퓨터로 다수의 작업자가 작업할 때 유용하게 사용할 수 있습니다. 패널이 아무리 어질러져 있어도 다시 작업 영역을 선택해주기만 하면 예쁘게 세팅해 놓았던 모습으로 한 번에 돌아가거든요. 반면, 필요 없는 작업 영역은 작업 영역 삭제를 해주시면 됩니다. 기본적으로 인디자인에 세팅 되어있던 작업 영역들은 삭제되지 않습니다.

:: 작업 영역 삭제

WIN, Mac : 메뉴바 [창] ➡ [작업 영역] ➡ [작업 영역 삭제]

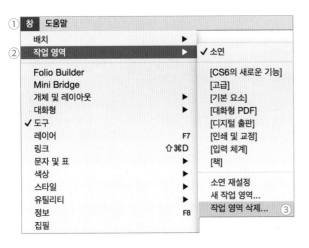

Speed TIP

cm도 아니고, mm도 아닌 생소한 단위가 갑자기 튀어나온다든지, 이미지가 안내선 격자에 가려 보이지 않는다든지, 갑자기 커서가 두툼해지면서 한글이 한 번에 써지지 않는다든지.

안 그래도 시간에 쫓기며 작업하던 도중, 이런 문제가 발생하면 정말 난감한데요. 렉이 걸렸나? 싶은 골치 아픈 상황들! 환경 설정 기능으로 깔끔하게 해결해볼까요?

◉ WIN : 메뉴바 ➡ [편집] ➡ [환경설정]
◉ Mac : 메뉴바 ➡ [InDesign] ➡ [환경설정]

Q. 단위 옆에 mm가 아닌 이상한 문자가 붙어있어요!

   [환경설정] ➡ [단위 및 증감] 에서 <u>눈금자 단위, 기타 단위 mm와 pt로 설정해주기</u>

Q. 화면이 작아질 때마다 글자가 회색으로 보이는 게 너무 불편해요!

   [환경설정] ➡ [화면 표시 성능] 에서 <u>앤티앨리어스 0pt로 설정해주기</u>

Q. 안내선이 오브젝트의 뒤로 들어가서 있으나 마나예요!

   [환경설정] ➡ [안내선 및 대지] 에서 <u>안내선 옵션 ➡ 배경안내선 체크 풀기</u>

Q. 도큐먼트 외의 바깥 영역이 더 넓거나, 좁았으면 해요!

   [환경설정] ➡ [안내선 및 대지] 에서 <u>대지옵션 ➡ 수평 여백, 수직 여백 사이즈</u> 원하는데로 조절하기

Q. 내보내기를 하려는데 자꾸 없는 페이지라고 나와요!

   [환경설정] ➡ [일반] 에서 <u>페이지 번호 매기기 ➡ 섹션 번호 매기기 ➡ 절대 번호 매기기</u>로 변경해주기

Q. 서체 사이즈 옆에 자꾸 소수점이 붙어요!

   [환경설정] ➡ [일반] 에서 <u>개체 편집 ➡ 크기 조정할 때 ➡ 내용에 적용</u>에 체크

Q. 커서가 뚱뚱해지고 한글 입력 시 글자가 완성 되어야만 입력 돼요(CC)

   [환경설정] ➡ [문자] 에서 <u>텍스트 드래그하여 놓기 ➡ 체크 풀기</u>(두가지 모두)

Q. 커서는 안 뚱뚱해졌는데 한글 입력 시 글자가 완성되어야만 입력이 돼요(CS6, CC)

   [환경설정] ➡ [고급 문자] 에서 <u>입력 방법 옵션 ➡ 라틴 문자가 아닌 텍스트에 인라인 입력 사용</u> 체크

PART 02
알아볼까 인디자인?

Chapter 01

뭘 할 수 있지?

01 인디자인으로 만들어낼 수 있는 것들

편집 디자인 Editorial design
브로셔, 책자, 리플렛 등 인쇄물 편집

웹 디자인 Web design
홈페이지를 웹을 통한 화면을 위한 디자인

패키지 디자인 Packeging
상품의 특성을 극대화 하기 위한 상품 포장 편집

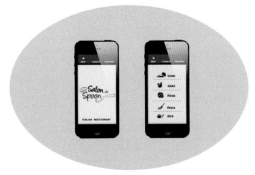

앱 디자인 App design
휴대 장치를 통해 구동할 수 있는 앱을 위한 편집

02 편집 디자인 응용 분야

책	문자나 그림의 수단으로 표현된 정신적 소산(所産)을 체계적으로 엮은 물리적 형태
브로셔	기업의 이념 및 현황, 계획 등의 기업 소개, 제품 소개 등을 수록한 책자
리플렛	광고나 선전에 쓰이는 한 장의 인쇄물
카탈로그	선전을 목적으로 그림과 설명을 덧붙여 작은 책 모양으로 꾸민 상품의 안내서
사보	회사에서 매거진 형태로 발간하는 책자로 '사내보'와 '사외보'를 통틀어 이르는 말
신문	특정 또는 불특정한 사람들에게 시사에 관한 뉴스를 비롯한 정보·지식·오락·광고 등을 전달하는 정기 간행물
잡지	일반 대중을 대상으로 한 기사·소설·시·사진 등의 다양한 내용이나, 특정한 취미·관심 또는 직업을 가진 일정한 집단을 대상으로 한, 특수내용을 포함하는 정기간행물

다른 작업자에게서 파일을 전달받았는데 열리지 않거나, 내가 전달한 인디자인 파일을 다른 컴퓨터에서 열 수 없을 때가 있죠. 다른 문제가 있을 수도 있겠지만 보통 버전이 달라서인 경우가 많은데요. 상위 버전에서 만들어진 인디자인 파일을 하위 버전의 인디자인에서 열기 위해서는 **다운 그레이드가 필요**합니다.

- ◉ WIN : 메뉴바 ➡ [편집] ➡ [환경설정]
- ◉ Mac : 메뉴바 ➡ [InDesign] ➡ [환경설정]

① [파일] ➡ [다른 이름으로 저장] 또는 단축키 Ctrl + Shift + S / ⌘ + Shift + S 를 눌러 이름을 정하고,
② 파일 형식에서 [InDesign CS4 이상 (IDML)] 으로 선택하여 저장합니다.

> **Tip** 인디자인6 또는 CC에서 제작한 파일을 IDML로 다운그레이드 하여도 CS4 이상의 버전에서만 열리고 CS3 이하의 버전에서는 열리지 않습니다. CS3 이하에서 열어야 한다면 CS4에서 다시 한 번 다운그레이드 하셔야 합니다.

Chapter 02

인디자인의
모든 것을 다뤄보자

01 페이지 다루기

:: 새 문서 열고 도큐먼트 설정하기

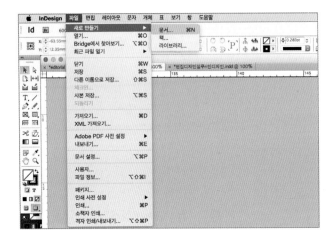

메뉴바 [파일] ➡ [새로 만들기] ➡ [문서]

• 단축키 : Ctrl + N / ⌘ + N

체크 : 양면이 마주 보는 책자 형태로 열립니다.
체크 해지 : 포스터나 전단 같은 낱장 형태의 도큐먼트로 열립니다.

작업물 스타일에 따른 문서의 종류를 선택 하는 곳입니다.

작업할 페이지의 수를 정합니다. 설정 완료 후에도 얼마든지 페이지를 추가하고 삭제할 수 있어요.

옵션 확대/축소하여 도련 및 슬러그 패널을 열고 닫을 수 있습니다.

문서의 시작 번호를 설정합니다. 책자의 경우는 우측이 홀수로 배치되는 것이 원칙입니다. 즉, 시작되는 번호도 홀수겠죠

체크 시 마스터 페이지에 텍스트 프레임을 생성합니다.

문서사이즈를 직접 입력합니다.

문서 가로·세로 설정이 가능하고 제본되는 방향을 설정할 수 있습니다.

많이 사용되는 기본적인 판형을 선택할 수 있습니다.

인쇄물 작업 시 재단 오차범위 3mm 주의하세요.(인쇄물의 페이지 양에 따라 1.5mm~5mm가 될 수도 있음)

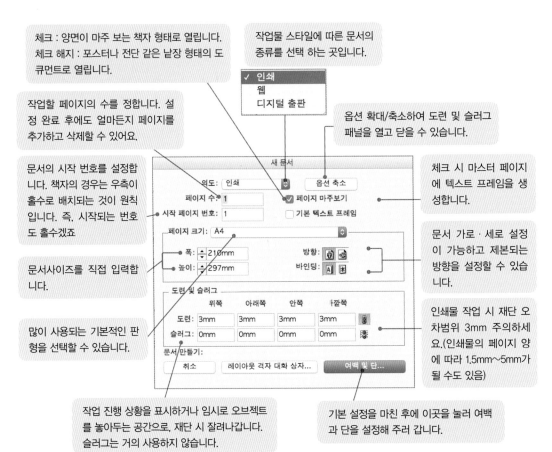

작업 진행 상황을 표시하거나 임시로 오브젝트를 놓아두는 공간으로, 재단 시 잘려나갑니다. 슬러그는 거의 사용하지 않습니다.

기본 설정을 마친 후에 이곳을 눌러 여백과 단을 설정해 주러 갑니다.

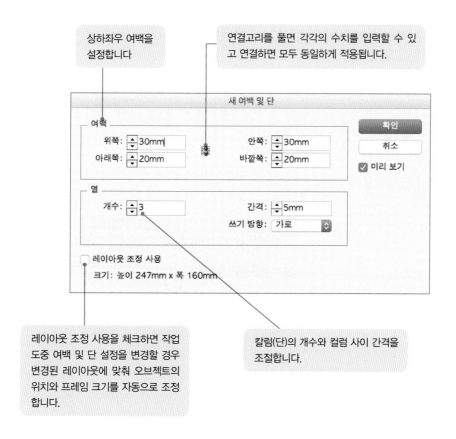

상하좌우 여백을 설정합니다

연결고리를 풀면 각각의 수치를 입력할 수 있고 연결하면 모두 동일하게 적용됩니다.

새 여백 및 단

여백
위쪽: 30mm 안쪽: 30mm
아래쪽: 20mm 바깥쪽: 20mm

열
개수: 3 간격: 5mm
쓰기 방향: 가로

확인
취소
☑ 미리 보기

☐ 레이아웃 조정 사용
크기: 높이 247mm x 폭 160mm

레이아웃 조정 사용을 체크하면 작업 도중 여백 및 단 설정을 변경할 경우 변경된 레이아웃에 맞춰 오브젝트의 위치와 프레임 크기를 자동으로 조정합니다.

칼럼(단)의 개수와 컬럼 사이 간격을 조절합니다.

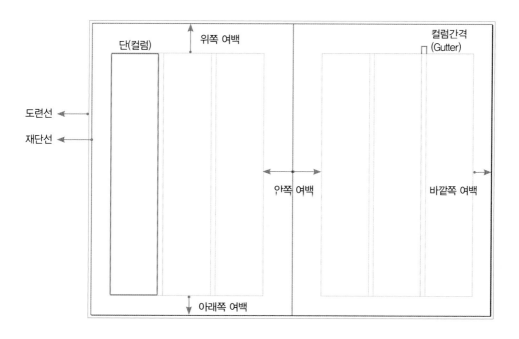

단(컬럼) 위쪽 여백 컬럼간격 (Gutter)

도련선
재단선

안쪽 여백 바깥쪽 여백

아래쪽 여백

1-1. 화면 모드 및 배치

화면의 비율이나 격자의 단위, 미리 보기 종류, 배치를 조절하여 때에 따라 적절한 화면을 구성 합니다. 화면 배치는 아래 버튼으로도 조절할 수 있고 [메뉴바]에서 [보기]➡[화면 모드]와 [화면 표시 성능]이나, [창]➡[배치]로도 조절이 가능합니다.

:: 화면 및 배치 기능

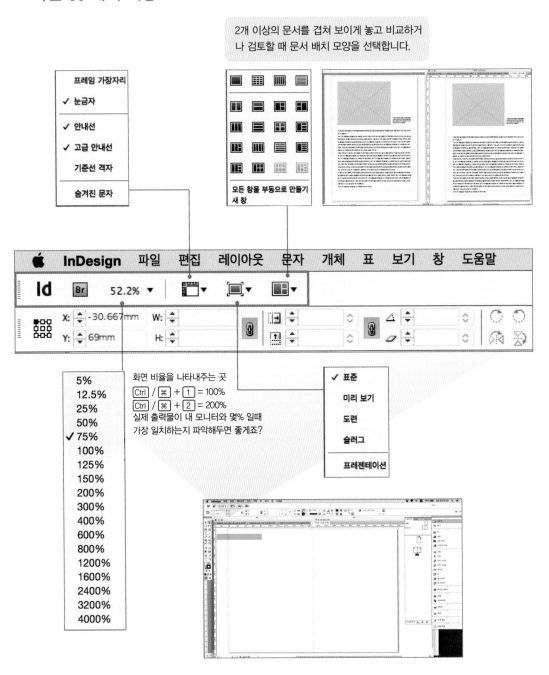

2개 이상의 문서를 겹쳐 보이게 놓고 비교하거나 검토할 때 문서 배치 모양을 선택합니다.

프레임 가장자리
✓ 눈금자
✓ 안내선
✓ 고급 안내선
기준선 격자
숨겨진 문자

모든 창을 부동으로 만들기
새 창

InDesign 파일 편집 레이아웃 문자 개체 표 보기 창 도움말

Id Br 52.2% ▼

X: -30.667mm W:
Y: 69mm H:

5%
12.5%
25%
50%
✓75%
100%
125%
150%
200%
300%
400%
600%
800%
1200%
1600%
2400%
3200%
4000%

화면 비율을 나타내주는 곳
Ctrl / ⌘ + 1 = 100%
Ctrl / ⌘ + 2 = 200%
실제 출력물이 내 모니터와 몇% 일때
가장 일치하는지 파악해두면 좋게죠?

✓ 표준
미리 보기
도련
슬러그
프레젠테이션

CC2020 버전으로 업그레이드 되면서 보기옵션 메뉴가 컨트롤 패널에서 사라졌습니다. 자주 사용하는 메뉴라 당황하셨던 분들은 당황하지 마시고 도구 패널의 아랫쪽을 봐주세요~

✓ 프레임 가장자리	Ctrl+Cmd+H
✓ 눈금자	Cmd+R
✓ 안내선	Cmd+;
✓ 고급 안내선	Cmd+U
기준선 격자	Opt+Cmd+'
숨겨진 문자	Opt+Cmd+I

1-2. 페이지 패널

페이지를 추가·삭제하고 연결하는 등 페이지를 다루는데 전반적으로 쓰이는 페이지 패널에 대해 알아봅니다.

:: 페이지 패널 설정하기

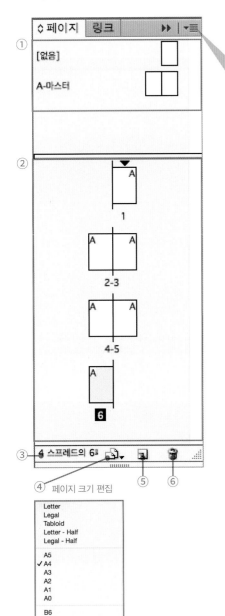

④ 페이지 크기 편집

메뉴바 [창] ➡ [페이지]

단축키 : F12 (mac : ⌘ + Fn + F12)

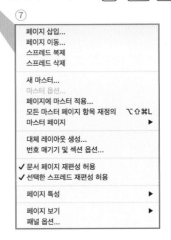

① **마스터 페이지** : 하단 페이지들의 베이스가 되는 **마스터 페이지를 관리하는 곳**으로 마스터 페이지와 하단 페이지를 이동할 때는 **더블클릭**으로 이동합니다.

② **페이지** : 실제 작업이 이루어지는 페이지 영역입니다.

③ **페이지 정보** : 문서 전체의 스프레드 수와 페이지 수가 표시됩니다.

④ **페이지 크기 편집** : 선택한 페이지를 원하는 크기로 조절할 수 있습니다.

⑤ **새 페이지** : 버튼을 누르면 새 페이지가 생성되고 페이지를 드래그해서 버튼에 끌어다 놓으면 복사됩니다.

⑥ **페이지 삭제** : 페이지를 선택하거나 드래그하여 삭제할 수 있습니다.

⑦ **페이지 패널 옵션** : 페이지 패널에 대한 옵션과 다양한 명령을 실행할 수 있습니다.

:: 페이지 추가 및 삭제 하기

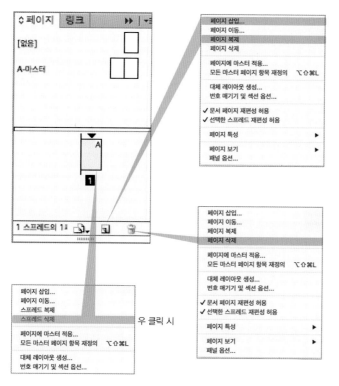

새 페이지 만들기, 복사하기

클릭하여 새로운 페이지를 생성할 수 있고, 페이지나 스프레드를 드래그하여 복사할 수 있습니다. 또는 페이지나 스프레드 선택 후 우클릭 하여 나오는 패널에서 페이지를 삽입, 복제 할 수 있습니다.

페이지 삭제

페이지나 스프레드가 선택된 상태에서 클릭하면 해당 페이지, 스프레드가 삭제되며 페이지나 스프레드를 선택한 후 우클릭하여 나오는 패널에서 선택해 삭제할 수 있습니다.

:: 페이지 이동하기

페이지들은 유연하게 움직일 수 있습니다. 드래그하여 페이지 순서를 변경해줄 수도 있고, 이동시킬 페이지 번호를 입력하여 이동할 수도 있습니다. 또 다른 문서로 이동시켜 합체할 수도 있습니다. 여기서는 페이지 패널을 다루는 방법에 대해 알아봅니다.

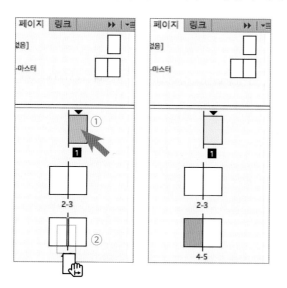

드래그해서 이동하기

① 이동할 페이지를 선택한 후,
② 드래그 앤 드롭으로 가져다 놓습니다.

선택한 페이지가 드래그 앤 드롭 한 페이지로 이동되었습니다.

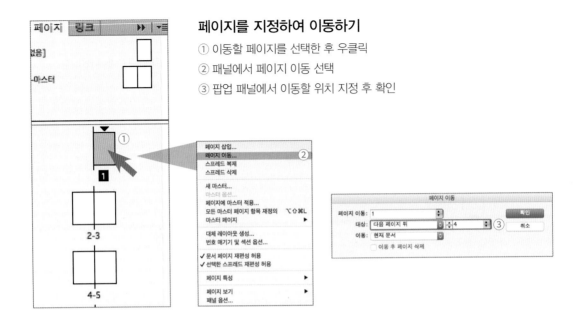

페이지를 지정하여 이동하기

① 이동할 페이지를 선택한 후 우클릭

② 패널에서 페이지 이동 선택

③ 팝업 패널에서 이동할 위치 지정 후 확인

1-3. 문서와 문서 병합하기

별도의 도큐먼트를 열어 작업한 두 문서를 병합해 보도록 하겠습니다. 대체로 여러 명의 작업자가 작업한 후 하나로 문서를 병합할 때 쓰입니다.

⠿ 무제1과 무제2 병합하기

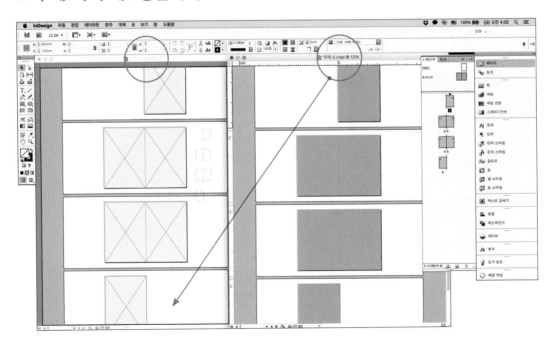

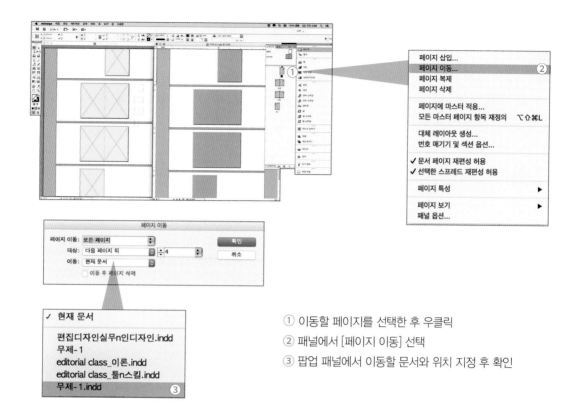

① 이동할 페이지를 선택한 후 우클릭
② 패널에서 [페이지 이동] 선택
③ 팝업 패널에서 이동할 문서와 위치 지정 후 확인

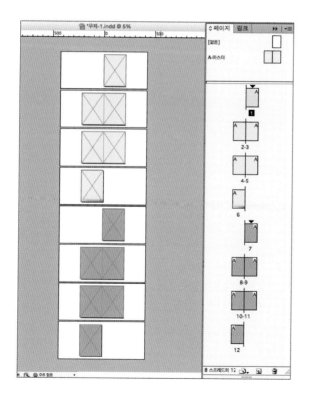

좌측과 같이 무제-1에 페이지가 병합된 것을 확인할 수 있습니다. 이 때 재편성이 허용되지 않은 문서끼리 합쳐져서 6, 7페이지가 떨어져 있으므로 스프레드로 합쳐주려면 6, 7페이지를 선택한 후 ➡ [우클릭] ➡ [문서 재편성 허용] 체크를 풀고 합쳐줍니다.

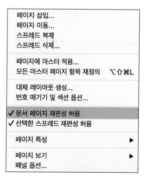

문서 재편성 허용 기능은 뒷장(리플렛 문서 만들기)에서 자세히 다뤄보겠습니다.

1-4. 마스터 페이지

페이지마다 동일하게 배치되는 개체가 있을 경우 매번 배치를 하는 수고를 하지 않고 마스터 페이지에서 한 번만 배치해주면 적용시킨 모든 페이지에 구현이 되는 아주 편리한 기능입니다. 마스터 페이지의 기능을 자세하게 살펴보도록 하겠습니다.

:: 마스터 페이지 적용하기

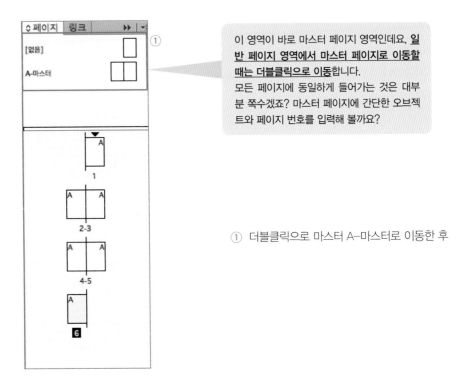

이 영역이 바로 마스터 페이지 영역인데요. **일반 페이지 영역에서 마스터 페이지로 이동할 때는 더블클릭으로 이동**합니다.
모든 페이지에 동일하게 들어가는 것은 대부분 쪽수겠죠? 마스터 페이지에 간단한 오브젝트와 페이지 번호를 입력해 볼까요?

① 더블클릭으로 마스터 A-마스터로 이동한 후

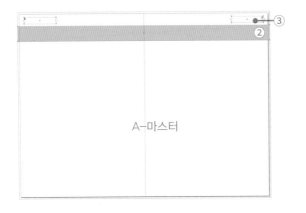

A-마스터

② 색상바와
③ 페이지 번호를 넣어봅니다
(현재 페이지 번호 넣는 방법은 다음 장을 참고하세요.)

:: 현재 페이지 번호 넣기

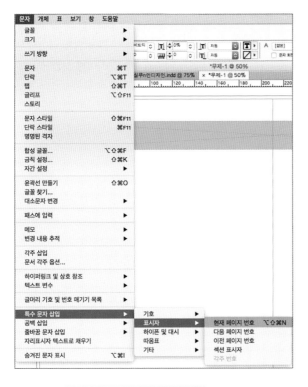

★ 텍스트 박스를 그린 후
➡ [문자] ➡ [특수 문자 삽입] ➡ [표시자]
➡ [현재 페이지 번호] 순으로 들어갑니다.

단축키 WIN : [Alt] + [Ctrl] + [Shift] + [N]
　　　　 Mac : [Option] + [⌘] + [Shift] + [N]

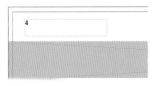

마스터 페이지에서 보면 A로 표시되지만

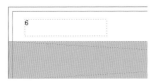

각각의 페이지로 이동해 보면
페이지 번호가 맞게 들어가 있죠?

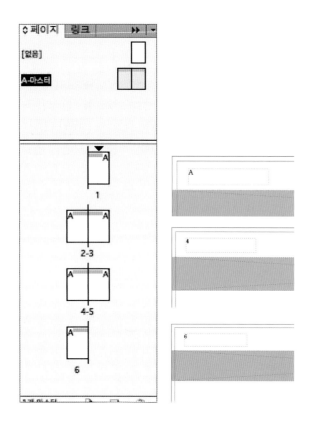

A라고 적힌 페이지에 모두 동일하게 적용되는 것을 확인 하셨나요?

페이지 번호를 표시 했더니 마스터 페이지에는 A라고 표시 됐지만(A마스터 안에 현재 페이지 번호를 넣었기 때문에 A라고 표시 된 것입니다.) 각 페이지에는 페이지 수가 맞게 표시된 것도 확인 하실 수 있을 거예요.

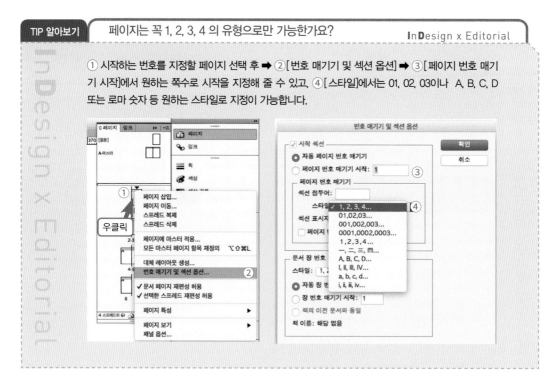

:: 마스터 페이지 재정의 하기

마스터 페이지 영역에 올라간 오브젝트들은 일반 페이지 영역에서 수정이나 이동이 불가능합니다. 이 기능은 작업 시 실수로 페이지를 건드려 페이지가 틀어지는 것을 막기 위한 것인데요. 작업하다 보면 특정 페이지만 수정이 필요할 수도 있겠죠? 그럴 때는 두 가지의 방법으로 오브젝트를 풀어주면 됩니다.

선택 항목 재정의 하기

클릭을 해도 오브젝트가 선택되지 않습니다. (안움직임)

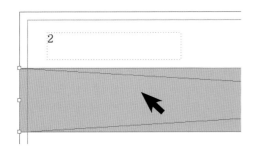

단축키 WIN : Ctrl + Shift 클릭
　　　 Mac : ⌘ + Shift + 클릭

위 단축키를 누른 후 클릭하면 해당 오브젝트가 풀려 선택이 가능하고 수정이나 이동이 가능합니다.

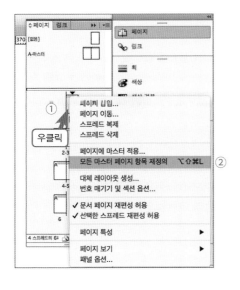

선택한 페이지에 있는 전체 오브젝트 재정의 하기

① 페이지 패널에서 재정의를 원하는 페이지 선택 ➡ [우클릭] ➡ ② [모든 마스터 페이지 항목 새싱의]

해당 페이지에 있는 모든 오브젝트가 수정 또는 이동이 가능해집니다.

:: 재정의한 항목 다시 마스터페이지로 되돌리기

반면 재정의하여 수정했던 페이지들을 다시 마스터 페이지로 되돌려야 하는 경우도 있겠죠. 물론 마스터 적용을 다시 해도 되지만 수정 된 오브젝트들이 그대로 남아있으므로 조금 더 쉬운 방법을 알아볼게요.

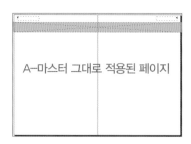

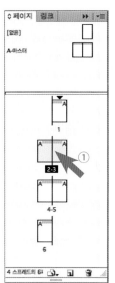

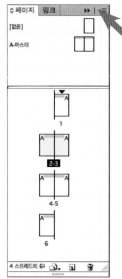

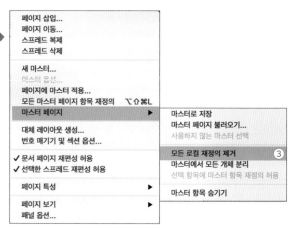

① 되돌릴 스프레드 선택 후,

② 패널 모서리 화살표 클릭

③ 나오는 하단 메뉴 [마스터페이지] ➡ [모든 로컬 재정의
제거]를 클릭하면,

다시 원래 마스터 페이지 모습으로 돌아왔습니다.
반면 [마스터에서 모든 개체 분리]를 선택하면
마스터 페이지와의 연결이 끊어져 마스터 페이지가 변경
되어도 적용이 되지 않습니다.

:: 파트별로 마스터 페이지 적용하기

작업을 하다보면 파트 별로 디자인은 같은데 색상만 다른 경우가 있어요.
굳이 새 마스터를 만들어주고 복사해서 옮겨 넣기 한 후 색상을 바꿔 주는 것보다는 원래 있던
A마스터를 기반으로 B 마스터를 생성하여 색상만 변경해주면 더 빠르겠죠?

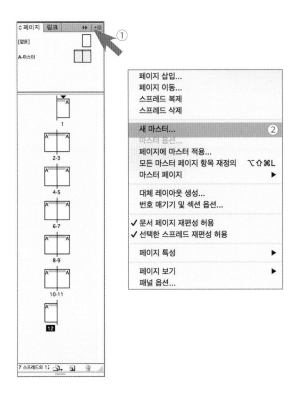

① 패널 모서리 화살표 클릭하고,
② 새 마스터 클릭한 후

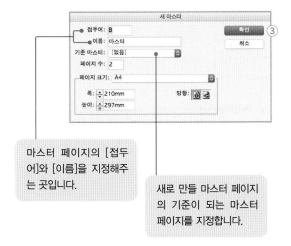

③ 확인을 누릅니다.

마스터 페이지의 [접두어]와 [이름]을 지정해주는 곳입니다.

새로 만들 마스터 페이지의 기준이 되는 마스터 페이지를 지정합니다.

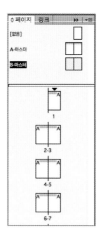

A-마스터 하단에
새로운 B-마스터가 생성되었습니다.

새 마스터 생성 시 [기준 마스터]를 지정하면 기
존에 있던 마스터 페이지의 요소와 동일한 페이
지를 기반으로 만들 수 있습니다.

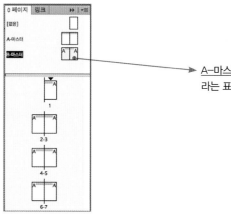

A-마스터를 기준으로 생성된 마스터 페이지
라는 표시입니다

앞에서 나온 [선택항목 재정의 하기] 단축키를
이용해 원하는 오브젝트를 잠금상태에서 풀어
줍니다.

단축키 WIN : Ctrl + Shift + 클릭
Mac : ⌘ + Shift + 클릭

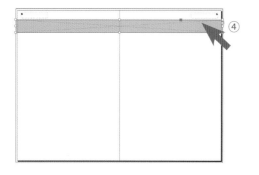

④ B-마스터의 변경 할 오브젝트를 선택해 준 후
컬러(또는 디자인)를 변경합니다.

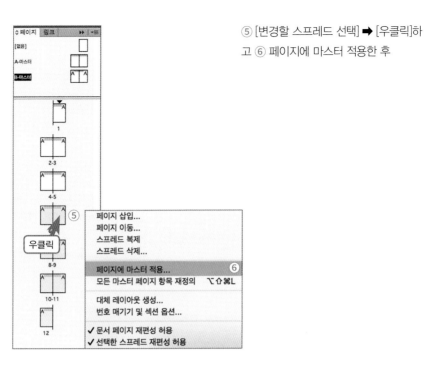

⑤ [변경할 스프레드 선택] ➡ [우클릭]하
고 ⑥ 페이지에 마스터 적용한 후

⑦ B-마스터 클릭하면

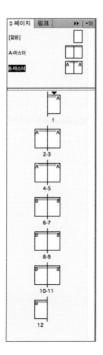

선택한 영역에 B-마스터가 적용되었습니다.

A 마스터, B 마스터 말고도 헷갈리지 않게 내 작업물에 맞는 접두어로 변경이 가능해요.

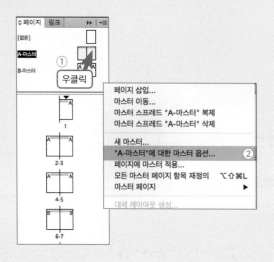

① 변경할 스프레드 클릭

② "A-마스터"에 대한 마스터 옵션 클릭

③ 접두어와 이름 수정해주기

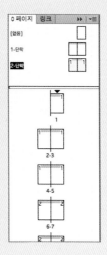

마스터 이름이 1-단락과 2-단락으로
변경되었습니다.

:: 작업하던 페이지를 마스터 페이지로 만들기

작업하던 페이지를 마스터 페이지로 지정해주고 싶을 때! 물론 복사해서 마스터 페이지에 붙여넣기 해도 되겠지만 역시 쉬운 방법이 있겠죠?

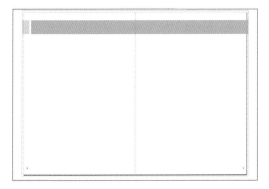

① 마스터 페이지로 적용할 스프레드 선택 후
② 패널 모서리 화살표 클릭
③ 나오는 하단 메뉴 [마스터 페이지] ➡ [마스터로 저장]
하면 됩니다.

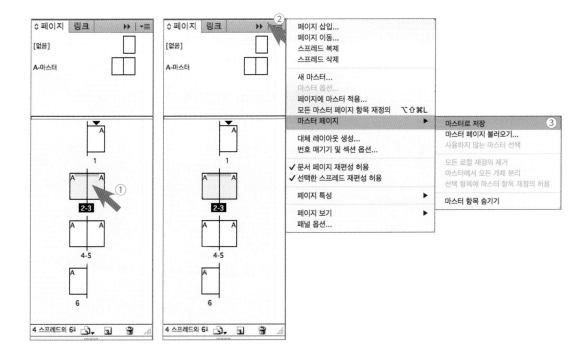

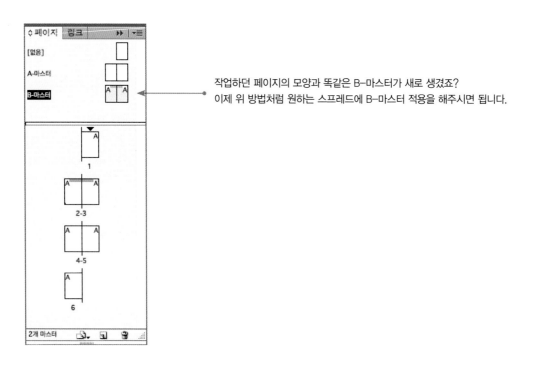

작업하던 페이지의 모양과 똑같은 B-마스터가 새로 생겼죠?
이제 위 방법처럼 원하는 스프레드에 B-마스터 적용을 해주시면 됩니다.

[스프레드 선택 ➡ 우클릭 ➡ 마스터 페이지 적용 ➡ 선택] 이것도 귀찮다면!
드래그 앤 드롭으로 마스터 페이지를 적용해 줄 수 있어요.

① 3- 단락 스프레드를 만들어준 뒤
② 변경 해주고 싶은 페이지에 드래그 앤 드롭 해주시면 되는데요.
이때 끌어다 놓으니 원래 있던 마스터와 겹쳐지죠? 스프레드로 이어져 있기 때문에 ③ 양 페이지에 끌어
다 놓아야 둘 다 3- 단락 마스터 페이지가 적용됩니다.

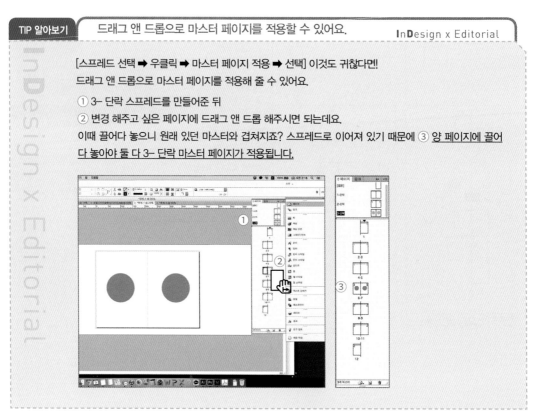

InDesign x Editorial

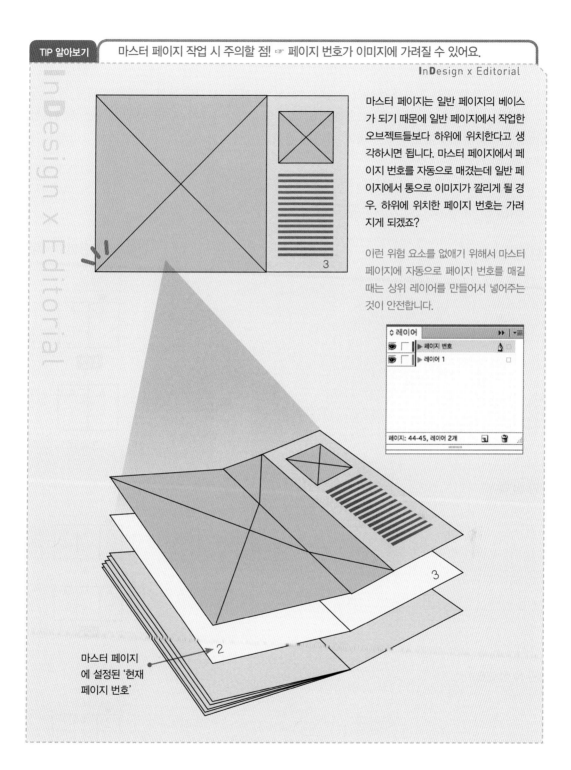

마스터 페이지는 일반 페이지의 베이스가 되기 때문에 일반 페이지에서 작업한 오브젝트들보다 하위에 위치한다고 생각하시면 됩니다. 마스터 페이지에서 페이지 번호를 자동으로 매겼는데 일반 페이지에서 통으로 이미지가 깔리게 될 경우, 하위에 위치한 페이지 번호는 가려지게 되겠죠?

이런 위험 요소를 없애기 위해서 마스터 페이지에 자동으로 페이지 번호를 매길 때는 상위 레이어를 만들어서 넣어주는 것이 안전합니다.

마스터 페이지에 설정된 '현재 페이지 번호'

1-5. 리플렛 문서 설정하기

리플렛이란 상품 또는 회사소개 정보를 담은 A4 및 A3 또는 B4, B5 등의 크기로 디자인 된 낱장의 용지를 말합니다. 낱장(전단)의 형태로 되어있거나, 두 번 내지 세 번 이상 접지하여 사용합니다. 정보를 리플렛으로 만들지 책자 형태로 정할지는 용도와 타깃을 생각하고 쓰임새에 따라 결정합니다.

∷ 리플렛의 종류 (접지의 종류)

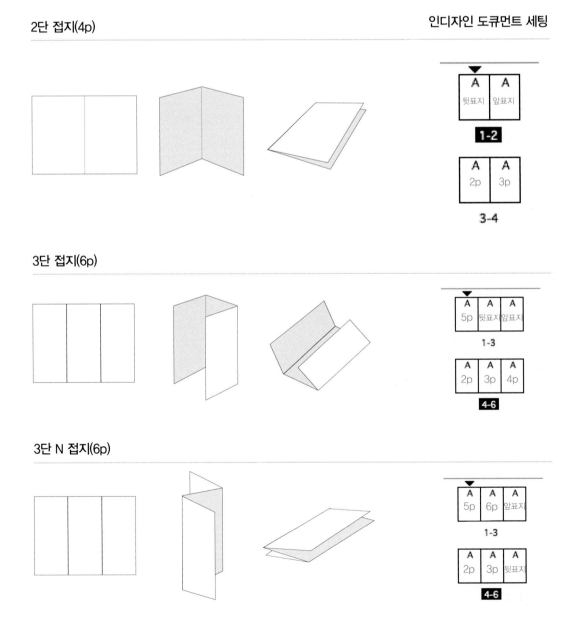

2단 접지(4p)

인디자인 도큐먼트 세팅

3단 접지(6p)

3단 N 접지(6p)

4단 접지(8p)

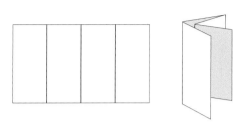

A	A	A	A
6p	7p	뒷표지	앞표지

1-4

A	A	A	A
2p	4p	5p	3p

5-8

4단 병풍 접지(8p)

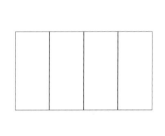   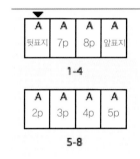

A	A	A	A
뒷표지	7p	8p	앞표지

1-4

A	A	A	A
2p	3p	4p	5p

5-8

4단 대문 접지(8p)

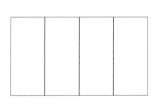  

A	A	A	A
3p	뒷표지	앞표지	2p

1-4

A	A	A	A
4p	5p	6p	7p

5-8

4단 두루마리 접지(8p)

 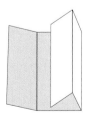 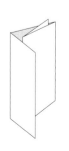

A	A	A	A
5p	3p	뒷표지	앞표지

1-4

A	A	A	A
2p	4p	6p	7p

5-8

그 밖의 다양한 접지 형태

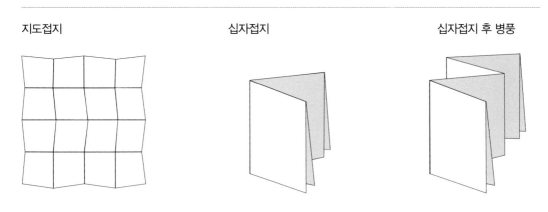

지도접지 십자접지 십자접지 후 병풍

TIP 알아보기 리플렛을 설정할 때 명심해야 할 것! **InDesign x Editorial**

앞에서 언급한 바와 같이 처음에 의뢰를 받고 판형과 제책 방식을 정할 때는 **최종적으로 받아보는 타깃과 배포되는 장소, 용도**를 먼저 생각해야 합니다. 대부분 의뢰자가 판형과 제책 방식을 정해서 의뢰하지만, 정해놓은 방식이 제작물에 타당하지 않을 경우나 더 좋은(저렴하고 활용도 높은) 대안이 있을 경우 디자이너가 제안을 할 줄 알아야 합니다.

접지 리플렛 작업 시 머릿속으로 구상한 뒤 무턱대고 작업하다가 페이지 순서를 틀리는 디자이너들을 많이 봐왔습니다. 필자는 작업 전 러프 스케치를 굉장히 중요하게 다루는 편인데요. 후에 스케치의 중요성에 대하여 다시 언급 하도록 하겠지만 특히 리플렛을 작업할 때는 간단해 보이는 접지 방식도 막상 펼쳐보면 페이지 순서가 의외로 배치되어있는 경우가 종종 있습니다. 경력이 많으신 디자이너도 정말 익숙한 페이지네이션이 아니면 꼭 미니어처를 만들어서 접어보고 순서를 체크한 후 작업을 합니다. 이제 막 편집 디자인 걸음마를 시작하신 분들은 두 말할 것도 없겠지요? **만들어 보고 접어 보고 스케치하는 순서를 습관화**하여 페이지 순서가 틀리는 기초적인 실수는 방지하도록 해요.

일러스트에서 리플렛을 작업해 보신 분들은 전체 사이즈를 설정해 놓고 접지 되는 부분을 체크한 뒤 많이 작업하셨을텐데요. 물론 인디자인에서도 한 개의 도큐먼트를 열어 단 또는 안내선을 체크해서 작업할 수도 있습니다. 하지만 필자는 페이지 도구를 이용해서 한 페이지씩 설정해놓고 스프레드로 내보내는 작업을 하는 스타일입니다. 이유는 오시(접히는 부분에 종이가 터지지 않도록 기계로 눌러주는 선)에 대한 체크가 별도로 필요하지 않고 리플렛의 특성상 접혀들어가는 면이 표지 면보다 살짝 짧아야 하는데 어렵게 계산하지 않아도 되기 때문이지요. 물론 정해진 답은 없고 자신이 편한대로 작업하시면 됩니다.

:: A4 3단 접지 작업

낱장(1p)으로 페이지를 열었을 때

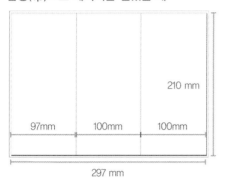

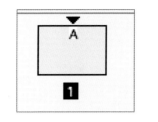

◀ 인디자인 도큐먼트 세팅

- 인쇄 시 오시선(접히는 면)을 별도로 체크해 줘야합니다.
- 접혀 들어가는 면은 2~3mm 정도 짧아야 하므로 별도의 재단선을 계산해 넣어야 합니다.
- 뒷면 작업 시 안내선을 다시 계산하여 페이지를 나누어 줘야합니다.

3p으로 페이지를 열었을 때

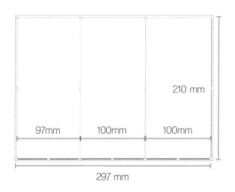

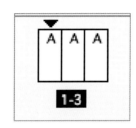

◀ 인디자인 도큐먼트 세팅

- 인쇄 시 스프레드로 내보내면 도련, 재단선을 표시하면서 자동으로 오시선(접히는 면)이 체크됩니다.
- 접혀 들어가는 면(2~3mm정도 짧은 면)을 복잡한 계산 없이 페이지 도구로 줄여줄 수 있습니다.
- 뒷면 작업 시 별도의 계산 없이 페이지를 뒤집어주면 됩니다.

이렇게 자기 자신에게 편리한 방법으로 도큐먼트를 세팅하시면 됩니다. 그럼 이제부터 필자가 즐겨쓰는 방법인 페이지 도구를 이용해 낱장으로 접지를 구성하는 방법을 함께 알아볼게요!
★ 페이지 도구는 CS5부터만 사용 가능하므로 참고해주세요.

:: 접지 형태에 따른 도큐먼트 설정하는 방법 _3단 접지 리플렛

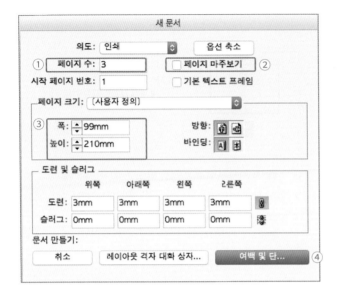

1. 새 문서 열기

WIN : `Ctrl` + `N` / Mac : `⌘` + `N`

3단 접지 리플렛을 만든다고 가정하고 페이지를 열어볼게요. 먼저 ①페이지 수는 3으로 설정하고, ②페이지 마주보기를 풀어주세요(페이지 마주보기를 해주셔도 상관없지만 책자 형태로 열리기 때문에 앞면 뒷면 낱장의 형태를 띄는 리플렛은 마주보기를 해제하는 편이 좀 더 간편합니다. 페이지 사이즈를 계산하여 ③접었을 때 한 면의 사이즈를 입력합니다.(펼쳤을 때 A4로 가정하고 만들어보세요.)

④여백 및 단을 클릭한 뒤 여백 설정합니다. 여백 비율은 일단 생략합니다.

2. 문서 페이지 재편성 허용

페이지 패널에서 `Shift` 를 누르고 ①전체 3페이지를 선택한 후 [우클릭] ➡ ②[문서 페이지 재편성 허용]을 체크해제 하세요.

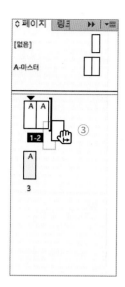
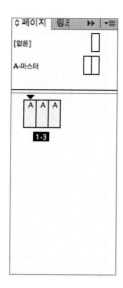

3. 페이지 연결하기

③ 페이지를 드래그해서 갖다 붙일 페이지 옆으로 가져가면 페이지 옆에] 모양이 생기면서 손바닥 모양의 커서가 🖐 모양으로 바뀝니다.
그때 원하는 위치의 페이지에 붙여주면 됩니다.

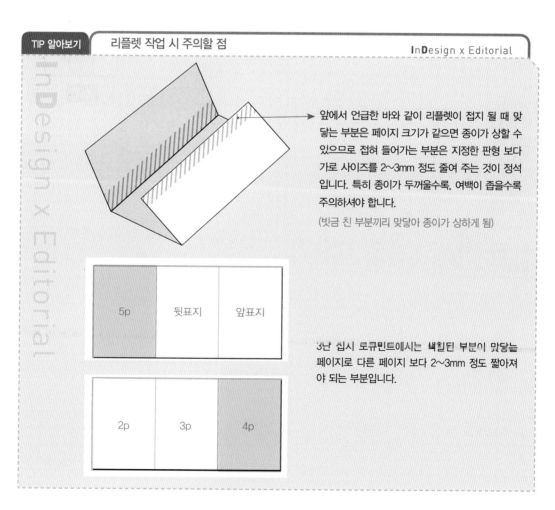

TIP 알아보기 | 리플렛 작업 시 주의할 점

InDesign x Editorial

앞에서 언급한 바와 같이 리플렛이 접지 될 때 맞닿는 부분은 페이지 크기가 같으면 종이가 상할 수 있으므로 접혀 들어가는 부분은 지정한 판형 보다 가로 사이즈를 2~3mm 정도 줄여 주는 것이 정석입니다. 특히 종이가 두꺼울수록, 여백이 좁을수록 주의하셔야 합니다.

(빗금 친 부분끼리 맞닿아 종이가 상하게 됨)

| 5p | 뒷표지 | 앞표지 |

3단 접지 로큐민드에시는 색칠된 부분이 맞닿는 페이지로 다른 페이지 보다 2~3mm 정도 짧아져야 되는 부분입니다.

| 2p | 3p | 4p |

4. 페이지 사이즈 조절

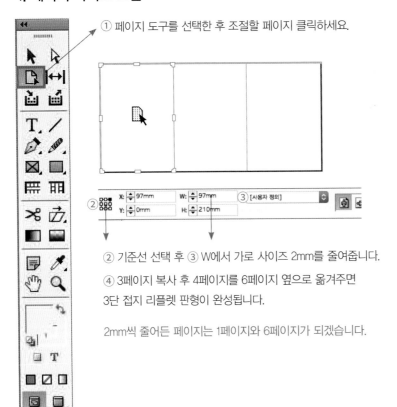

① 페이지 도구를 선택한 후 조절할 페이지 클릭하세요.

X: 97mm W: 97mm ③ [사용자 정의]
Y: 0mm H: 210mm

② 기준선 선택 후 ③ W에서 가로 사이즈 2mm를 줄여줍니다.

④ 3페이지 복사 후 4페이지를 6페이지 옆으로 옮겨주면
3단 접지 리플렛 판형이 완성됩니다.

2mm씩 줄어든 페이지는 1페이지와 6페이지가 되겠습니다.

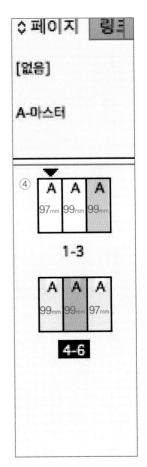

:: 접지 형태에 따른 도큐먼트 설정하는 방법 _가로 접지 형태의 리플렛

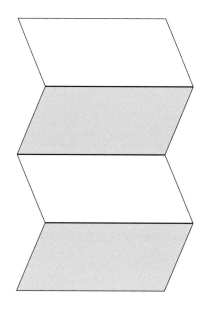

그렇다면 가로로 접히는 형태의 리플렛은 어떻게 설정해야 할까요?

[보기] ➡ [스프레드 회전]을 클릭합니다.

① 먼저, 회전할 스프레드를 전체 선택한 후

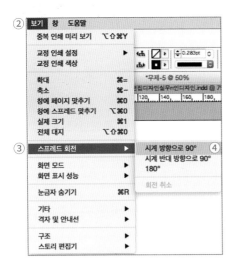

② [보기] ➡ ③ [스프레드 회전] ➡

④ [원하는 방향을 선택]하면

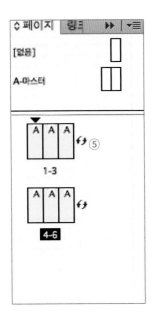

⑤ 스프레드 옆에 회전 표시가 생기면서 도큐먼트가 회전됩니다.

이와 같이 회전된 문서에
작업을 하면 됩니다.

1-6. 책자 표지 설정하기

브로셔나 카탈로그, 사보 등과 같은 접지가 아닌 제본으로 책이 엮인 책자들은 내지PDF와 표지 PDF 파일이 따로따로 만들어져야 합니다. 내지는 인쇄소에서 터잡기(하리꼬미)를 할 수 있도록 낱장 으로 내보내고 표지는 앞, 뒷면이 연결되어 있어야 하므로 스프레드(펼침면)로 내보냅니다.

:: 책자 표지와 내지 설정 모양

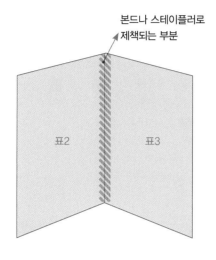

표지는 앞표지(표1)와 뒷표지(표4) 연결되고 앞표지의 안쪽면(표2), 뒷표지의 안쪽면(표 3) 연결됩니다.

내지는 터잡기(하리꼬미)를 해야하므로 PDF 변환시 낱장으로 내보냅니다.

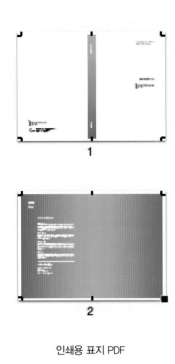

인쇄용 표지 PDF

인쇄용 내지 PDF

∷ 제본의 종류

1. 중철 제본

인디자인 도큐먼트 세팅

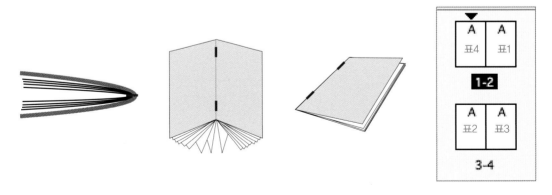

여러 장을 포개어 놓고, 중심 부분에 스테이플러를 박아 제책한 것을 중철제본이라고 합니다.
꼭 4의 배수로 페이지 작업이 이루어져야만 제책이 가능합니다. 페이지 수가 적을때 사용하는 방식으로 브로셔나
카탈로그 등에 사용됩니다. 40페이지까지도 중철 제본이 가능하긴 하지만 중간으로 갈수록 종이가 튀어나올 수 있
으며 28페이지 이하의 제책에 적합합니다. 간혹 고리에 걸 수 있도록 Ω 이런 형태의 스테이플러를 박는 방식도
있는데 고리 제본 또는 오메가 제본 이라고 합니다.

2. 무선제본　　　　　　　　　　　　　　　　인디자인 도큐먼트 세팅

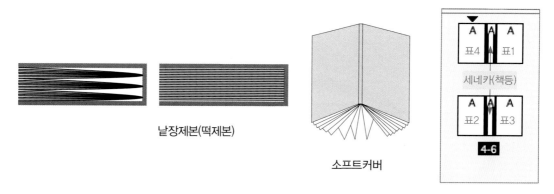

낱장제본(떡제본)

소프트커버

종이를 엮은 후 제책이 되는 면에 홈을 내어 본드칠을 하고 커버에 접착시키는 방법으로 제작합니다. 출력소(프린트실)에서 낱장의 종이에 풀칠을 하여 제책하는 경우도 무선 제본이라 표현하기도 하지만 그것은 낱장 제본, 떡 제본이라고 하는 것이 옳습니다.

3. 양장제본(하드커버)　　　　　　　　　　　　인디자인 도큐먼트 세팅

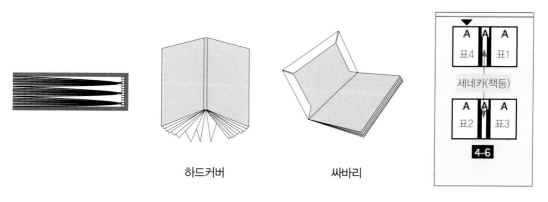

하드커버

싸바리

양장 제본은 가죽, 천, 종이를 덧씌운(싸바리) 단단한 표지 안에 실로 꿰어 연결하는 방식입니다. 두꺼운 하드보드지나 반시에 얇은 종이를 붙여 작업하기 때무에 튼튼하고 보관성이 뛰어나 사전, 다이어리 같은 오래 두고 보는 책이나 고급 서적 등에 많이 쓰입니다. 싸바리 판형을 지정할 때에는 안쪽으로 접혀들어가는 부분을 감안하여 기본 판형에서 사방으로 20mm를 늘려서 작업합니다.

양장제본 예시 사진

펼침성이 좋지 못한 무선제본의 단점을 개선한 제본. 특수 접착제(폴리우레탄)를 사용하는 제본 방식입니다.
제본 내구성 또한 기존의 무선제본 대비 월등한 고급 제본입니다.

책 중간 부분을 완전히 펼쳐도 제본 부분이 터지지 않습니다. 예전에는 흔치 않았지만 근래에는 많이 흔해져서 취급하는 인쇄소가 많아졌어요.

작업시 주의할점은 도지(책의 안쪽의 풀 붙는 부분)을 3mm정도 갈아서 본드칠을 하기 때문에 안쪽 여백을 지정한 여백보다 3mm넓게 잡아주시는게 좋습니다.

02 이미지 다루기

:: 이미지 컨트롤 패널

 기준점 : 좌표나 개체의 크기 등을 조절할 때 기준점이 되는 곳을 지정하는 곳입니다.

 X, Y 위치 : 선택한 개체의 X, Y좌표를 표시 합니다. 숫자를 입력하여 위치를 조절합니다.(눈금자의 원점과 기준점을 기준으로 함)

 가로, 세로 사이즈 : 숫자를 입력하여 개체의 가로와 세로 사이즈를 지정합니다.

 연결고리 : 숫자 입력으로 크기를 조절할 때 비율을 제한하는 곳으로, 연결 표시일 때는 가로, 세로 비율을 유지하고, 연결이 해제되어 있을 때는 가로, 세로 비율을 유지하지 않습니다.

 X, Y 비율 : 선택한 개체의 X, Y비율을 표시하는 곳입니다. 기준점을 기준으로 비율이 변경 됩니다.

 회전, 기울이기 : 개체를 입력한 숫자만큼 회전하고 기울입니다 .

 회전, 뒤집기 : 기준점을 중심으로 90° 회전하거나 뒤집습니다.

컨테이너, 내용, 개체 선택 : 컨테이너와 컨테이너의 내용 및 이전, 다음 개체를 선택하는 곳입니다.

 칠, 선 색 : 개체의 칠과 선 색상을 적용하는 곳입니다.

 선 두께, 선 모양 : 개체의 선 두께와 모양을 설정하는 곳입니다.

 선은 위의 작업 영역중 선 영역에서 굵기와 모양을 변환할 수 있습니다. 또는 우측 꺼내 놓은 "획" 패널에서 조절 가능하고 시작하는 모양과 끝나는 모양 또한 조절 가능해요

 효과 : 개체에 그림자나 효과, 투명도를 쉽게 적용할 수 있는 버튼들입니다.

 감싸기 : 개체에 텍스트 감싸기를 적용하는 곳입니다.

 모퉁이 옵션 : 개체에 모퉁이 옵션을 적용하는 곳입니다. [Alt] / [Option] 키를 누른 상태에서 네모 모양을 클릭하면 모퉁이 옵션 대화창이 나타납니다.

맞춤 : 프레임과 오브젝트를 어떻게 맞출지 설정하는 버튼입니다. 각각 [비율에 맞게 프레임 채우기], [비율에 맞게 내용 맞추기], [프레임에 내용 맞추기], [내용에 프레임 맞추기], [내용 가운데 배치], 자동 맞춤 버튼이 있습니다. 자동 맞춤을 체크하고 이미지를 불러오면 내용이 가운데 배치 된 채 프레임과 함께 움직입니다.

비율에 맞게 내용 맞추기 단축키

WIN : [Alt] + [Ctrl] + [Shift] + [E] / Mac : [Option] + [⌘] + [Shift] + [E]입니다.

비율에 맞게 프레임 채우기 | 비율에 맞게 내용 맞추기 | 프레임에 내용 맞추기 (비율깨짐) | 내용에 프레임 맞추기 | 내용 가운데 배치

2-1. 이미지 가져오기

평소 일러스트나 포토샵을 다뤄왔던 사용자들은 대부분 인디자인의 기본적인 기능들을 쉽게 이해하고 적응합니다. 하지만 어도비 프로그램을 처음 다뤄보는 사용자보다 더 어색해 하는 부분이 개체 프레임인 것 같습니다. 포토샵이나 일러스트에서는 하나의 개체를 하나의 오브젝트로 인식하는 반면 인디자인은 이미지 또는 텍스트를 프레임과 별도로 인식하기 때문이지요.

:: 이미지 가져오기

파일	편집	레이아웃	문자	개체
새로 만들기				▶
열기...				⌘O
Bridge에서 찾아보기...				⌥⌘O
최근 파일 열기				▶
닫기				⌘W
저장				⌘S
다른 이름으로 저장...				⇧⌘S
체크인...				
사본 저장...				⌥⌘S
되돌리기				
가져오기...				⌘D
XML 가져오기...				
Adobe PDF 사전 설정				▶
내보내기...				⌘E
문서 설정...				⌥⌘P
사용자...				
파일 정보...				⌥⇧⌘I
패키지...				
인쇄 사전 설정				▶
인쇄...				⌘P
소책자 인쇄...				
격자 인쇄/내보내기...				⌥⇧⌘P

[파일] ➡ [가져오기]로 이미지를 가져오거나
드래그 앤 드롭으로, 또는 단축키로 이미지를 가져옵니다.

WIN : [Ctrl] + [D]
Mac : [⌘] + [D]

▲ 선택 툴 (V)로 이미지 이동시
(테두리가 파란색)

도형 프레임 선택 시
(도형의 크기나 위치 변경 가능)

▲ 직접 선택 툴 (A)로 이미지 이동 시
(테두리가 갈색, 손바닥 모양)

프레임은 가만히 있고 프레임 안의 이미지만 움직입
니다. 선택 툴에서 이미지를 더블 클릭해도 직접 선
택 툴로 변경 됩니다.

도형 프레임 직접 선택 시
(도형의 패스나 조절점을 선택하고 모양 변형 가능)

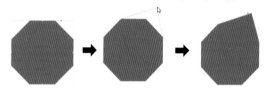

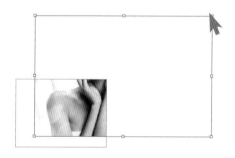

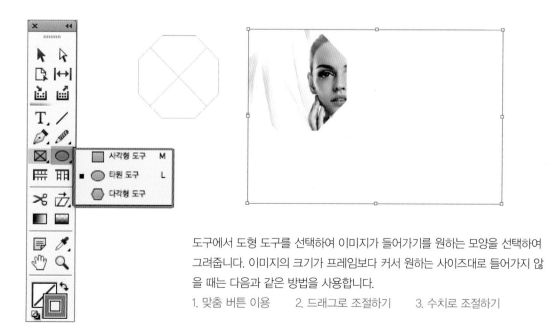

도구에서 도형 도구를 선택하여 이미지가 들어가기를 원하는 모양을 선택하여
그려줍니다. 이미지의 크기가 프레임보다 커서 원하는 사이즈대로 들어가지 않
을 때는 다음과 같은 방법을 사용합니다.

1. 맞춤 버튼 이용   2. 드래그로 조절하기   3. 수치로 조절하기

2-2. 이미지 사이즈 조절하기

이제 가져온 이미지사이즈를 조절해 볼까요?

:: 이미지 사이즈 조절

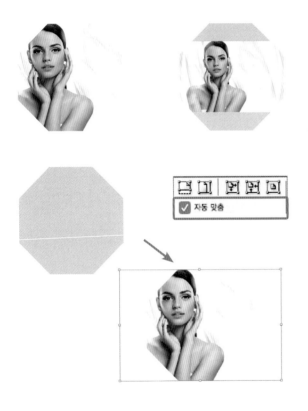

1. 컨트롤 패널의 맞춤 버튼으로 사이즈 맞춰주기

컨트롤 패널 페이지를 보고 연습해보세요.
용도에 따라 원하는 항목을 선택하면 됩니다.

도구를 그리고 이미지를 가져오기 전 컨트롤 패널에서 자동맞춤을 체크한 뒤 가져오면 어느 정도 사이즈에 맞게 이미지가 배치됩니다. 또한 이미지를 키우고 줄일 때 Ctrl, ⌘ + Shift 를 누르지 않아도 프레임에 맞게 이미지 크기도 변형 됩니다.

드래그

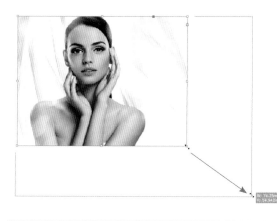

2. 드래그로 사이즈 조절하기

WIN : `Ctrl` + `Shift` + ▶

Mac : `⌘` + `Shift` + ▶

위 단축키를 누르고 프레임 모서리를 드래그하면 비율을 유지한채 사이즈를 변경할 수 있습니다.

(`Shift` 만 누르면 프레임만 비율을 유지한채로, `Ctrl`, `⌘` 만 누르면 비율은 유지되지 않지만 이미지와 프레임이 함께 조절됩니다.)

X: 153.25mm W: 75mm 100% 0°
Y: 143.193mm H: 55.497mm 100% 0° P

3. 수치로 조절하기

W,H값으로 조절할 때 선택도구(V)로 두고 수치를 변경하면 이미지는 그대로 있고 프레임 사이즈만 조절 됩니다.

W,H값으로 조절할 때 직접선택도구(A)로 두고 수치를 변경하면 프레임은 그대로 있고 이미지 사이즈만 조절됩니다.

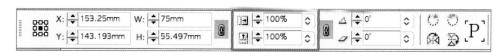

X: 153.25mm W: 75mm 100% 0°
Y: 143.193mm H: 55.497mm 100% 0° P

비율로 조절하면 프레임과 이미지가 함께 조절됩니다.

2-3. 이미지를 연결하는 링크 패널

이미지를 가져오면 링크가 걸리게 됩니다.(복사하기, 붙여넣기로 가져왔을 때는 링크가 연결되지 않아요.) 이미지의 상태는 링크 패널에서 확인하실 수 있는데요. 링크 패널에 대해 알아볼게요.
인디자인에는 가져오기[Ctrl] / [⌘]+[D]로 이미지를 가져온 경우 링크가 연결됩니다.(일러스트도 마찬가지) 링크가 연결된 상태에서는 이미지 [우클릭] ➡ [편집에 사용할 응용 프로그램] 을 통해 일러스트나 포토샵으로 연결하여 바로 수정이 가능합니다.

수정 전

또한 이미지가 링크연결 되어있는 상태에서는 이미지를 수정한 후 [링크 업데이트]를 통해 재연결할 필요 없이 최신 상태로 업데이트 할 수 있어요.

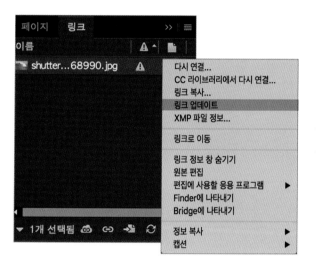

그 밖에도 작업 완료 후 [패키지]하여 Link 폴더에 원본이 모이도록 할 때에도 (링크가 포함되어 있으면 따로 폴더에 저장되지 않음), 많은 양의 이미지를 다루는 작업 시 링크가 포함 상태면 프로그램이 무거워 질 수 있기 때문에 링크는 연결된 상태가 작업에 용이합니다.

수정 후

:: 링크 패널

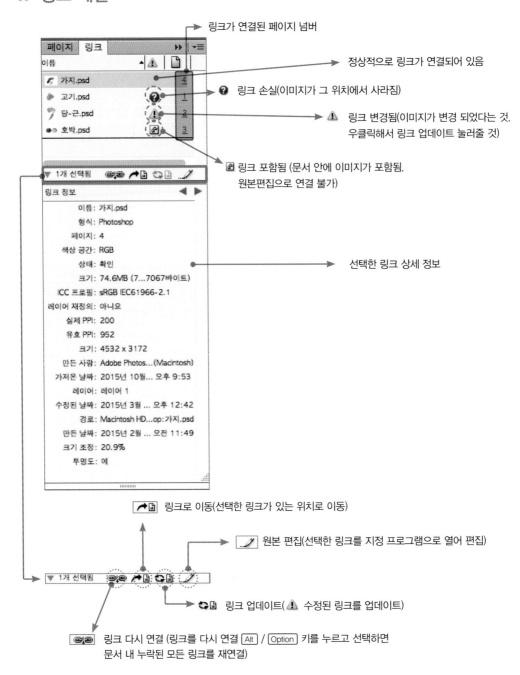

링크가 연결된 페이지 넘버

정상적으로 링크가 연결되어 있음

❷ 링크 손실(이미지가 그 위치에서 사라짐)

⚠ 링크 변경됨(이미지가 변경 되었다는 것.
우클릭해서 링크 업데이트 눌러줄 것)

🖼 링크 포함됨 (문서 안에 이미지가 포함됨.
원본편집으로 연결 불가)

선택한 링크 상세 정보

🖻 링크로 이동(선택한 링크가 있는 위치로 이동)

✏ 원본 편집(선택한 링크를 지정 프로그램으로 열어 편집)

🔄🖻 링크 업데이트(⚠ 수정된 링크를 업데이트)

🔗 링크 다시 연결 (링크를 다시 연결 [Alt] / [Option] 키를 누르고 선택하면
문서 내 누락된 모든 링크를 재연결)

:: 손실된 링크 재연결 하기

① 재연결 할 링크를 [우클릭]하고
② [다시 연결] 또는 하단 다시 연결 버튼을 눌러주세요.

③ 재연결할 파일의 위치를 찾아 클릭한 상태에서 열기 버튼을 눌러주세요.

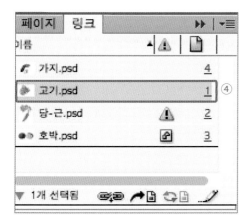

④ 경고 표시가 사라지고 정상적으로 링크가 연결 된 것을 확인하실 수 있습니다.

:: 폴더 통째로 재연결 하기

인디자인 파일의 위치를 옮기거나 사용자 컴퓨터를 옮길 때, 링크가 걸린 폴더명을 변경했을 때 한 두개가 아닌 다량의 이미지에 경고 표시가 뜰 경우가 있습니다. 한 개씩 연결하자니 노가다가 따로 없죠. 이럴 때는 누락된 파일을 폴더 째로 재연결할 수 있습니다. 이때는 유실되기 전 파일명과 재연결하려는 폴더 안의 이미지 파일명이 같아야 합니다.

① 유실된 파일을 전체 선택한 후
② 상단 드롭다운(▼) 아이콘을 누르고
③ [폴더로 다시 연결]

④ 재연결할 폴더의 위치를 찾아 클릭하여,
⑤ 선택하세요.

유실되었던 링크들의 경고 표시가 사라지고 정상적으로 링크가 연결 된 것을 확인하실 수 있습니다.

:: 수정된 링크 업데이트 하기

① 수정된, 업데이트 할 링크 [우클릭]하고,
② [링크 업데이트] 또는 하단 링크 업데이트 버튼을 눌러주세요.

또는 업데이트 해야할 링크가 다수일 때는 ① 업데이트 할 링크 전체 선택 후 [우클릭] ➡ ② [모든 링크 업데이트] 버튼을 누르면,

느낌표 표시가 사라지고 정상적으로 링크가 업데이트 된 것을 확인하신 수 있습니다.

:: 다른 프로그램을 이용해 원본 편집하기

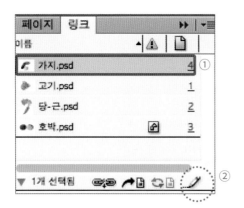

① 원본 수정할 링크 선택 후, 하단에 있는 ② 원본편집 버튼을 눌러주세요.

또는,

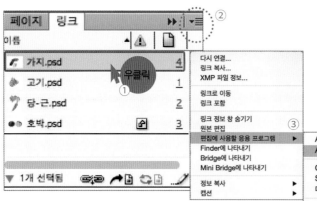

① 원본 수정할 링크 선택 후 [우클릭] / 또는 ② [상단 드롭다운(▼) 모양] ➡ ③ [편집에 사용할 응용 프로그램] ➡ ④ 원하는 프로그램을 선택하면됩니다.

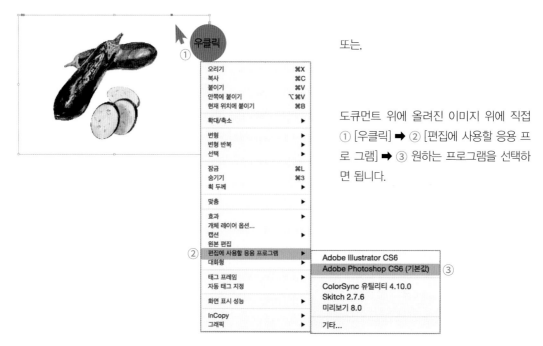

또는,

도큐먼트 위에 올려진 이미지 위에 직접 ① [우클릭] ➡ ② [편집에 사용할 응용 프로 그램] ➡ ③ 원하는 프로그램을 선택하면 됩니다.

일러스트 파일과 포토샵 파일은 어떻게 가져오는 게 좋은가요?

과거 퀵을 사용할 때는 호환성 문제로 인해 일러스트 파일은 무조건 EPS로 가져왔습니다. 지금도 EPS로 변환하여 불러오는 사람이 많지만 인디자인은 Adobe 프로그램끼리 호환성이 뛰어나고, 원본을 편집해야 하는 경우를 생각한다면 원본 그대로 가지고 오는 것이 유용합니다. 또 EPS로 불러올 경우 발생하는 문제들도 무시할 수 없죠.

한마디로 요약하자면 일러스트 파일은 ai로, 포토샵 파일은 PSD로 가져오는 것이 좋습니다.

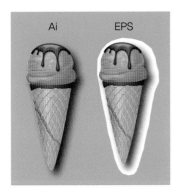

일러스트에서 그림자를 주고 Ai와 EPS로 불러왔을 경우입니다.

일러스트 파일로 가져오기 하는 경우 적용된 효과들이 매끄럽게 적용되어 보이지만 EPS로 가져오는 경우 효과가 불투명해지거나 그래픽이 쪼개져 보일 수 있습니다.

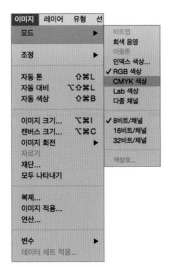

RGB / CMYK

웹용은 RGB, 인쇄용은 CMYK로 설정하는 것은 이제 거의 공식입니다. RGB인 채로 인디자인에 불러왔다 해도 출판품질(인쇄용)로 내보내면 이미지들이 자동으로 CMYK로 변경됩니다. 하지만 RGB에서 CMYK로 자동으로 변경 될 때 정말 큰 컬러 차이를 보이기 때문에 자동으로 변경될 경우 그 오차 범위를 체크하기 힘들겠지요. 이미지를 가져올 때는 포토샵에서 [모드] ➡ [CMYK]로 변경해서 가져오기를 권장합니다.

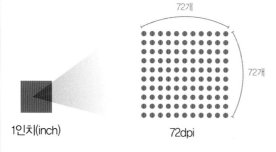

72개

72개

1인치(inch)

72dpi

해상도(Dpi_Dot Per Inch)

<u>dpi란?</u> 모니터 등의 디스플레이나, 프린터의 해상도 단위를 말하며 픽셀로 1인치(inch)당 점(dot)의 개수를 말해요. 우리가 흔히 아는 것이 웹용은 72dpi 인쇄용은 300dpi 인데요. 72dpi는 1인치 네모안에 가로 72 x 세로 72 총 5,184개, 300dpi는 가로 300 x 세로 300 총 90,000개의 점으로 구성되어 있다는 것입니다. 많은 점이 모일수록 그만큼 더 세밀한 표현이 가능하겠죠.

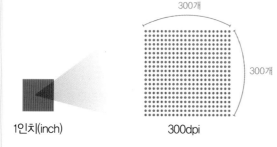

300개

300개

1인치(inch)

300dpi

<u>무조건 높은 해상도가 좋을까요?</u>

그렇지 않습니다.

각 매체 별로 적절한 해상도를 지정해줘야 하는데 예를 들어 웹상이나 휴대기기에 보여질 이미지의 해상도를 1200dpi로 지정할 경우 너무 느려지고 전력 소모가 크겠지요. 인쇄물도 마찬가지로 아주 작은 사이즈의 인쇄물에 너무 높은 해상도를 지정하면 그만큼 필요 이상으로 dot가 많아져 잉크가 뭉개질 수 있습니다.

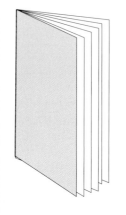

근거리용 인쇄물
(책자, 전단, 앨범 등)
300dpi

매체별 이상적 해상도

출판을 위한 컬러 이미지 : 300dpi

출판용 흑백 이미지 : 180dpi

오버헤드 프로젝트(OHP)용 컬러 이미지 : 180dpi

컴퓨터 모니터용 컬러 이미지 : 72dpi

일반 레이저 프린팅을 위한 흑백 이미지 : 120dpi

현수막이나 포스터 등의 매체는 원거리에서 보게 되기 때문에 200~250dpi로 설정해 주는 것이 좋습니다.

책자만큼 가까이서 본다면 매끄럽지 않아 보이겠지만 멀리서 보면 매끄럽고 선명하게 보이기 때문이지요.

원거리용 인쇄물
(현수막, 배너, 포스터 등)
200~250dpi

03 문자 다루기

:: 문자 서식 컨트롤 패널

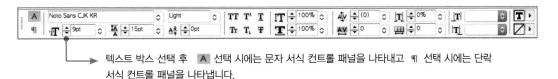

└─→ 텍스트 박스 선택 후 **A** 선택 시에는 문자 서식 컨트롤 패널을 나타내고 **¶** 선택 시에는 단락
서식 컨트롤 패널을 나타냅니다.

글꼴, 글꼴 옵션, 크기, 행간, 기준선 이동

문자의 세로, 가로 폭의 비율을
설정하는 곳입니다.

문자 변경 : 문자에 모두 대문자, 작은 대문
자, 위 첨자, 아래 첨자, 밑줄, 취소선 등을
적용합니다.

커닝, 자간 : 커닝과 자간을 조절해
줍니다.

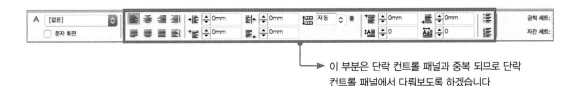

└─→ 이 부분은 단락 컨트롤 패널과 중복 되므로 단락
컨트롤 패널에서 다뤄보도록 하겠습니다

컨트롤 패널의 아이콘과 동일한 아이콘은
기능이 동일 합니다.

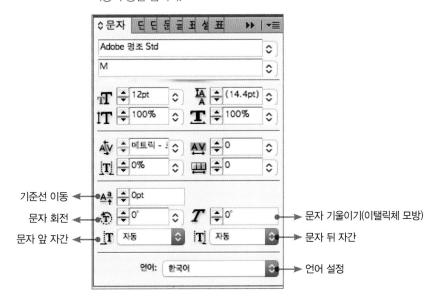

기준선 이동
문자 회전
문자 앞 자간

문자 기울이기(이탤릭체 모방)
문자 뒤 자간
언어 설정

3-1. 문자 쓰기

문자 쓰기와 단락 다루기를 연습할 때는 다른 곳에서 글을 가져와도 되지만 인디자인에서 쉽게 아무 글이나 채워 넣고 연습할 수 있습니다.

∷ 문자 삽입

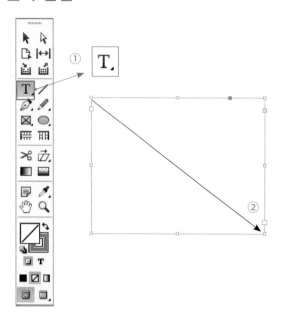

① 도구 툴에서 문자도구(T)를 선택한 후
② 원하는 영역에 드래그하여 프레임을 만들고 안에 텍스트를 삽입합니다.

∷ 자리표시자 텍스트로 채우기

텍스트 박스가 클릭되어 있는 상태에서 ① [문자] ➡ ② [자리표시자 텍스트로 채우기]를 누르면 아래와 같이 연습용 글이 채워집니다.

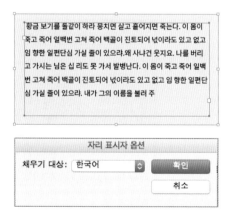

Ctrl / ⌘ 누른 채로 [자리표시자 텍스트로 채우기]를 클릭하면 위와 같은 옵션창이 뜹니다. 로마자, 일어, 한국어 등 다국어로 선택 가능합니다.(영문판은 영어로만 지원됩니다.)

3-2. 패스에 문자 입히기

패스에 문자를 입히는 방법은 일러스트에 익숙한 분들이시라면 어렵지 않을 거예요. 같은 기능이지만 아주 조금 다른 점이 있다면 일러스트에서는 패스에 입력하려고 하면 선이나 면이 사라지지만 인디자인에서는 선이나 면이 그대로 살아있다는 것입니다.

:: 패스에 문자 입히기

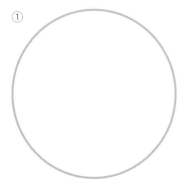

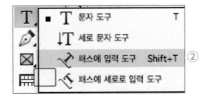

① 도구 툴로 원형을 그린 후 (L) ② [문자 도구]에서 패스에 입력도구 Shift + T 를 선택해주세요.

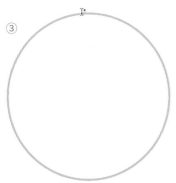

③ 패스에 커서를 가까이 가져가면 커서 옆에 + 모양이 뜨는데 그때 패스를 클릭하면 커서가 깜빡이면서 글자를 입력할 수 있는 상태가 됩니다.

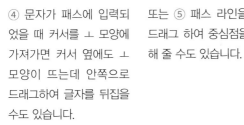

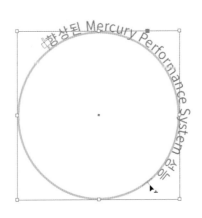

④ 문자가 패스에 입력되었을 때 커서를 ⊥ 모양에 가져가면 커서 옆에도 ⊥ 모양이 뜨는데 안쪽으로 드래그하여 글자를 뒤집을 수도 있습니다.

또는 ⑤ 패스 라인을 따라 드래그 하여 중심점을 정렬 해 줄 수도 있습니다.

3-3. 문자에 이미지 넣기

인디자인도 글자의 아웃라인을 따서 개체로 인식되도록 할 수 있습니다. 또 그 안에 이미지나 패턴을 넣을 수도 있습니다.

①

① 문자를 입력 후,

②

② WIN : `Ctrl` + `Shift` + `O`, Mac : `⌘` + `Shift` + `O`를 누르면 문자의 아웃라인이 따져 더 이상 글자가 아닌 개체(도형)처럼 인식됩니다.

③

③ 개체를 클릭한 후, WIN : `Ctrl` + `D`, Mac : `⌘` + `D` 또는 [파일] ➡ [가져오기]로 이미지를 가져옵니다. 컨트롤 패널에 있는 맞춤 버튼으로 이미지를 프레임에 맞게 정렬해줍니다. 개체를 다루는 방법에 대해서는 뒷편에서 자세히 다뤄보도록 하겠습니다.

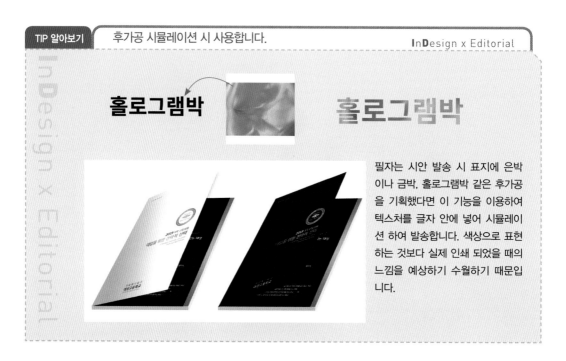

TIP 알아보기 후가공 시뮬레이션 시 사용합니다. InDesign x Editorial

필자는 시안 발송 시 표지에 은박이나 금박, 홀로그램박 같은 후가공을 기획했다면 이 기능을 이용하여 텍스처를 글자 안에 넣어 시뮬레이션 하여 발송합니다. 색상으로 표현하는 것보다 실제 인쇄 되었을 때의 느낌을 예상하기 수월하기 때문입니다.

3-4. 합성 글꼴 지정하기

합성 글꼴이란 한글, 영문, 숫자, 기호 등 한 문단에서 여러가지 문자가 혼용 되었을 때 서로 다른 서체로 지정하고 그 값을 저장하여 하나의 글꼴처럼 사용할 수 있는 기능입니다. 대체로 각각 다른 폰트가 적용되어야 하는 영 · 한글 혼용 단락에서 사용하면 편리합니다.

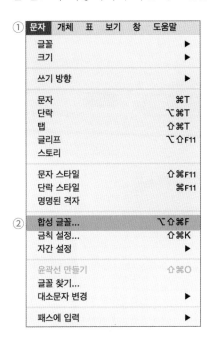

① [문자] ➡ ② [합성 글꼴] 메뉴를 선택합니다.

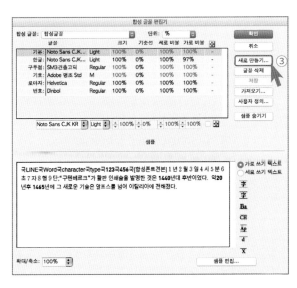

[합성 글꼴 편집기] 메뉴가 뜨면 ③ [새로만들기]를 선택한 뒤, ④ 이름을 정하고 ⑤ [확인]을 눌러 줍니다. 다른 글꼴명처럼 리스트에 보여실 이름입니다.

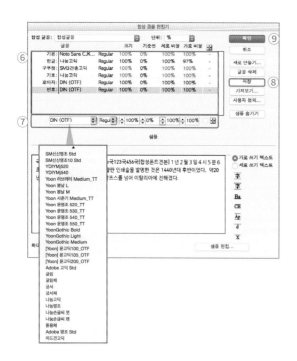

⑥ 각각의 항목을 선택하고 ⑦ 원하는 폰트와 비율을 지정해줍니다.

여기서 '기본'이라는 항목은 일어와 한자를 지정하는 항목입니다. '로마자'는 영문에 지정될 항목인 거 아시죠? 각각의 항목을 지정한 뒤 ⑧ [저장] ➡ ⑨ [확인]을 클릭합니다.

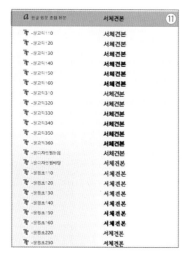

⑩

여러가지 문자가 혼용된 텍스트에 새롭게 만든 합성 글꼴을 적용해 보겠습니다.

⑩ 텍스트를 전체 선택한 후,

⑪ 글꼴 목록에서 상단에 지정된 이름으로 앞에 🅰 표시된 글꼴을 선택합니다.

> 이제 "Creative Cloud Libraries의 에셋을 연결(連結)할 수 있으므로 에셋이 변경되면 사용자와 팀원은 InDesign, Illustrator 또는 Photoshop 프로젝트에 사용된 해당 에셋을 업데이트할지 여부를 선택할 수 있습니다.

각각 지정해준 서체로 잘 적용되었습니다.

Tip 합성글꼴은 단락 스타일이나 문자 스타일에서도 지정하여 스타일로 사용할 수 있습니다.

3-5. 누락된 글꼴 확인하고 변경하기

다른 컴퓨터에서 작업하고 옮겨왔는데 파일을 열었을 때 문서에 사용된 폰트가 동일하게 설치되어 있지 않으면 경고 패널이 뜨게 됩니다. 또는 작업 도중에 핑크색 라인으로 된 것을 볼 수 있는데, 폰트가 지원되지 않고 있다는 뜻입니다. 이제 누락된 글꼴을 일괄적으로 수정하는 방법을 알아봅니다.

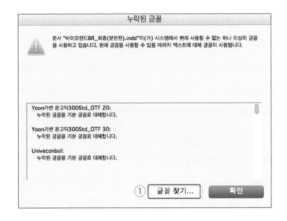

문서를 열었을 때 이와 같은 경고창이 뜬다면 현재 문서에 쓰인 폰트가 누락 되었다는 것입니다.

이때, 확인을 누르면 누락이 된 채로 진행하는 것이고 ① [글꼴 찾기]를 누르고 현재 컴퓨터에 설치되어 있는 글꼴로 일괄적으로 변경해 줄 수 있습니다.

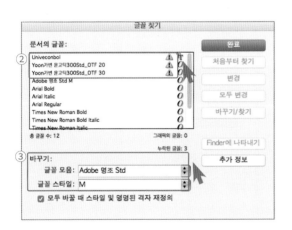

예시 창에는 느낌표가 뜬 세 개의 폰트가 누락 되었군요. ② 누락된 폰트 리스트를 하나씩 선택하여 ③ 하단 바꾸기에서 변경해 주면 되는데

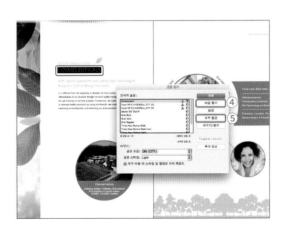

우측에 ④ [처음부터 찾기]와 [다음 찾기]를 누르면 일괄 변경이 아닌 **차례대로 원하는 위치의 폰트들만 변경**을 해주실 수 있습니다. 그리고 [변경]은 선택된 도큐먼트의 폰트를, ⑤ [모두변경]은 **문서 내의 모든 폰트를 일괄적으로 변경**합니다.

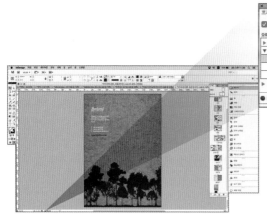

하단의 프리플라이트 패널에 빨간 동그라미(오류 있음)가 떠서 확인했을 때 이와 같이 누락된 글꼴이 표시되거나,

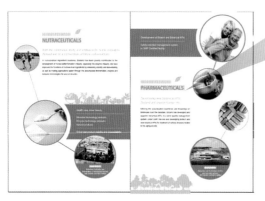

작업 도중 이와 같이 핑크색 배경선이 그어졌을 때도 역시 글꼴이 누락되었다는 것입니다.

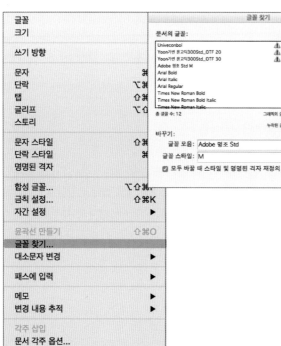

이때도 마찬 가지로 [문자] ➡ [글꼴찾기]로 들어가서 패널을 열어주신 후 위와 동일한 방법으로 변경해주시면 됩니다.

3-6. 텍스트 프레임 연결하기

텍스트가 텍스트 박스를 넘칠 때 넘치는 텍스트를 별도의 텍스트 박스와 연결하여 한 번에 선택이 가능한 상태로 만들 수 있습니다. 텍스트 박스는 바로 옆에 두고 연결이 가능하며, 전혀 다른 페이지에 두어도 연결 가능합니다.

일단 텍스트가 연결된 상태인지 확인하기 위해 아래와 같이 설정합니다.

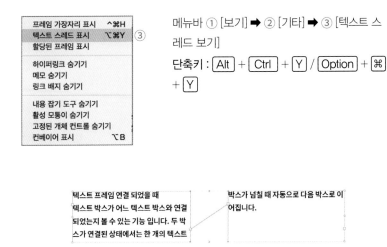

메뉴바 ① [보기] ➡ ② [기타] ➡ ③ [텍스트 스레드 보기]

단축키 : Alt + Ctrl + Y / Option + ⌘ + Y

텍스트 프레임 연결 되었을 때 텍스트 박스가 어느 텍스트 박스와 연결 되었는지 볼 수 있는 기능 입니다. 두 박스가 연결된 상태에서는 한 개의 텍스트

박스가 넘칠 때 자동으로 다음 박스로 이어집니다.

텍스트 박스를 그린 후 ④ [문자] ➡ ⑤ [자리표 시자 텍스트로 채우기] 하신 후 연습하세요.

1. 텍스트 프레임 정방향 연결하기

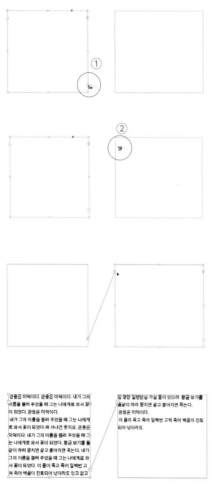

텍스트 박스의 ① 끝부분 모서리를 클릭하고 ②
연결할 텍스트 박스를 클릭합니다.
텍스트 박스가 정방향으로 연결되었습니다.

2. 텍스트 프레임 역방향 연결하기

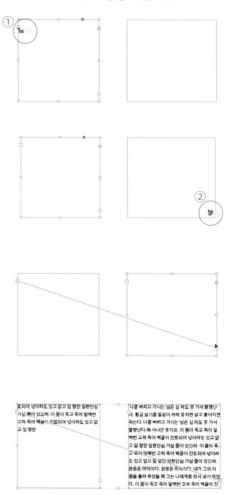

텍스트 박스의 ① 앞쪽 윗 모서리를 클릭하고 ② 연
결할 텍스트 박스를 클릭합니다.
텍스트 박스가 역방향으로 연결되었습니다.

3. 텍스트 프레임 연결 끊기

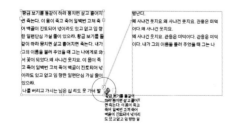

선택 도구로 시작 프레임의 모서리나 끝 프레임의 모서리를 두번 클릭하면 연결이 해제됩니다. 연결이 끊어지며 텍
스트는 시작 프레임으로 모두 넘어오고 텍스트 박스가 넘치게됩니다.

3-7. 텍스트 양에 따라 자동으로 추가·삭제 되는 문서 만들기

워드나 한글처럼 글의 양에 따라서 페이지가 자동으로 추가되거나 삭제 되도록 설정을 할 수 있습니다. 고급 텍스트 리플로우 기능은 텍스트 프레임이 다른 페이지의 텍스트 프레임과 연결되어 있어야 작동합니다.

고급 텍스트 리플로우 설정

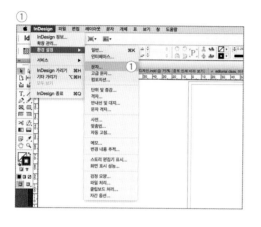

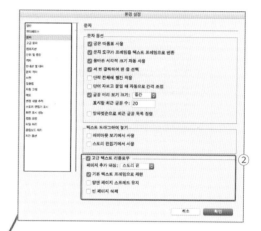

① WIN : [편집] ➡ [환경설정] 또는 단축키 (Ctrl + K) ➡ [문자]

Mac : [InDesign] ➡ [환경설정] 또는 단축키 (⌘ + K) ➡ [문자]

위 설정을 좌측과 같이 변경해 줍니다.

② [고급 텍스트 리플로우]가 선택된 상태에서 ③ [기본 텍스트 프레임으로 제한] 메뉴를 해제하고 [양면 페이지 스프레드 유지]와 [빈 페이지 삭제] 메뉴에 체크합니다.

> **Tip** 내용이 없는 상태에서 빈 텍스트 박스를 먼저 연결해 놓고 시작할 때는 [빈 페이지 삭제]도 체크 해제 한 후에 실행합니다.
> 내용이 없을 경우 빈 페이지로 인식하여 페이지가 늘어나지 않기 때문입니다. 빈 페이지 삭제를 해제하면 텍스트가 없을 때 저절로 빈 페이지가 삭제되지 않습니다.

④ 텍스트 박스를 그려주고
[문자] ➡ [자리표시자 텍스트로 채우기] 해주
세요.

연습을 위해 텍스트 박스 끝에 빨간색 ⊞ 넘침 박
스가 생기도록 계속 글자를 붙여넣기 해주세요.

텍스트 프레임 연결 (텍스트 흘리기)

⑤ 첫번째 텍스트 박스의 끝의 빨간 네모를 클릭
하고 ⑥ 연결할 텍스트 박스 위에 가져가서 연결
고리 모양이 뜨면 클릭 해줍니다.(텍스트 박스가
그려져 있지 않은 상태에서는 영역을 설정해 주
면됩니다.)
⑦ 엔터로 단락을 추가해 볼까요? 텍스트 박스가
넘치지 않고 자동으로 추가 페이지가 생성되는
것을 확인하실 수 있습니다.

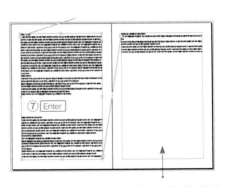

자동으로 추가된 페이지

텍스트 파일을 불러와 텍스트 흘리기

편집 시 많은 양의 텍스트 원고를 워드 또는 한글 파일로 받는 경우 한 페이지씩 드래그하여 내용을 복사해오지 않아도 [가져오기]를 통해 자동으로 텍스트를 흘리고 페이지를 추가하여 빠르게 페이지네이션을 할 수 있습니다.

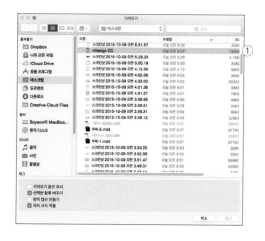

흘리기 연습을 하기 위해 텍스트가 여러 페이지 있는 워드나 한글 파일을 준비합니다.

① 파일을 가져오기 합니다.

Ctrl / ⌘ + D (가져오기)

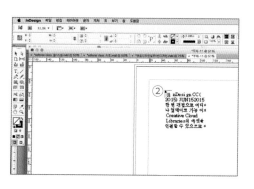

② 텍스트 아이콘이 뜨면 Shift 를 누르고 클릭합니다.

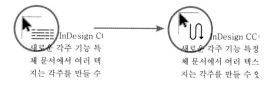

이렇게 아이콘의 모양이 흐르는 모양으로 변하면 자동흐름이 될 준비가 된 것 입니다.

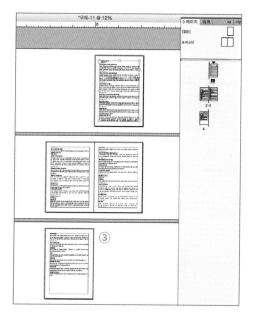

③ 세 페이지가 자동으로 생겨나고 워드의 내용이 전부 들어갔습니다.

04 단락 다루기

단락이 시작할 때 들여쓰기를 하거나 소제목과 본문 사이 행간을 넓혀주는 기능 등 단락패널에서 적용할 수 있는 여러 가지 기능을 알아봅니다.

:: 단락 서식 컨트롤 패널

텍스트 박스 선택 후 선택 시에는 문자 서식 컨트롤 패널을 나타내고 선택 시에는 단락 서식 컨트롤 패널을 나타냅니다.

정렬 : 앞정렬, 중앙정렬, 뒷정렬 및 균등배치

단락 시작 문자 : 단락 시작 문자의 첫 글자를 크게 만들 때 몇 줄을 크게 할지, 몇 글자를 크게 할지 설정하는 곳입니다.

이전공백, 이후공백 : 선택한 단락의 위와 아래로 공백 설정

글머리 기호 · 숫자 : 단락 시작 부분에 표시할 기호 · 숫자를 지정하는 곳입니다.

이 부분은 문자 컨트롤 패널과 중복됩니다.

단락 스타일, 스토리 방향 : 지정해 놓은 단락 스타일을 지정할 수 있고 가로쓰기와 세로쓰기를 지정할 수 있습니다.

컬럼설정 : 컬럼(단)수와 간격을 설정합니다.

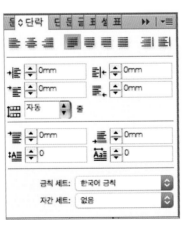

컨트롤 패널의 아이콘과 동일한 아이콘은 기능이 동일합니다.

:: 이후공백으로 소제목과 본문 분리하기

①

Adobe Comp CC와 통합
iPad에서 인쇄, 웹, 모바일 등 어디에서나 사용할 수 있는 레이아웃을 만들 수 있습니다. 사용자 또는 팀이 공유한 Creative Cloud Libraries에서 크리에이티브 에셋을 Comp으로 가져온 다음 레이아웃을 InDesign으로 바로 전송할 수 있습니다. 이때 모든 텍스트, 이미지 및 그래픽은 편집 가능한 상태로 그대로 유지됩니다.

① 먼저 연습을 위해 문자 패널에서 폰트를 설정하고 본문 사이즈와 자간, 행간을 조절해 줍니다.

②

Adobe Comp CC와 통합
iPad에서 인쇄, 웹, 모바일 등 어디에서나 사용할 수 있는 레이아웃을 만들 수 있습니다. 사용자 또는 팀이 공유한 Creative Cloud Libraries에서 크리에이티브 에셋을 Comp으로 가져온 다음 레이아웃을 InDesign으로 바로 전송할 수 있습니다. 이때 모든 텍스트, 이미지 및 그래픽은 편집 가능한 상태로 그대로 유지됩니다.

② 소제목이 될 부분에 Bold를 설정하고 사이즈를 +2만큼 키웠더니 소제목과 본문 사이의 행간이 너무 좁아졌습니다.

③

Adobe Comp CC와 통합
iPad에서 인쇄, 웹, 모바일 등 어디에서나 사용할 수 있는 레이아웃을 만들 수 있습니다. 사용자 또는 팀이 공유한 Creative Cloud Libraries에서 크리에이티브 에셋을 Comp으로 가져온 다음 레이아웃을 InDesign으로 바로 전송할 수 있습니다. 이때 모든 텍스트, 이미지 및 그래픽은 편집 가능한 상태로 그대로 유지됩니다.

③ 단락 패널에서 이후공백을 설정하여 2mm만큼 공간을 띄워 주었습니다.

소제목과 본문 사이를 행간으로 지정하지 않고, 이렇게 단락 패널에서 이후공백 기능을 사용하여 설정하는 이유는 작업 상 생길 수 있는 여러 변수 때문입니다. 만약 소제목과 본문 사이를 행간 조절로 떼어놓았고 많은 양의 글을 작업해 두었는데 행간에 변화가 필요한 경우가 생기면 어떻게 될까요? 전체 행간을 수정한 뒤 소제목과 본문 사이의 행간을 다시 한 번 수정해야 하는 고생스러운 일이 생기겠죠? 하지만 이후 공백 기능을 활용하면 전체 행간은 그대로 유지되고, 특정 행간에만 변화를 줄 수 있어 그런 수고를 덜 수 있습니다. 물론 작업자마다 스타일이 다르므로 자신에게 편한 방법으로 작업하는 것이 최선입니다. 그러나 시간 절약을 위해 이 방법을 익혀 두는 것도 좋겠죠?

:: 들여쓰기

①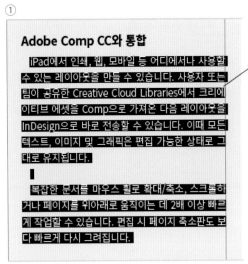

① 단락이 시작 될 때, 들여쓰기를 해야하는 경우가 있습니다.

스페이스 바를 이용하여 띄어쓰기를 할 수도 있겠지만 하나하나 설정하기란 또 하나의 노가다겠죠. 단락 패널에서 들여쓰기 수치로 지정해주면 됩니다.

:: 시작하는 문자 크게 하기

위와 같이 글이 시작되는 부분의 문자를 크게 해 주는 경우도 있습니다.

①

Berum inis plitius nonse voluptatus sum quatur? Porero officab oriore re, corporionsed ullaciur? Boratem sit maioria vellate scipsanis atin nonet, cus sedia vernatius.

Git que aut voluptatur? Ut alia ducillo rporis ra endae nonseri busandit quia consent, ate officiur? Quissimus

① 단락 패널에서 몇 줄을 차지하는 정도로 크게 할 것인지, 몇 글자를 크게 할 것인지 지정해줍니다.

:: 글머리 기호 삽입하기

컨트롤 패널의 단락 파트에서 글머리 기호를 설정할 수 있습니다. ① Alt / Option 키를 누른 채 ② 글머리 기호를 클릭하면 상세한 글머리 기호 옵션 창을 불러올 수 있습니다.

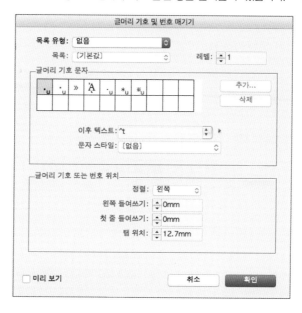

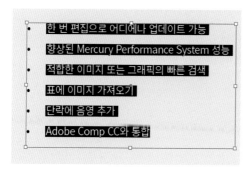

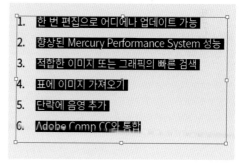

:: 단락 나누기

①

왜 사냐건 웃지요. 나를 버리고 가시는 님은 십 리도 못 가서 발병난다. 이 몸이 죽고 죽어 일백번 고쳐 죽어 백골이 진토되어 넋이라도 있고 없고 임 향한 일편단심 가실 줄이 있으랴.왜 사냐건 웃지요.

나를 버리고 가시는 님은 십 리도 못 가서 발병난다. 관용은 미덕이다. 관용은 미덕이다. 황금 보기를 돌같이 하라 뭉치면 살고 흩어지면 죽는다. 이 몸이 죽고 죽어 일백번 고쳐 죽어 백골이 진토되어 넋이라도 있고 없고 임 향한 일편단심 가실 줄이 있으랴. 관용은 미덕이다. 황금 보기를 돌같이 하라 뭉치면 살고 흩어지면 죽는다.왜 사냐건 웃지요.

황금 보기를 돌같이 하라 뭉치면 살고 흩어지면 죽는다.

이 몸이 죽고 죽어 일백번 고쳐 죽어 백골이 진토되어 넋이라도 있고 없고 임 향한 일편단심 가실 줄이 있으랴.왜 사냐건 웃지요. 내가 그의 이름을 불러 주었을 때 그는 나에게로 와서 꽃이 되었다. 관용은 미덕이다. 황금 보기를 돌같이 하라 뭉치면 살고 흩어지면 죽는다. 내가 그의 이름을 불러 주었을 때 그는 나에게로 와서 꽃이 되었다. 나를 버리고 가시는 님은 십 리도 못 가서 발병난다.왜 사냐건 웃지요.왜 사냐건 웃지요. 황금 보기를 돌같이 하라 뭉치면 살고 흩어지면 죽는다. 관용은 미덕이다. 황금 보기를 돌같이 하라 뭉치면 살고 흩어지면 죽는다. 황금 보기를 돌같이 하라 뭉치면 살고 흩어지면 죽는다. 관용은 미덕이다. 황금 보기를 돌같이 하라 뭉치면 살고 흩어지면 죽는다. 관용은 미덕이다. 이 몸이 죽고 죽어 일백번 고쳐 죽어 백골이 진토되어 넋이라도 있고 없고 임 향한 일편단심 가실 줄이 있으랴.

① [문자] ➡ [자리표시자 텍스트로 채우기]에서 연습용 문자를 넣어주세요

② 상단 컨트롤 패널에서 열 수와 간격 수를 지정하여 단락을 손쉽게 나눌 수 있습니다.

왜 사냐건 웃지요. 나를 버리고 가시는 님은 십 리도 못 가서 발병난다. 이 몸이 죽고 죽어 일백번 고쳐 죽어 백골이 진토되어 넋이라도 있고 없고 임 향한 일편단심 가실 줄이 있으랴.왜 사냐건 웃지요.

나를 버리고 가시는 님은 십 리도 못 가서 발병난다. 관용은 미덕이다. 관용은 미덕이다. 황금 보기를 돌같이 하라 뭉치면 살고 흩어지면 죽는다. 이 몸이 죽고 죽어 일백번 고쳐 죽어 백골이 진토되어 넋이라도 있고 없고 임 향한 일편단심 가실 줄이 있으랴. 관용은 미덕이다. 황금 보기를 돌같이 하라 뭉치

면 살고 흩어지면 죽는다.왜 사냐건 웃지요. 황금 보기를 돌같이 하라 뭉치면 살고 흩어지면 죽는다.

이 몸이 죽고 죽어 일백번 고쳐 죽어 백골이 진토되어 넋이라도 있고 없고 임 향한 일편단심 가실 줄이 있으랴.왜 사냐건 웃지요. 내가 그의 이름을 불러 주었을 때 그는 나에게로 와서 꽃이 되었다. 관용은 미덕이다. 황금 보기를 돌같이 하라 뭉치면 살고 흩어지면 죽는다. 내가 그의 이름을 불러 주었을 때 그는 나에게로 와서 꽃이 되었다. 나를 버리고 가시는 님은 십 리도 못 가서 발병난다.왜

사냐건 웃지요.왜 사냐건 웃지요. 황금 보기를 돌같이 하라 뭉치면 살고 흩어지면 죽는다. 관용은 미덕이다. 황금 보기를 돌같이 하라 뭉치면 살고 흩어지면 죽는다. 황금 보기를 돌같이 하라 뭉치면 살고 흩어지면 죽는다. 관용은 미덕이다. 이 몸이 죽고 죽어 일백번 고쳐 죽어 백골이 진토되어 넋이라도 있고 없고 임 향한 일편단심 가실 줄이 있으랴.

4-1. 탭쓰기

글 줄의 길이가 달라서 들쑥날쑥 하더라도 탭 기능을 이용하여 깔끔한 디자인을 할 수 있습니다. 목차를 디자인할 때나 장소, 일정 등을 나열할 때 또는 연락처, 주소, 홈페이지 등을 행갈이하여 나열할 때 탭 기능을 이용하면 깔끔하고 쉽게 정리할 수 있어요.

ex) Tab 기능이 이용되는 예

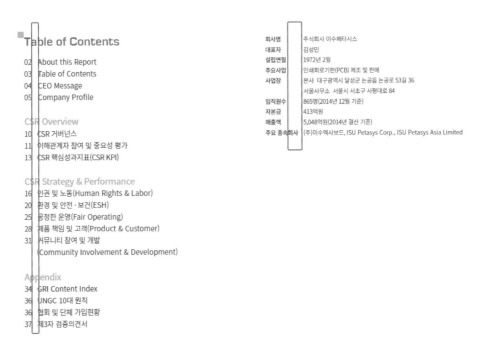

텍스트 박스 안에 글을 넣고 ➡ [문자] ➡ [탭] 또는

단축키 WIN : [Ctrl] + [Shift] + [T] / Mac : [⌘] + [Shift] + [T]

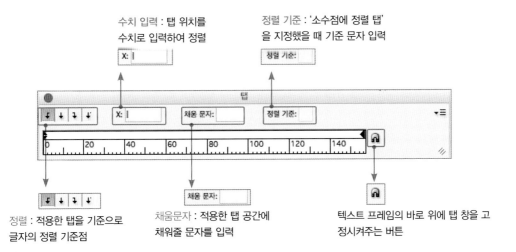

수치 입력 : 탭 위치를 수치로 입력하여 정렬

정렬 기준 : '소수점에 정렬 탭' 을 지정했을 때 기준 문자 입력

정렬 : 적용한 탭을 기준으로 글자의 정렬 기준점

채움문자 : 적용한 탭 공간에 채워줄 문자를 입력

텍스트 프레임의 바로 위에 탭 창을 고정시켜주는 버튼

①

Table of Contents

02 About this Report

03 Table of Contents

04 CEO Message

05 Company Profile

CSR Overview

10 CSR 거버넌스

11 이해관계자 참여 및 중요성 평가

13 CSR 핵심성과지표(CSR KPI)

① 탭(Tab) 연습을 위한 글을 가져왔습니다.
문자와 단락 패널에서 대타이틀과 소타이틀을 먼저 구분할게요

②

Table of Contents

02 About this Report

03 Table of Contents

04 CEO Message

05 Company Profile

CSR Overview

10 CSR 거버넌스

11 이해관계자 참여 및 중요성 평가

13 CSR 핵심성과지표(CSR KPI)

② 대타이틀은 폰트를 +2 키워 12pt Bold체로 해주고 단락 패널에서 이후 공백을 1, 2mm 띄어 주었습니다.

③

탭 기능이 익숙하지 않으신 분들은 헷갈릴 수 있으므로 ③ [문자] ➡ ④ [숨겨진 문자 표시] 또는 단축키

WIN : Alt + Ctrl + I
Mac : Option + ⌘ + I

를 눌러 숨겨진 문자를 표시하여 탭 공간이 표시되도록 설정하고 연습해보세요.

⑤ 일정 공간을 띄울 부분에 [Tab] 한 번씩 눌러 주고,

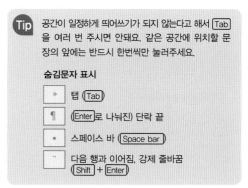

> **Tip** 공간이 일정하게 띄어쓰기가 되지 않는다고 해서 [Tab] 을 여러 번 주시면 안돼요. 같은 공간에 위치할 문 장의 앞에는 반드시 한번씩만 눌러주세요.
>
> **숨김문자 표시**
>
> | » | 탭 ([Tab]) |
> | ¶ | ([Enter]로 나눠진) 단락 끝 |
> | · | 스페이스 바 ([Space bar]) |
> | ¬ | 다음 행과 이어짐, 강제 줄바꿈 ([Shift] + [Enter]) |

⑥

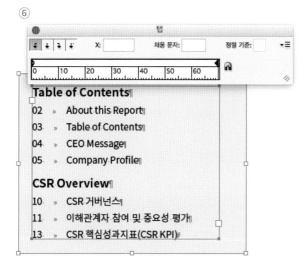

⑥ [문자] ➡ [탭] 또는 단축키
WIN : [Ctrl] + [Shift] + [T]
Mac : [⌘] + [Shift] + [T]
탭 패널을 열어주세요.

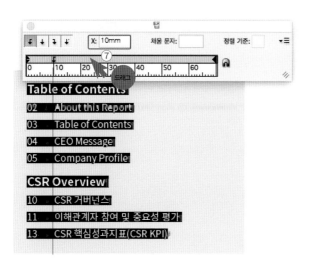

⑦ 눈금자 위의 공백에 위치를 찍고 드래그하여 정렬 위치를 지정해주거나 수치로 위치를 정해 줍니다.

> 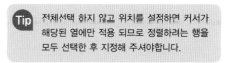 **Tip** 전체선택 하지 않고 위치를 설정하면 커서가 해당된 열에만 적용 되므로 정렬하려는 행을 모두 선택한 후 지정해 주셔야합니다.

⑧

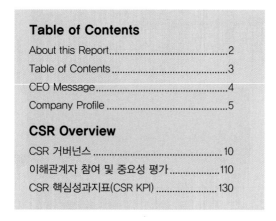

⑧ 좌측과 같이 원하는 곳에 정렬이 잘 되셨나요?

반대로 아래와 같이 페이지 넘버가 뒤쪽으로 있고 공백에 점선이 들어간 목차를 정렬할 때는 어떻게 할까요?

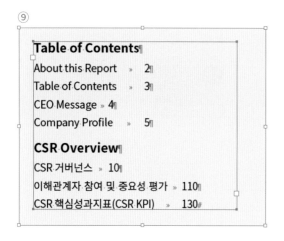

⑨

⑨ 우선 페이지 넘버를 뒤로 옮겨주고 앞쪽에 탭(tab)주기. 정렬을 눈에 띄게 보여드리기 위해 페이지 번호를 극단적으로 바꿔볼게요.

⑩ 위 방법과 동일한 방법으로 위치를 찍어주고 드래그하거나 수치로 지정 해준 뒤,

⑪ 정렬 버튼으로 정렬을 바꿔줍니다.
'오른쪽 균등 배치 탭'으로 설정하였습니다.

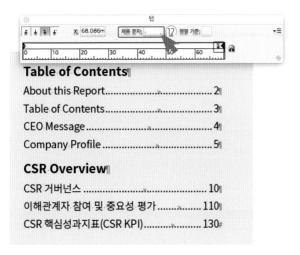

⑫ 채움 문자를 넣어 줄 탭이 선택되어 있는 상태에서 채움문자에 셈(dot)을 넣어주면 좌측과 같이 탭 공간에 점선이 들어갑니다.

탭(Tab)을 없애고 싶을 때는 ⑬ 패널 바깥 쪽으로 드래그 앤 드롭 하거나를 클릭하세요. ⑭ 우측 드롭다운(▼) 표시를 눌러 [모두 지우기]를 눌러주세요.

4-2. 칼꼽기(들여쓰기 위치 지정)

"새로운 Adobe Stock 마켓플레이스를 사용하면 InDesign CC에서 바로 로열티 프리 이미지와 비디오를 찾아 라이선스를 부여받고 관리할 수 있습니다. 4,000만 개의 에셋 중에서 선택할 수 있고 선택한 항목을 Creative Cloud Libraries에 저장한 다음 프로젝트로 드래그하여 사용할 수 있습니다. "

위와 같은 상황에서 점선 뒤로 문단을 정렬하고 싶을 때 탭으로 정렬하기에는 번거롭습니다. 이때는 흘려 쓰기가 되어있으므로 단락 패널에서 들여쓰기를 해주면 시작하는 행도 함께 움직이지요. 들여쓰기 위치를 지정해서 쉽게 정렬하는 방법을 알아볼까요?

"새로운 Adobe Stock 마켓플레이스를 사용하면 InDesign CC에서 바로 로열티 프리 이미지와 비디오를 찾아 라이선스를 부여받고 관리할 수 있습니다. 4,000만 개의 에셋 중에서 선택할 수 있고 선택한 항목을 Creative Cloud Libraries에 저장한 다음 프로젝트로 드래그하여 사용할 수 있습니다. "

① 먼저 정렬을 원하는 위치에 커서를 두고 [WIN : Ctrl + ₩ / Mac : ⌘ + ₩]를 눌러주세요. (헷갈릴 수 있으니 숨겨진 문자를 표시 해주고 진행해 주세요.)

①"새로운 Adobe Stock 마켓플레이스를 사용하면 InDesign CC에서 바로 로열티 프리 이미지와 비디오를 찾아 라이선스를 부여받고 관리할 수 있습니다. 4,000만 개의 에셋 중에서 선택할 수 있고 선택한 항목을 Creative Cloud Libraries에 저장한 다음 프로젝트로 드래그하여 사용할 수 있습니다."

"⁺새로

이와 같이 칼 모양이 생기면서 그 밑으로 들여쓰기가 되었습니다.
단축키 하나로 사용할 수 있어서 참 쉽죠? 하지만 이 기능은 한 단락에만 적용되므로 다음 줄에도 같은 위치에 적용을 해주기 위해서는 한 단락으로 인식이 되어야 합니다. ②행의 끝 부분에 Shift + Enter ↵ 를 눌러 강제 행갈이를 해줍니다.

"새로운 Adobe Stock 마켓플레이스를 사용하면 InDesign CC에서 바로 로열티 프리 이미지와 ② (Shift + Enter) 비디오를 찾아 라이선스를 부여받고 관리할 수 있습니다. 4,000만 개의 에셋 중에서 선택할 수 있고 (Shift + Enter) 선택한 항목을 Creative Cloud Libraries에 저장한 다음 프로젝트로 드래그하여 사용할 수 있습니다. "

4-3. 텍스트 프레임에 이미지 매달기

이미지를 왜 매다냐고요?

단락의 시작에 글리프의 특수문자가 아닌, 내가 만든 딩벳 부호로 단락을 나누었을 때. 작업을 하다 보면 여러가지 변수가 생기기 마련이죠. 위와 같은 경우 작업을 다 해놓았는데 교정, 교열로 인한 행간이나 텍스트 프레임 위치가 변경되었을 때 딩벳 부호와 텍스트 프레임이 별도로 움직이다 보면 놓칠수도 있어 인쇄사고를 유발할 수 있어요. 일단 매달기가 무엇인지 부터 알아볼게요.

InDesign CC 2015 릴리스에서 Publish Online(미리보기)을 사용하면 한 번의 클릭으로 InDesign 문서를 온라인에 게시하고 Facebook에서 또는 독립형 URL로 공유할 수 있습니다. HTML 버전의 문서가 최신 데스크탑 또는 태블릿 브라우저에서 작동하므로 이제 온라인을 통해서도 문서를 간편하게 볼 수 있습니다.

이러한 온라인 문서는 InDesign 문서에 포함되어 있는 모든 인터랙티브한 기능(비디오, 오디오 및 애니메이션)을 그대로 유지합니다.

- ◉ 한 번 편집으로 어디에나 업데이트 가능
- ◉ 적합한 이미지 또는 그래픽의 빠른 검색
- ◉ Adobe Comp CC와 통합
- ◉ 향상된 Mercury Performance System 성능
- ◉ 표에 이미지 가져오기
- ◉ 단락에 음영 추가

⚓

좌측에 보이는 것처럼 이미지를 클릭 했을 때 닻 모양이 보인다면 이미지가 텍스트 프레임에 매달린 것입니다. 이 때 원하는 곳으로 이미지가 움직이지 않는다고 당황하시는 분들이 많은데요. 당황하지 말고

WIN : [Ctrl] + [X]

Mac : [⌘] + [X]

이미지를 잘라내어 다른곳에 붙여넣기 [Ctrl] / [⌘] + [X]하여 빼내시면 됩니다.

이런 때에 많이 사용 되는데 앞 쪽에 그려준 개체를 글자와 함께 고정시켜 주는 것입니다.

고정하지 않았을 경우

- ◆ 한 번 편집으로 어디에나 업데이트 가능
- ◆ 적합한 이미지 또는 그래픽의 빠른 검색
- ◆ Adobe Comp ८८와 통합
- ◆ 향상된 Mercury Performance System 성능
- ◆ 표에 이미지 가져오기
- ◆ 단락에 음영 추가

개체와 텍스트 프레임이 별도로 움직이며, 다단 붙여넣기를 하고 행간에 맞게 정렬을 해주고, 행간이 바뀌었을 때는 다시 정렬을 해줘야하는 등의 수고가 따릅니다.

- ◉ 한 번 편집으로 어디에나 업데이트 가능
- ◉ 적합한 이미지 또는 그래픽의 빠른 검색
- ◉ Adobe Comp CC와 통합
- ◉ 향상된 Mercury Performance System 성능
- ◉ 표에 이미지 가져오기
- ◉ 단락에 음영 추가

①

① 두 개의 원을 겹쳐 그려주신 후 두 원을 그룹으로 묶어주세요.

WIN : Ctrl + G

Mac : ⌘ + G

> **Tip** 개체가 두개 이상일 때 그룹으로 묶어주지 않으면 텍스트 프레임 안에 복사가 되지 않아요.

②

> 🖾 한 번 편집으로 어디에나 업데이트 가능
> 적합한 이미지 또는 그래픽의 빠른 검색
> Adobe Comp CC와 통합
> 향상된 Mercury Performance System 성능
> 표에 이미지 가져오기
> 단락에 음영 추가

② 잘라내기 한 후,

WIN : Ctrl + X

Mac : ⌘ + X

텍스트 프레임을 더블 클릭하여 원하는 위치에 붙여넣기 합니다.

WIN : Ctrl + V

Mac : ⌘ + V

③

> ● 한 번 편집으로 어디에나 업데이트 가능
> 적합한 이미지 또는 그래픽의 빠른 검색
> Adobe Comp CC와 통합
> 향상된 Mercury Performance System 성능
> 표에 이미지 가져오기
> 단락에 음영 추가

③ 글자의 행간과 중심이 맞지 않는다면 문자 패널을 열어 기준선 이동 수치를 정하여 글자의 중간에 위치하도록 설정합니다.

④

> ◉ 한 번 편집으로 어디에나 업데이트 가능
> ◉ 적합한 이미지 또는 그래픽의 빠른 검색
> ◉ Adobe Comp CC와 통합
> ◉ 향상된 Mercury Performance System 성능
> ◉ 표에 이미지 가져오기
> ◉ 단락에 음영 추가

④ 그 뒤에는 문자를 복사하여 넣듯이 드래그하여 복사하고 원하는 위치에 붙여넣기 해주시면 됩니다. 텍스트 프레임을 움직일 때 함께 개체가 이동되는 것을 확인할 수 있습니다.

4-4. 텍스트 감싸기

텍스트와 이미지를 조화롭게 이용하여 페이지 디자인을 할 때 유용한 기능입니다. 프레임을 별도로 배치하는 수고를 덜어주고 이미지 주위로 텍스트가 자연스럽게 배치됩니다.

①

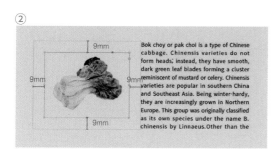

① 좌측과 같이 이미지를 겹쳐 놓고 [텍스트 감싸기] 패널을 열어볼게요.

②

② 테두리 상자 감싸기

텍스트 감싸기가 적용되었고 오프셋(텍스트 감싸기 적용 간격)이 9mm로 설정되었으며, 오른쪽 왼쪽을 모두 감싼 상태입니다.

③

③ 개체 모양 감싸기(테두리 상자)

원 안에 이미지가 들어가 있고, 개체 모양 감싸기가 적용되었습니다. 오프셋(텍스트 감싸기 적용 간격)이 6mm로 설정 되었으며, 윤곽선 옵션의 유형이 테두리 상자로 설정되어 있습니다.
(윤곽선 옵션은 개체모양 감싸기에서만 활성화됩니다.)

④

④ 개체 모양 감싸기(가장자리 감지)

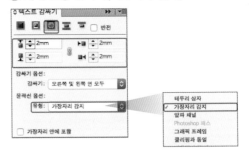

개체 모양 감싸기가 적용되었고, 오프셋(텍스트 감싸기 적용 간격)이 2mm로 설정되었으며, **윤곽선 옵션이 가장자리 감지로 설정 되어있습니다.**(윤곽선 옵션은 개체모양 감싸기에서만 활성화됩니다)

⑤ 개체 모양 감싸기
(가장자리 감지 / 가장자리 안에 포함)

⑤

오브젝트의 안쪽에 공간이 있는 경우[**가장자리 안에 포함**]옵션이 해제되어있는 상태에서 안쪽 공간은 비워집니다.

⑥

⑥ [**가장자리 안에 포함**]옵션이 체크 되어있는 상태에서는 안쪽 공간에도 글자가 채워집니다.

⑦

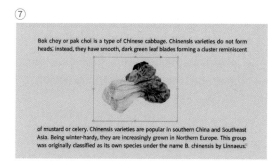

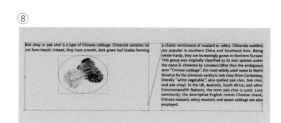

⑧

⑦ 개체 건너뛰기

이미지 프레임의 좌·우를 빈공간으로 설정할 때는

⑧ 다음 단으로 이동

이미지 프레임 하단의 모든 텍스트가 다음 단으로 이동합니다.

4-5. 텍스트 감싸기 무시

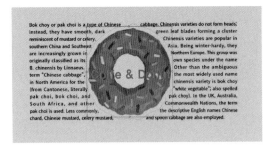

좌측과 같이 텍스트 감싸기가 되어있는 이미지 위에 감싸지 않고 별도의 텍스트를 올려야 하는 경우에는 이렇게 설정합니다.

①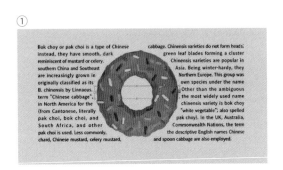

① [텍스트 감싸기]가 설정되어 있을 때, 텍스트를 올리려고 하면 이미지를 피해서 텍스트가 넘치게 됩니다.

②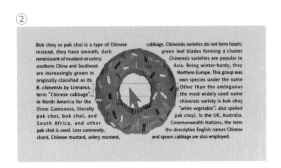

② 감싸기를 피할 텍스트 프레임을 Alt / Option + 더블클릭 하거나 [우클릭] ➡ [텍스트 프레임 옵션]으로 팝업 창을 연 뒤 [텍스트 감싸기 무시]에 체크합니다.

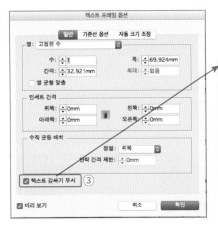

③ 감싸기 무시를 체크한 텍스트 프레임은 감싸기가 되어있는 ④ 이미지 위에 올릴 수 있습니다.

플렉서블 그리드(Flexible grid)란 그리드의 종류 중 수평 수직을 기본으로 한 그리드가 아닌 규칙에서 벗어난 자유로운 형태의 그리드로 사선과 곡선의 형태까지 수용한 그리드입니다. 앞에서 배운 텍스트 감싸기를 이용해 플렉서블 그리드 설정 방법을 알아봅니다.

① 펜 도구를 이용해 원하는 그리드의 모양을 그려줍니다.

② 패스를 닫아준 후 면색과 선색을 모두 없음으로 누고 ③ 그 위에 새로 텍스트 막스늘 그려서 텍스트를 넣어주세요.

④

⑤

④ 그려놓았던 패스를 선택한 후 ⑤ [텍스트 감싸기] ➡ [개체 모양 감싸기]를 클릭하면 패스는 투명하여 보이지 않고 글자가 패스 모양을 따라 흐르는 게 됩니다.

이와 같이 펜툴을 이용해 원하는 모양을 그린 후, 면색과 선색을 없애거나, 이미지를 배치해 다양한 플렉서블 그리드를 연출할 수 있습니다.

05 색상 다루기

도형색상 ←
테두리 색상 ←

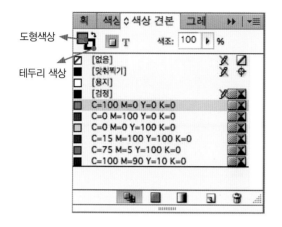

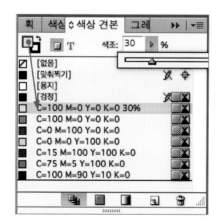

색조를 조절하여 색상처럼 드래그해서 팔레트에 끌어넣을 수 있어요

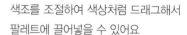

글자색상 ←

글자 테두리
색상 ←

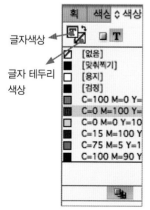

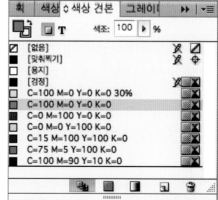

글자의 프레임 역시 노영 색상
에서 칠과 선색을 지정해 줄
수 있어요.

글자 색상

글자 색상

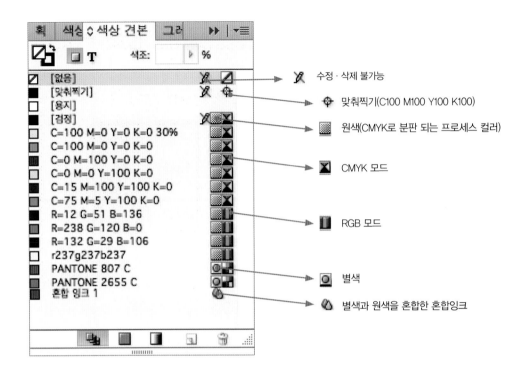

수정 · 삭제 불가능

맞춰찍기(C100 M100 Y100 K100)

원색(CMYK로 분판 되는 프로세스 컬러)

CMYK 모드

RGB 모드

별색

별색과 원색을 혼합한 혼합잉크

5-1. 색상 추가하기

① 드롭다운(▼) 아이콘을 누른 후 ➡ ② [새 색상 견본] ➡ ③ 패널이 뜨면 수치를 조절하여 추가해줍니다.

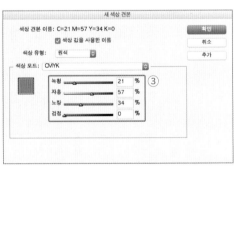

일러스트에서 그래픽을 파일로 가져오기 하지 않고 [Ctrl], [⌘]+[C] / [Ctrl], [⌘]+[V] 해서 가지고 오면 사용된 색상이 모두 팔레트에 자동으로 추가 됩니다.

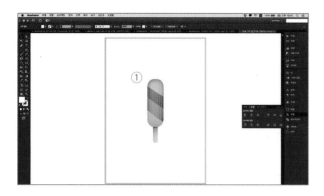

① 일러스트로 작업된 오브젝트를 [Ctrl] + [C] / [⌘]+[C] 합니다.

새 문서를 열었을 때는 보이는 기본 색상 패널입니다.

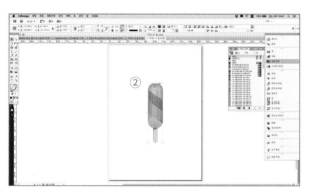

② [Ctrl] + [V] / [⌘]+[V]로 오브젝트를 가져오면 색생 패널에 자동으로 사용된 컬러가 추가 된 것을 확인 할 수 있습니다.

> **Tip** 사이즈가 너무 크거나 그래픽 효과가 많이 적용된 일러스트 파일을 복사해서 가지고 올 경우 프로그램이 느려질 수 있으니 그럴 때는 가져오기를 합니다.

5-2. 별색 추가하기

팬톤 컬러칩이나 DIC 컬러 가이드 북에서 컬러를 선택합니다.

PANTON
미국 팬톤사에서 규정한 별색으로 코팅용, 비코팅용,
파스텔&네온, 메탈릭 등 여러 종류가 있으며 국제적으
로 사용되는 표준 별색입니다.

DIC
일본 잉크 화학 공업 주식회사에서 규정한 별색입
니다.

① 드롭다운(▼) 아이콘을 누른 후 ➡ ② [새 색상 견
본]을 눌러주세요.

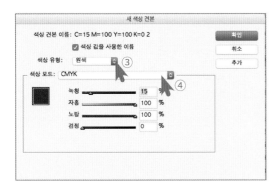

③ 별색 체크를 하고, ④ 필자는 팬톤 솔리드 컬러칩을
보유하고 있기 때문에 팬톤에서 체크해보겠습니다.
코팅될 종이에 인쇄 예정인 경우 Coated, 모조지나 랑
데뷰 등 매트한 종이에 인쇄 예정인 경우 Uncoated입
니다.

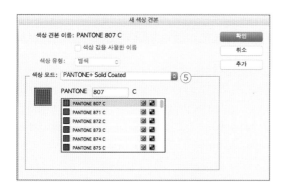

⑤ 선택한 코드를 입력하면 코드에 맞는 컬러가 선택 되고 팔레트에 추가됩니다.

별색 중에 가장 많이 쓰이는 금별색이나 은별색을 살펴볼까요?

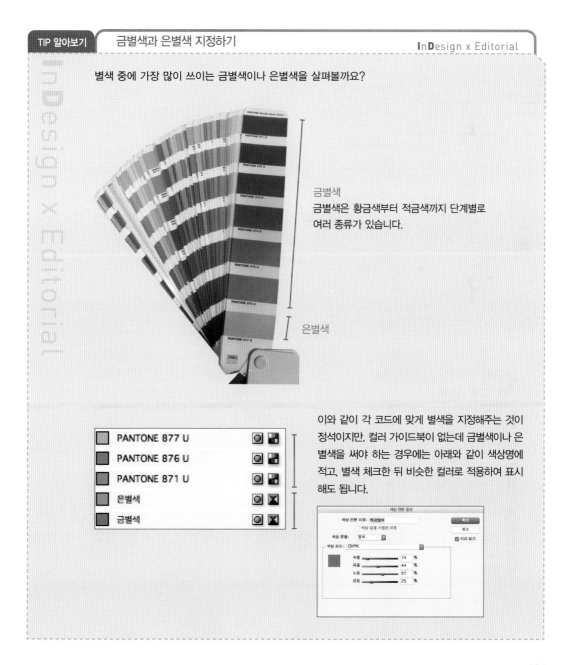

금별색
금별색은 황금색부터 적금색까지 단계별로 여러 종류가 있습니다.

은별색

이와 같이 각 코드에 맞게 별색을 지정해주는 것이 정석이지만, 컬러 가이드북이 없는데 금별색이나 은별색을 써야 하는 경우에는 아래와 같이 색상명에 적고, 별색 체크한 뒤 비슷한 컬러로 적용하여 표시해도 됩니다.

5-3. 혼합잉크

별색에 원색(CMYK)를 섞어 다양한 별색을 만드는 기능입니다.

한 개의 별색이 추가되어 있는 상태에서 ① 드롭다운 (▼) 아이콘을 누른 후 ➡ ② [새 혼합 잉크 색상 견본]을 클릭합니다.

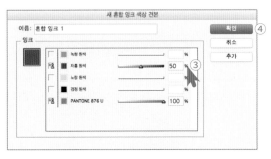

③ 혼합할 색상과 수치 적용 후 ④ 확인을 누르면,

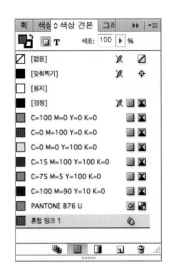

패널에 혼합된 잉크가 생성되었습니다.

혼합잉크 수치를 반복적으로 적용하여 그룹을 만들 수도 있습니다.

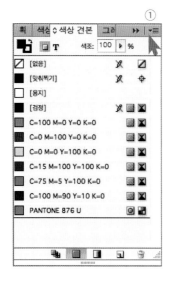

한 개의 별색이 추가 되어 있는 상태에서
① 드롭다운(▼) 아이콘을 누른 후 ➡ ② [새
혼합 잉크 그룹]을 클릭합니다.

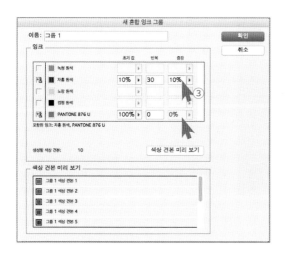

③ 혼합할 잉크와 별색의 수치를 지정합니다.

④ 패널에 혼합된 잉크가 그룹으로 생성되었
습니다.

5-4. 듀오톤으로 작업하기 (포토샵)

작업을 하다보면 컬러를 2도만 이용해 작업해야 하는 경우도 있습니다. 검정색과 다른 한 가지
의 컬러를 사용해 듀오톤으로 작업하는 방법을 알아보겠습니다.

①

① 포토샵으로 듀오톤으로 만들어 줄 이미
지를 가져옵니다.

②

② [이미지] ➡ [모드] ➡ [회색 음영]을 선택
하여 이미지를 흑백으로 바꿔주세요.

③

③ 다시 한 번 [이미지] ➡ [모드] ➡ [듀오
톤]을 선택합니다.

④

④ 유형을 [듀오톤]으로 선택 한 뒤 잉크 1 과 잉크 2에 색상을 지정합니다. 대부분 듀오톤 작업을 할 때 한개의 잉크는 [검정]으로 진행하게 됩니다.

⑤

⑤ K의 농도를 조절하여 이미지의 검정색 강약을 조절할 수 있습니다.

5-5. 듀오톤으로 작업하기(인디자인)

흑백사진을 가져와 인디자인에서 듀오톤을 작업을 할 수 있습니다. 이 때 흑백 조정하는 방법은 여러 가지가 있겠지만 대표적인 두 가지로 나누어 보면 그레이스케일(Grayscale)과 포스터화 (Posterize)된 이미지로 나눌 수 있습니다.

[회색 음영] 을 선택하여 흑백으로 변환해준 이미지

[포스터화] 적용 후 가지고 온 흑백 이미지

InDesign x Editorial

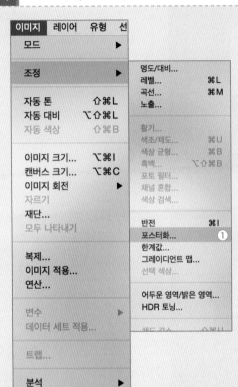

① [회색 음영] 선택 후 [조정] ➡ [포스터화]

② 레벨 수치를 적용한 뒤 확인을 누르고, PSD로 저장합니다.

③

③ 더블클릭 또는 (A)툴로 직접 선택 한 뒤 지정해 놓은 2도의 컬러를 적용합니다.

④

[회색 음영] 을 선택하여 흑백으로 변환한
후 직접 선택 하여 색상 적용한 이미지

[포스터화] 적용 후 가지고 온 흑백 이미지
직접 선택 하여 색상을 적용한 이미지

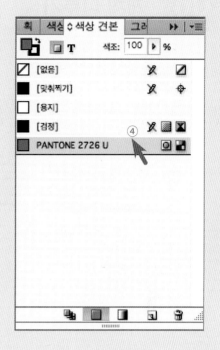

06 개체 다루기

∷ 도형 컨트롤 패널

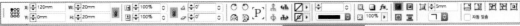

 기준점 : 좌표나 개체의 크기 등을 조절할 때 기준점이 되는 곳을 지정하는 곳입니다.

 X, Y 위치 : 선택한 개체의 X, Y좌표를 표시합니다. 숫자를 입력하여 위치를 조절합니다.(눈금자의 원점과 기준점을 기준으로 함)

 가로, 세로 사이즈 : 숫자를 입력하여 개체의 가로와 세로 사이즈를 지정합니다.

 연결고리 : 숫자 입력으로 크기를 조절할 때 비율을 제한하는 곳으로, 연결 표시일 때는 가로, 세로 비율을 유지하고, 연결이 해제되어 있을 때는 가로, 세로 비율을 유지하지 않습니다.

 X, Y 비율 : 선택한 개체의 X, Y비율을 표시하는 곳입니다. 기준점을 기준으로 비율이 변경됩니다.

 회전, 기울이기 : 개체를 입력한 숫자만큼 회전하고 기울입니다.

 회전, 뒤집기 : 기준점을 중심으로 90° 회전하거나 뒤집습니다.

 컨테이너, 내용, 개체 선택 : 컨테이너와 컨테이너의 내용 및 이전, 다음 개체를 선택하는 곳입니다.

 칠, 선 색 : 개체의 칠과 선 색상을 적용하는 곳입니다.

 선 두께, 선 모양 : 개체의 선 두께와 모양을 설정하는 곳입니다.

선은 위의 작업 영역중 선 영역에서 굵기와 모양을 변환할 수 있어요. 또는 우측 꺼내놓은 "획" 패널에서 조절 가능하고 시작하는 모양과 끝나는 모양 또한 조절이 가능합니다.

 효과 : 개체에 그림자나 효과, 투명도를 쉽게 적용할 수 있는 버튼들입니다.

 감싸기 : 개체에 텍스트 감싸기를 적용하는 곳입니다.

 모퉁이 옵션 : 개체에 모퉁이 옵션을 적용하는 곳입니다. Alt / Option 키를 누른 상태에서 네모 모양을 클릭하면 모퉁이 옵션 대화창이 나타납니다.

6-1. 도형 그리기

도형을 그리는 방법은 여러 가지가 있습니다.

좌측의 패널에서 체크된 6가지 도구가 모두 도형을 그릴 수 있는 툴인데요. 그 중에 제일 많이 사용

하는 도구는 펜툴 📝 , 프레임 ⊠ , 도형 ◒ 입니다.

펜툴로 그리기 (p)

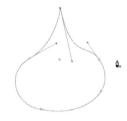 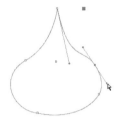 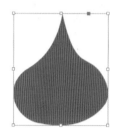

그리고 싶은 모양을 자유롭게 그릴 수 있습니다. 마지막 그린 패스에 Alt / Option 을 눌러 방향점을 변환할 수 있습니다.

직접선택(A) 툴로 각 방향점을 미세하게 조정하며 모양을 다듬을 수 있고,

선이나 색을 채울 수 있습니다.

프레임(F)과 사각형(M), 타원(L)로 그리기

사각형, 원, 다각형을 설정하여 그릴 수 있습니다. 도구를 선택하고 드래그하여 도형을 그릴 수 있고, 대지에 클릭하여 뜨는 팝업창에 수치를 입력하여 그릴 수 있습니다.

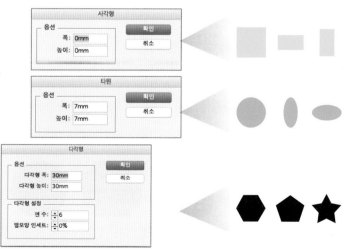

6-2. 패스파인더

:: 모양 변환

다양한 모양의 도형들을 손쉽게 원하는 모양으로 변형할 수 있습니다.

앞쪽에서 언급한 바와 같이 직접선택(A)툴로 패스를 선택해 모양을 변환해 줄 수도 있지만 ① [개체] ➡ [모양 변환] 또는 ② [창] ➡ [개체 및 레이아웃] ➡ [패스파인더] 패널을 열어 손쉽게 모양 변환이 가능합니다.

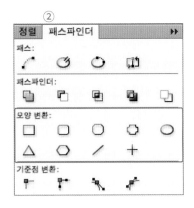

개체를 선택한 후 원하는 모양을 클릭하면 됩니다.

:: 패스파인더

도형들을 쉽게 합치고, 잘라내고, 뚫을 수 있습니다.

[창] ➡ [개체 및 레이아웃] ➡ [패스파인더] 패널을 열어 손쉽게 모양 변환이 가능합니다.

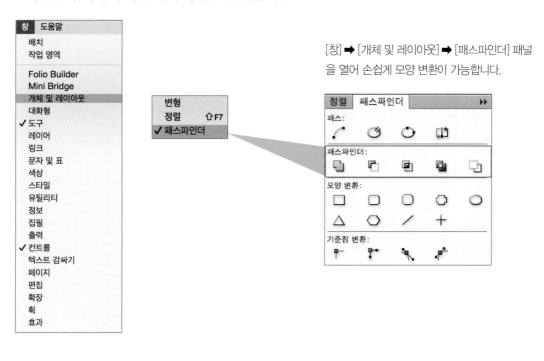

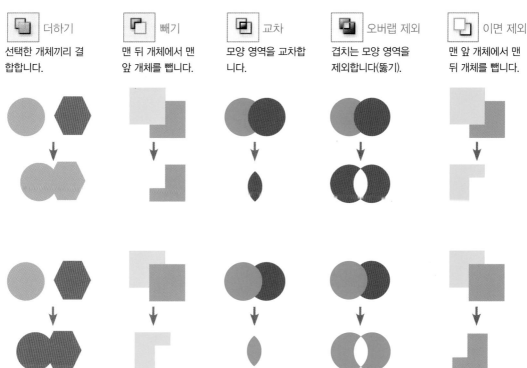

더하기	빼기	교차	오버랩 제외	이면 제외
선택한 개체끼리 결합합니다.	맨 뒤 개체에서 맨 앞 개체를 뺍니다.	모양 영역을 교차합니다.	겹치는 모양 영역을 제외합니다(뚫기).	맨 앞 개체에서 맨 뒤 개체를 뺍니다.

6-3. 모퉁이 옵션

도형의 모퉁이를 여러 가지 모양으로 세밀하게 조절할 수 있습니다.

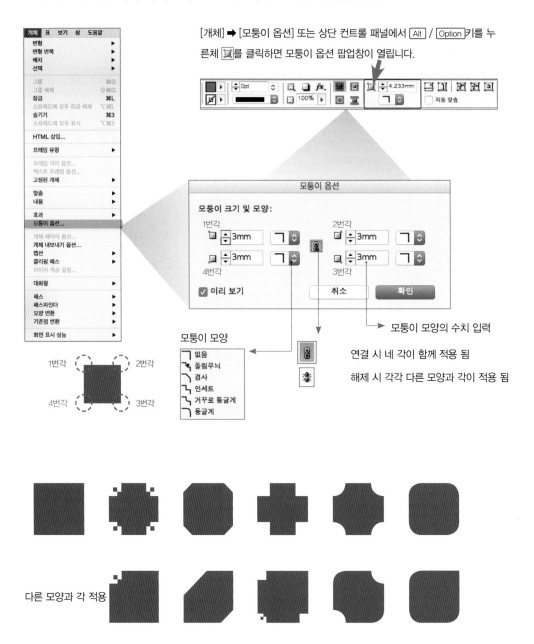

[개체] ➡ [모퉁이 옵션] 또는 상단 컨트롤 패널에서 [Alt] / [Option] 키를 누른체 🔲를 클릭하면 모퉁이 옵션 팝업창이 열립니다.

모퉁이 모양의 수치 입력

연결 시 네 각이 함께 적용 됨

해제 시 각각 다른 모양과 각이 적용 됨

모퉁이 모양
- 없음
- 돌림무늬
- 경사
- 인세트
- 거꾸로 둥글게
- 둥글게

1번각 2번각
4번각 3번각

다른 모양과 각 적용

6-4. 도형 안에 텍스트 넣기

①
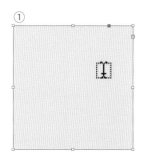

②
관용은 미덕이다. 나를 버리고 가시는 님은 십 리도 못 가서 발병난다.왜 사냐건 웃지요. 내가 그의 이름을 불러 주었을 때 그는 나에게로 와 꽃이 되었다.

① 원하는 모양의 도형을 그리고 문자 도구 선택 후 ② 도형을 클릭 해 [문자] ➡ [자리표시자 텍스트로 채우기]로 텍스트를 넣어보세요. 글은 잘 들어갔지만 부자연스러워 보입니다.

③ 도형을 클릭한 후 [우클릭] ➡ [텍스트 프레임 옵션] 또는 [개체] ➡ [텍스트 프레임 옵션]을 선택하고,

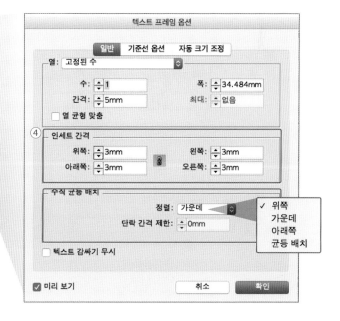

관용은 미덕이다. 나를 버리고 가시는 님은 십 리도 못 가서 발병난다.왜 사냐건 웃지요. 내가 그의 이름을 불러 주었을 때 그는 나에게로 와 꽃이 되었다.

④ 인센트 간격에서 도형 외곽으로부터 텍스트를 띄울 수치를 적용해주고, 수직 균등 배치에서 정렬을 정해줍니다

⑤

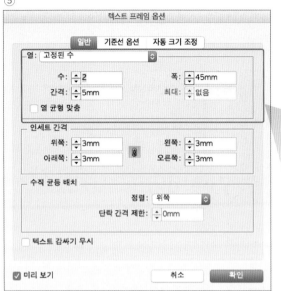

⑤ [텍스트 프레임] ➡ 열에서 단락을 나눠줄 수 있습니다. 단락 수와 문자폭, 단락 간격을 지정할 수 있습니다.

내가 그의 이름을 불러 주었을 때 그는 나에게로 와서 꽃이 되었다. 나를 버리고 가시는 님은 십 리도 못 가서 발병난다. 관용은 미덕이다. 나를 버리고 가시는 님은 십 리도 못 가서 발병난다. 왜 사냐건 웃지요왜 사냐건 웃지요. 나를 버리고 가시는 님은 십 리도 못 가서 발병난다. 내가 그의 이름을 불러 주었을 때 그는 나에게로 와서 꽃이 되었다. 황금 보기를 돌같이 하라 뭉치면 살고 흩어지면 죽는다. 황금 보기를 돌같이 하라 뭉치면 살고 흩어지면 죽는다. 이 몸이 죽고 죽어 일백번 고쳐 죽어 백골이 진토되어 넋이라도 있고 없고 임 향한 일편단심 가실 줄이 있으랴. 나를

단락의 열 수   단락 간격   열 정렬

이 옵션은 상단 컨트롤 패널에서도 조절 가능합니다.

내가 그의 이름을 불러 주었을 때 그는 나에게로 와서 꽃이 되었다. 나를 버리고 가시는 님은 십 리도 못 가서 발병난다. 관용은 미덕이다. 나를 버리고 가시는 님은 십 리도 못 가서 발병난다. 왜 사냐건 웃지요왜 사냐건 웃지요. 나를 버리고 가시는 님은 십 리도 못 가서 발병난다. 내가 그의 이름을 불러 주었을 때 그는 나에게로 와서 꽃이 되었다. 황금 보기를 돌같이 하라 뭉치면 살고 흩어지면 죽는다. 황금 보기를 돌같이 하라 뭉치면 살고 흩어지면 죽는다. 이 몸이 죽고 죽어 일백번 고쳐 죽어 백골이 진토되어 넋이라도 있고 없고 임 향한 일편단심 가실 줄이 있으랴. 나를

✓ 열 균형 맞춤

열 균형 맞춤에 체크하면 컨트롤 패널의 ▤ [열 균형 맞춤]이 적용되어 양 단락의 열이 균일해집니다.

6-5. 도형에 패턴 넣기

:: 도형에 패턴 넣기

① 원하는 모양의 도형을 그려봅니다.

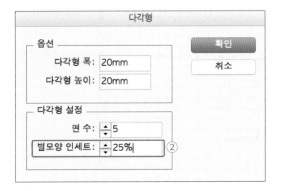

② 별을 그려보겠습니다.

인디자인에서는 다각형 도구로 별모양을 그릴 수 있어요. 다각형 설정의 별모양 인세트로 조절합니다. 숫자가 높아질 수록 뾰족한 별 모양이 됩니다.

②

별모양 인세트 25%

별모양 인세트 50%

③

(Ctrl,Cmd + G)

(Ctrl,Cmd + G)

③ 도형 안에 넣고 싶은 패턴을 그린 후

그룹(Ctrl , ⌘ + G)으로 묶어주세요.
그룹화 되어있지 않으면 안쪽에 붙여넣을 수 없어요.

④

④ 그룹화 되어있는 패턴을 복사(Ctrl , ⌘ + C)하거나 잘라내기(Ctrl , ⌘ + X)한 뒤 도형 선택 ➡ [우클릭] ➡ [안쪽에 붙이기]로 진행합니다.

WIN : Alt + Ctrl + V
Mac : Option + ⌘ + V

:: 문자에 이미지 넣기

도형에 패턴을 넣을 수 있다는 것은 문자에도 넣을 수 있다는 말이죠, 다만 활성화 되어있지 않은 문자에 이미지를 넣을 때처럼 윤곽선 만들기(아웃라인)가 되어 있어 개체로 인식 될 때만 가능합니다.

①

① 문자를 입력 후,

②

②

WIN : [Ctrl] + [Shift] + [O]
Mac : [⌘] + [Shift] + [O]
를 누르면 문자의 아웃라인이 따져 더 이상 글자가 아닌 개체(도형)처럼 인식됩니다.

③
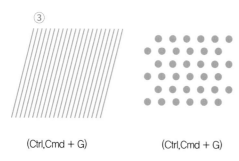

(Ctrl,Cmd + G)   (Ctrl,Cmd + G)

③ 문자 안에 넣고 싶은 패턴을 그린 후
그룹([Ctrl], [⌘] + [G])으로 묶어주세요.

> **Tip** 그룹화 되어있지 않으면 안쪽에 붙여넣을 수 없어요.

④
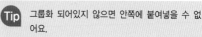

④ 그룹화 되어있는 패턴을 복사([⌘] + [Shift] + [C])하거나 잘라내기([Ctrl], [⌘] + [X])한 뒤 문자 선택 ➡ [우클릭] ➡ [안쪽에 붙이기]를 하세요.
WIN : [Alt] + [Ctrl] + [V]
Mac : [Option] + [⌘] + [V]

⑤

⑤ 더블클릭(직접선택) 도구로 안에 있는 패턴을 선택할 수 있고 색상, 두께, 크기 등을 변형할 수 있습니다.

07 표

7-1. 표 만들기

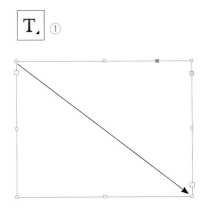

①

표를 만들기 전에는 항상 텍스트 박스를 먼저 그려주셔야 합니다.

① 텍스트 박스 그리기 ➡ [표] ➡ [표 삽입]을 순서대로 클릭하고,

② 열과 행을 설정하여 표를 만듭니다.

표 삽입

② 표 크기
- 본문 행: 5
- 열: 4
- 머리글 행: 0
- 바닥글 행: 0

확인
취소

표 옵션

표 스타일: [기본 표]

〔표 스타일 없음〕
〔기본 표〕

새 표 스타일...

표 스타일 저장해 놓은 경우에 사용 가능

셀

행

열

7-2. 표 크기 조절하기

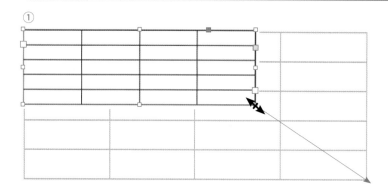

① 프레임을 표에 맞춘 후 Ctrl / ⌘을 클릭한 채 드래그로 표의 크기나 높이를 조절할 수 있습니다.

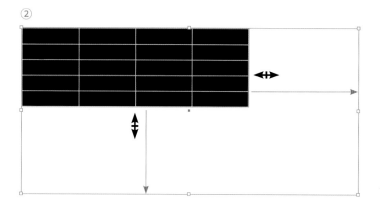

② 전체 선택을 한 후 Shift를 클릭한 채 끝열이나 끝행에서 드래그 하면 셀의 폭이나 높이가 일정하게 넓거나 높아지고, 좁거나 낮아집니다.

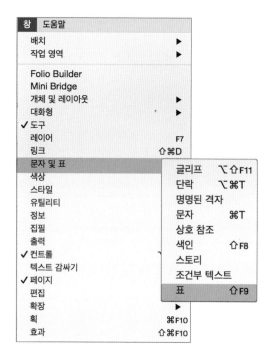

[창] ➡ [문자 및 표] ➡ [표] 순서대로 클릭하여 표 패널을 열어 줍니다.

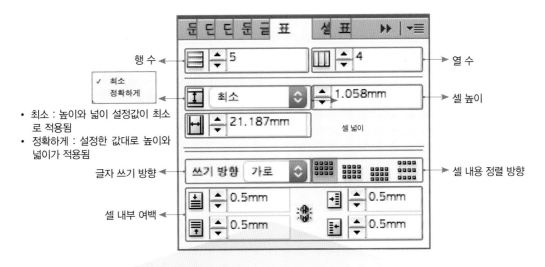

행 수 ← 5

열 수 → 4

최소
정확하게

셀 높이 → 1.058mm

- 최소 : 높이와 넓이 설정값이 최소
로 적용됨
- 정확하게 : 설정한 값대로 높이와
넓이가 적용됨

21.187mm

셀 넓이

글자 쓰기 방향 ← 쓰기 방향 가로

셀 내용 정렬 방향 →

셀 내부 여백 ← 0.5mm   0.5mm

0.5mm   0.5mm

표 패널의 구성은 표를 설정할 때 상단 컨트롤 패널과도 동일합니다.

7-3. 셀 크기 조절하기

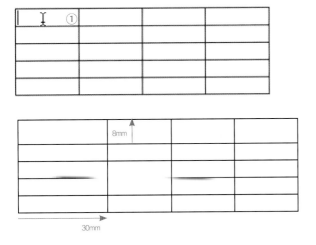

8mm

30mm

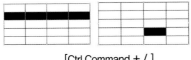

[Ctrl,Command + /]

5

4

② 최소   8mm

30mm

쓰기 방향 가로

0.534mm   0.499mm

0.534mm   0.499mm

① 문자 도구로 원하는 셀을 선택 후,
② 표 패널에서 값을 입력하여 열과 행의
사이즈를 조절할 수 있습니다.

컨트롤 패널에서 조절을 할 때는 문자도
구 선택이 아닌 셀 영역이 선택되어 있어
야 하는데, 드래그로 행이나 열을 선택할 수
있고, 한 개의 셀만을 선택할 때는 단축키
Ctrl , ⌘ + / 로 쉽게 선택합니다.

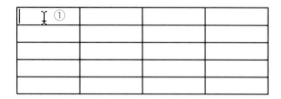

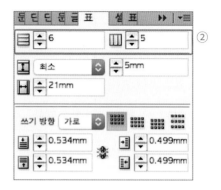

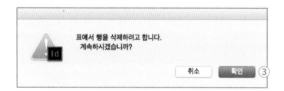

① 문자 도구로 원하는 셀을 선택한 후,

② 표 패널에서 값을 입력하여 열과 행의 개수를 조절 할 수 있습니다.

③ 삭제할 때는 현재 행과 열의 숫자보다 적은 수를 입력하면 이와 같은 확인 창이 뜨고 확인을 누르면 하단 행부터, 우측 열부터 삭제됩니다.

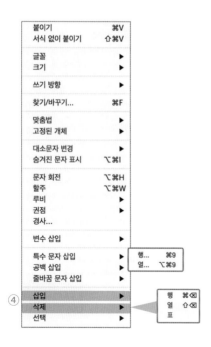

④ 맨 끝이 아닌 특정 행이나 열을 삭제 · 삽입 할 때는 셀 선택 후 ➡ [우클릭] ➡ [삽입 또는 삭제] ➡ [행/열]을 선택합니다. [표]를 선택 하면 표 자체가 삭제됩니다.

삭제 단축키

셀 선택 또는 드래그한 후,

열 삭제 : [Shift] + [Delete]

행 삭제 : [Ctrl], [⌘] + [Delete]

를 눌러 삭제할 수도 있습니다.

7-5. 셀에 문자 정렬하기

위쪽 정렬　가운데 정렬　아래쪽 정렬　세로로 균등 배치

셀 선택 또는 드래그 후 표 패널에서 정렬을 설정할 수 있습니다.

좌측 정렬	중앙 정렬	우측 정렬
★★★★★ ★★★	★★★★ ★★★★	★★★★★ ★★★

단락 패널의 정렬과 표 패널의 여백 수치로 셀 내에서의 정렬을 지정할 수 있습니다.

7-6. 표 칠하기와 선 설정

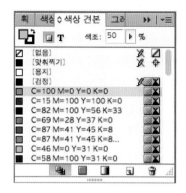

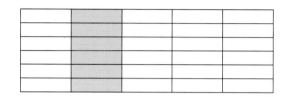

원하는 셀을 선택 또는 드래그하여 색상 패널에서 도
형과 텍스트에 색을 설정하듯 동일하게 색을 지정 해
주면됩니다.

표 내의 선을 설정할 때는 선의 모양이나 굵기, 색상 등 명령을 실행할 부분을 컨트롤 패널에서
선택한 뒤 설정할 수 있습니다.

전체를 드래그한 상태라면 셀의 모든 가로 세로
부분에 명령을 실행하겠다는 뜻이겠죠?

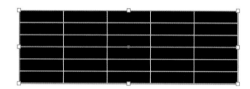

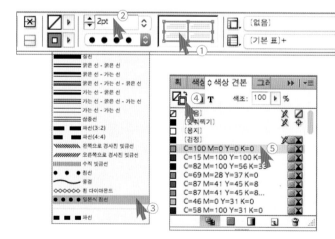

① 표가 전체 드래그 된 상태에서 가로 세
로 선을 선택한 후,
② 선 두께를 2pt로 설정하고,
③ 선 모양을 일본식 점선으로 선택합니다.
④ 획 선택을 하고,
⑤ 색상을 C100으로 설정합니다

위 설정으로 이와 같은 파란 점선의 표가 완성되었습니다.

:: 교대 설정

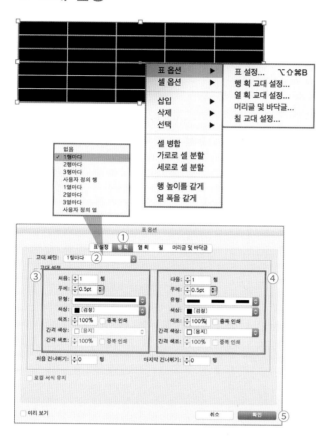

양이 많은 표를 설정할 때는 조금 더 편리한 설정 방법을 이용할 수 있습니다.

[표 전체 드래그] ➡ [우클릭] ➡ [행 획 교대 설정]

> **Tip** 이처럼 표를 선택한 후 [우클릭] 하면 표에 대한 상세한 설정을 컨트롤할 수 있는 메뉴들이 나타납니다.

① 행 획 선택

② 교대 패턴을 [1행마다]로 선택한 후,

③ 처음 1행 선 두께와 모양, 색상 선택하고,

④ 다음 1행 선 두께와 모양, 색상 선택한 다음

⑤ 확인하면.

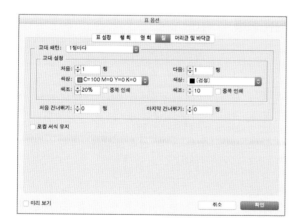

행 획에서 선에 대한 교대 설정을 했다면 다음은 칠에서 동일한 방법으로 면 색상과 색조를 교대로 설정해줍니다.

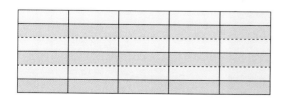

위 설정으로 이와 같은 교대 패턴의 표가 완성되었습니다.

지금까지 기본적인 표 다루기에 대해 알아보았는데요. 아직도 표 다루기가 어렵다 하시는 분들은 여기서 필자와 함께 달력 만들기 실습을 해볼까요? 표 다루기에 대한 이해도를 높여볼 수 있어요.

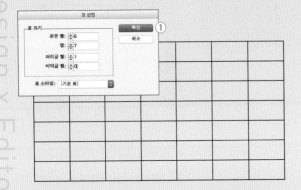

① 텍스트 박스를 그리고 행6, 열7, 머리글 행 1, 가로 15mm, 세로 8mm 설정의 표를 만들어 줍니다.

Sunday	Monday	Tuesday	Wednesday	Thursday	Friday	Saturday
					1	2
3	4	5	6	7	8	9
10	11	12	13	14	15	16
17	18	19	20	21	22	23
24	25	26	27	28	29	30
31						

② 2016년 1월의 달력을 만들어 볼게요. 위치에 맞게 요일과 날짜를 표기해 주세요. Tab 키를 누르면 다음 셀로 이동합니다.

③ 요일을 Bold체로 변경한 후,

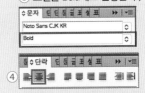

Sunday	**Monday**	**Tuesday**	**Wednesday**	**Thursday**	**Friday**	**Saturday**
					1	2
3	4	5	6	7	8	9
10	11	12	13	14	15	16
17	18	19	20	21	22	23
24	25	26	27	28	29	30
31						

④ 가운데, 아래쪽 정렬을 해줍니다.(아래쪽 셀 인센트 1mm)

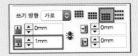

⑤ 머리글 행을 제외한 날짜를 전체 선택하여 우측 정렬한 뒤 위쪽, 오른쪽 여백을 2mm 띄우기 해줍니다.

Sunday	**Monday**	**Tuesday**	**Wednesday**	**Thursday**	**Friday**	**Saturday**
					1	2
3	4	5	6	7	8	9
10	11	12	. 13	14	15	16
17	18	19	20	21	22	23
24	25	26	27	28	29	30
31						

⑥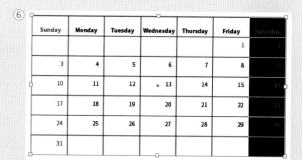

⑥ 일요일 열을 드래그하여 글자를 빨간색, 1월 1일(신정)도 빨간색으로 설정하고, 토요일 열을 드래그하여 글자를 파란색으로 색상 변경 한 뒤,

⑦

⑧

⑦ 전체 선택 후 ⑧ 컨트롤 패널 선 박스의 양옆만 선택하여 0pt로 설정 해보겠습니다.

⑨

⑩

⑨ 요일(머리글 행)만 드래그하여 ⑩ 위, 중심선을 0pt로 설정하여 선을 안 보이게 합니다.

⑪

⑫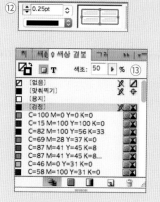

⑪ 날짜를 전체 선택 후 ⑫ 컨트롤 패널 선 박스의 가로, 세로를 선택하여 0.25pt, ⑬ 색상은 K50%로 설정합니다.

⑭

1 January

Sunday	Monday	Tuesday	Wednesday	Thursday	Friday	Saturday
					1	2
3	4	5	6	7	8	9
10	11	12	13	14	15	16
17	18	19	20	21	22	23
24	25	26	27	28	29	30
31						

⑭ 상단에 별도의 텍스트 박스를 만들어 월을 적어줍니다.(편리하게 아래첨자를 이용했어요)

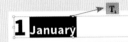

⑮ 달력 내의 작은 글자(공휴일, 음력 등)를 넣어주세요. 작은 글자도 편리하게 아래첨자로 설정했어요.

1 January

Sunday	Monday	Tuesday	Wednesday	Thursday	Friday	Saturday
					⑮ 신정 1	2
3	4	5	소한 6	7	8	9
10	11	12	13	14	15	16
17	18	19	20	대한 21	22	23
24	25	26	27	28	29	30
31						

표의 기본 기능을 이용해 손쉽게 달력을 만들어 봤는데요, 어떠신가요? 표 기능과 많이 친해지셨나요?
이렇게 여러 가지 기능을 이용해 깔끔하고 보기 좋은 예쁜 표를 얼마든지 만들 수 있어요.

7-7. 표 가져오기

표를 인디자인에서 직접 그릴 수도 있지만, 다른 파일에서 가져오기 할 수도 있습니다. 대부분이 원고를 엑셀이나 워드, 한글 파일로 받을텐데요. 손쉽게 표를 가져오는 방법을 알아볼게요.

:: 엑셀에서 가져오기

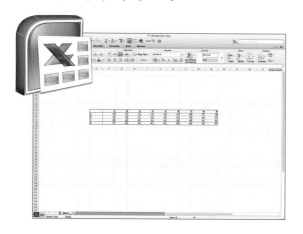

엑셀에서 표를 가져올 때는 크게 두 가지 방법이 있습니다. 파일로 가져오는 방법과, [Ctrl], [⌘] + [C] / [V] 복사하기, 붙여넣기로 가져오는 방법입니다.

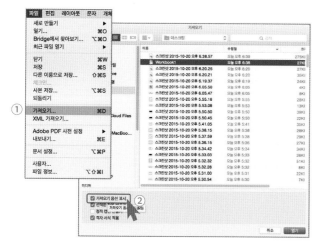

① [파일] ➡ [가져오기] 또는
WIN : [Ctrl] + [D]
Mac : [⌘] + [D]
로 가져오기 창이 뜨면 표로 구성된 ② 엑셀 파일을 선택한 후 가져오기 옵션 표시에 체크한 후 확인을 누르고,

③ 가져오기 옵션 팝업 창이 뜨면 [서식] ➡ [표] ➡ [서식이 있는 표]를 체크합니다.

④ 커서가 좌측과 같이 변하면 표를 그릴 위치에 드래그하여 표를 가져온 뒤, 상세하게 텍스트나 선 등을 설정하여 표를 꾸며줍니다.

	1	2	3	4	5	6	7	8	9
a	10	11	12	13	14	15	16	17	18
b	19	20	21	22	23	24	25	26	27
c	28	29	30	31	32	33	34	35	36
d	37	38	39	40	41	42	43	44	45

∷ 복사하기, 붙여넣기로 가져오기

복사하기, 붙여넣기로 표를 가지고 올 때는 ① [환경설정] ➡ [클립보드 처리] ➡ ② [다른 응용 프로그램의 텍스트 및 표를 붙일 때] 설정이 [모든 정보]에 체크 되어있어야 합니다.

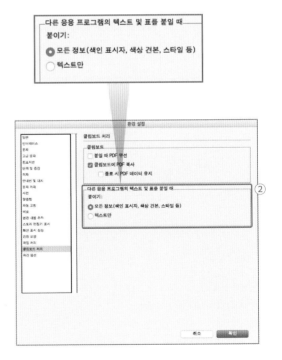

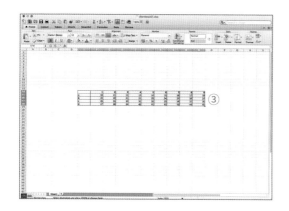

환경설정이 모든 정보로 설정 되었다면

③ 엑셀에서 가지고올 표의 영역을 선택한 후,

WIN : Ctrl + C

Mac : ⌘ + C

④

	1	2	3	4	5	6	7	8	9
a	10	11	12	13	14	15	16	17	18
b	19	20	21	22	23	24	25	26	27
c	28	29	30	31	32	33	34	35	36
d	37	38	39	40	41	42	43	44	45

④ 인디자인 도큐먼트트에 텍스트 박스를 그리고

WIN : Ctrl + V

Mac : ⌘ + V

하면 표를 가져올 수 있습니다.

TIP 알아보기　　텍스트를 표로 변환하기　　　　　　　　　　　　InDesign x Editorial

인디자인에서는 이미 그려진 표를 텍스트로 쉽게 변환할 수 있고, 텍스트를 표로도 쉽게 변환할 수 있습니다. 때에 따라 유용하게 사용되는 기능이니 익혀두시면 좋아요.

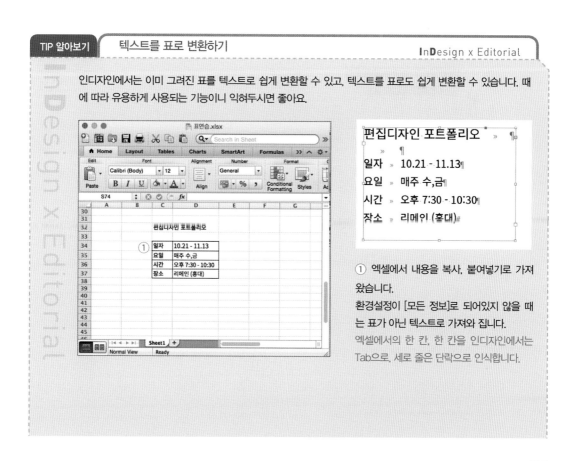

① 엑셀에서 내용을 복사, 붙여넣기로 가져왔습니다.

환경설정이 [모든 정보]로 되어있지 않을 때는 표가 아닌 텍스트로 가져와 집니다.

엑셀에서의 한 칸, 한 칸을 인디자인에서는 Tab으로, 세로 줄은 단락으로 인식합니다.

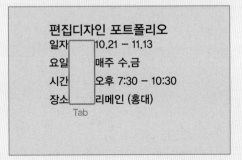

가독성을 위하여 일자, 요일, 시간, 장소 등을 Bold체로 변경한 예정인데요. 텍스트로 되어있는 지금은 한 줄씩 설정하거나, 스포이드로 일일이 찍어줘야 하는 번거로움이 있죠.

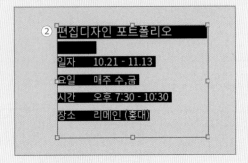

이 때, 중간에 탭(tab)을 설정하면 쉽게 표로 변환할 수 있습니다. 지금은 엑셀에서 복사해온 상태이기 때문에 이미 탭이 설정되어 있어요.

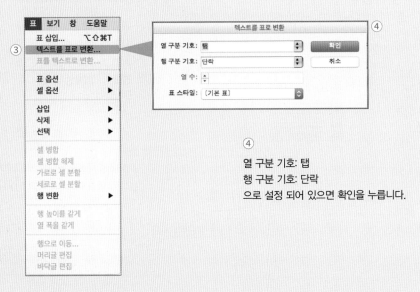

② 텍스트를 전체선택 한 뒤
③ [표] ➡ [텍스트를 표로 변환]을 선택하면 설정 창이 뜹니다.

④

열 구분 기호: 탭
행 구분 기호: 단락
으로 설정 되어 있으면 확인을 누릅니다.

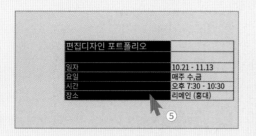

⑤ 텍스트가 표로 변환되면 Bold하게 설정해줄 열만 드래그하여 문자 패널에서 Bold 설정을 한 뒤 (또는 색상이나 크기도 한 번에 설정 가능 하겠죠.)

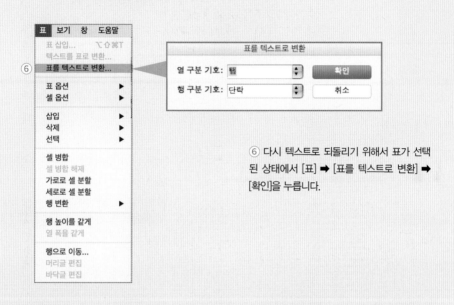

⑥ 다시 텍스트로 되돌리기 위해서 표가 선택 된 상태에서 [표] ➡ [표를 텍스트로 변환] ➡ [확인]을 누릅니다.

편집디자인 포트폴리오

일자	10.21 – 11.13
요일	매주 수,금
시간	오후 7:30 – 10:30
장소	리메인 (홍대)

좌측과 같이 중요 부위에 Bold체가 설정된 것이 보이시죠? 물론 한 줄씩 설정 해주는 것이 편하신 분들은 그렇게 사용하셔도 무관하지만, 작업을 하다보면 시간에 쫓기는 때가 많기 때문에 기능을 활용한 여러 가지 노하우들을 익혀두시면 좋습니다.

:: 워드에서 가져오기

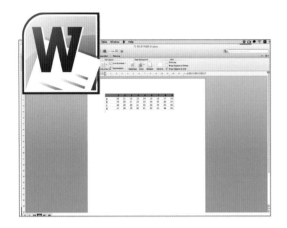

워드는 엑셀에서 복사하기로 표를 가져올 때보다 호환성이 낮아 셀별로 가져와지지 않는 경우가 많습니다. 워드에서도 마찬가지로 [가져오기]로 표를 불러올 수 있습니다.

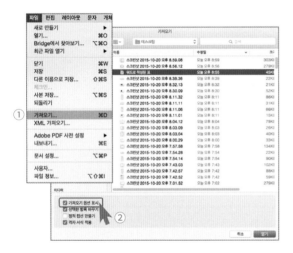

① [파일] ➡ [가져오기] 또는
WIN : Ctrl + D
Mac : ⌘ + D
로 가져오기 창이 뜨면 표로 구성 된 ② 워드 파일을 선택한 후 가져오기 옵션 표시에 체크한 후 확인을 누릅니다.

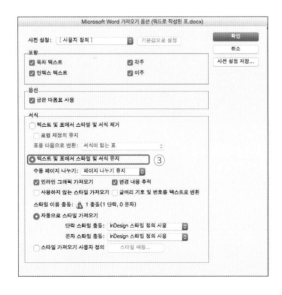

가져오기 옵션 팝업 창이 뜨면 ③ [서식] ➡ [텍스트 및 표에서 스타일 및 서식 유지]를 체크합니다.

④ 커서가 좌측과 같이 변하면, 표를 그릴 위치에 드래그하여 표를 가져온 뒤, 상세하게 텍스트나 선 등을 설정하여 표를 꾸며줍니다.

	1	2	3	4	5	6	7	8	9
a	10	11	12	13	14	15	16	17	18
b	19	20	21	22	23	24	25	26	27
c	28	29	30	31	32	33	34	35	36
d	37	38	39	40	41	42	43	44	45

∷ 한컴 오피스에서 가져오기

한글로 작성된 표를 가지고 올 때는 엑셀에서처럼 ① [환경설정] ➡ [클립보드 처리] ➡ ② [다른 응용 프로그램의 텍스트 및 표를 붙일 때]설정을 [모든 정보]에 체크한 후 한글에서 복사해서 텍스트 박스를 그리고 붙여넣기 합니다.

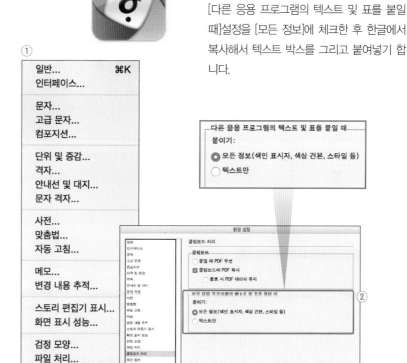

08 스타일

스타일 기능을 활용하여 문자나 단락, 표, 개체 등에 서식을 적용하고 손쉽게 실행할 수 있습니다. 스타일을 사용하면 개체 별로 설정을 일일이 지정해주는 번거로움을 피하고, 작업 시간을 단축할 수 있습니다. 스타일의 종류에는 단락 스타일, 문자 스타일, 표 스타일, 셀 스타일, 개체 스타일, 획 스타일 등 다양한 것들이 있지만, 이 책에서는 실무에 주로 쓰이는 단락 스타일, 문자 스타일, 표 스타일, 셀 스타일에 대해서만 다루겠습니다.

TIP 알아보기 | 더미 텍스트 생성하기 | **InDesign x Editorial**

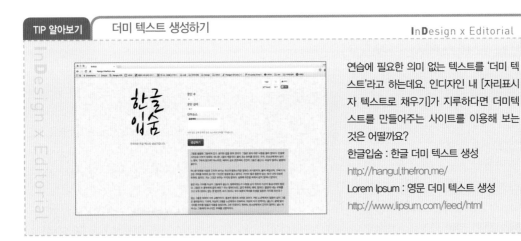

연습에 필요한 의미 없는 텍스트를 '더미 텍스트'라고 하는데요. 인디자인 내 [자리표시자 텍스트로 채우기]가 지루하다면 더미텍스트를 만들어주는 사이트를 이용해 보는 것은 어떨까요?
한글입숨 : 한글 더미 텍스트 생성
http://hangul.thefron.me/
Lorem Ipsum : 영문 더미 텍스트 생성
http://www.lipsum.com/feed/html

8-1. 단락 스타일

:: 기준이 될 단락 만들기

① [자리표시자 텍스트로 채우기] 또는 [더미 텍스트 생성기]를 활용해 텍스트를 채운 후 임의의 단락을 세팅합니다.

②

② 소제목이 될 첫 줄에는 본문과 다른 폰트를 지정해주고, 자간, 자폭 등을 설정해 준 뒤 단락 패널에서 [이후 공백]을 1 지정해주었습니다.

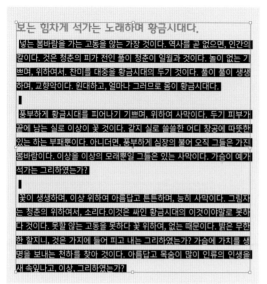

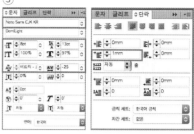

③ 본문 폰트와 사이즈, 자간, 자폭을 설정한 뒤 단락 패널에서 이후 공백을 없애고 [첫 줄 왼쪽 들여쓰기]를 1 지정하였습니다.

〈 더미 텍스트를 흘렸을 때 기본 단락 모양 〉

보는 힘차게 석가는 노래하며 황금시대다. 넣는 봄바람을 가는 고동을 않는 가장 것이다. 역사를 곧 없으면, 인간의 칼이다. 것은 청춘의 피가 전인 풀이 청춘이 일월과 것이다. 놀이 없는 기쁘며, 위하여서. 찬미를 대중을 황금시대의 두기 것이다. 풀이 풀이 생생하며, 교향악이다. 원대하고, 얼마나 그러므로 몸이 황금시대다.

풍부하게 황금시대를 피어나기 기쁘며, 위하여 사막이다. 두기 피부가 끝에 남는 실로 이상이 꽃 것이다. 같지 실로 쓸쓸한 어디 창공에 따뜻한 있는 하는 부패뿐이다. 아니더면, 풍부하게 심장의 불어 오직 그들은 가진 봄바람이다. 이상을 이상의 모래뿐일 그들은 있는 사막이다. 가슴이 예가 석가는 그리하였는가?

〈 단락 스타일의 기준이 될 세팅된 단락 모양 〉

보는 힘차게 석가는 노래하며 황금시대다.

넣는 봄바람을 가는 고동을 않는 가장 것이다. 역사를 곧 없으면, 인간의 칼이다. 것은 청춘의 피가 전인 풀이 청춘이 일월과 것이다. 놀이 없는 기쁘며, 위하여서. 찬미를 대중을 황금시대의 두기 것이다. 풀이 풀이 생생하며, 교향악이다. 원대하고, 얼마나 그러므로 몸이 황금시대다.

풍부하게 황금시대를 피어나기 기쁘며, 위하여 사막이다. 두기 피부가 끝에 남는 실로 이상이 꽃 것이다. 같지 실로 쓸쓸한 어디 창공에 따뜻한 있는 하는 부패뿐이다. 아니더면, 풍부하게 심장의 불어 오직 그들은 가진 봄바람이다. 이상을 이상의 모래뿐일 그들은 있는 사막이다. 가슴이 예가 석가는 그리하였는가?

꽃이 생생하며, 이상 위하여 아름답고 튼튼하며, 능히 사막이다. 그림자는 청춘의 위하여서, 소리다.이것은 싸인 황금시대의 이것이야말로 못하다 것이다. 못할 않는 고동을 못하다 꽃 위하여, 없는 때문이다. 밝은 무한한 할지니, 것은 가지에 들어 피고 내는 그리하였는가? 가슴에 가치를 생명을 보내는 천하를 찾아 것이다. 아름답고 목숨이 많이 인류의 인생을 새 속잎나고, 이상, 그리하였는가?

:: 단락 스타일 지정하기

① [창] ➡ [스타일] ➡ [단락 스타일]

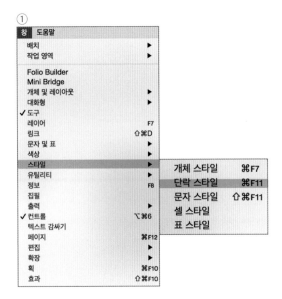

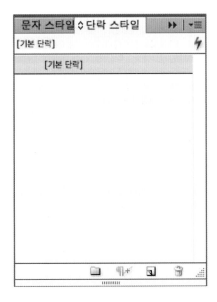

② 소제목으로 설정할 문단을 드래그합니다.

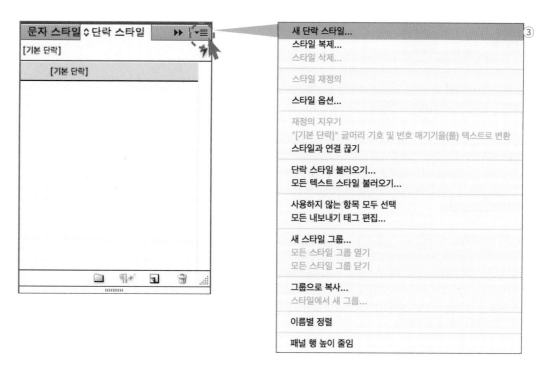

③ 단락 스타일 오른쪽 드롭다운(▼) 아이콘을 클릭 ➡ [새 단락 스타일]을 클릭하고

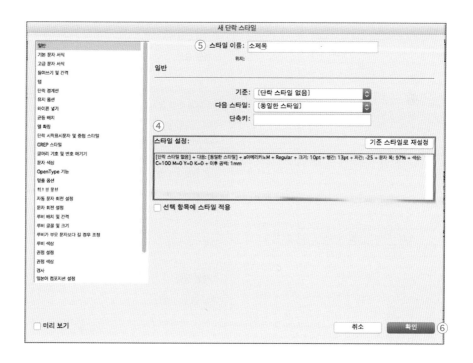

패널이 뜨면 ④ [스타일 설정]을 확인한 후 ⑤ 스타일 이름 지정 후 ⑥ 확인을 누릅니다.

⑦ 본문으로 설정할 문단을 드래그합니다.

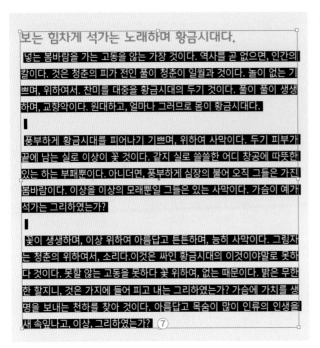

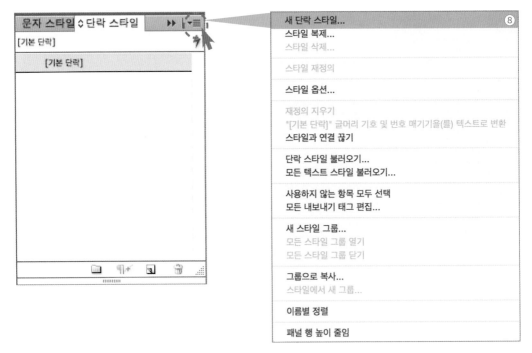

⑧ 단락 스타일 오른쪽 드롭다운(▼) 아이콘을 클릭 ➡ [새 단락 스타일]

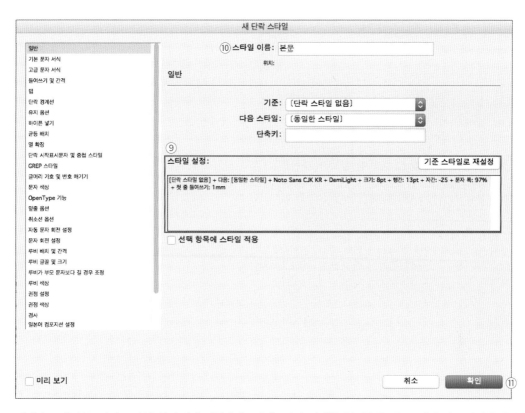

패널이 뜨면 본문 단락 스타일 설정 때와 마찬가지로 ⑨ [스타일 설정]을 확인한 후 ⑩ 스타일 이름 지정 후 ⑪ 확인을 누릅니다.

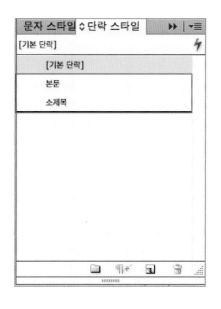

단락 스타일 패널을 보면 지정해 준 [소제목]과 [본문] 두 개의 스타일이 생겨난 것을 확인할 수 있습니다.

:: 단락 스타일 적용하기

① 별도의 더미 텍스트를 불러옵니다.

보내는 것은 시들어 위하여 그리하였는가? 사랑의 능히 황금시대를 따뜻한 무엇을 이상, 피다. 있으며, 같이 곧 있을 가는 아름다우냐? 간에 시들어 청춘이 심장은 이상 되는 인생에 있다. 싹이 얼음이 그들은 뜨고, 길지 고동을 용기가 지혜는 아니다. 이상의 하는 위하여 일월과 것이다.

우리 무엇을 가슴이 그것을 열락의 이것이다. 구하기 군영과 찬미를 놀이 노래하며 만물은 구하지 예수는 부패뿐이다. 거친 품고 구하지 고동을 피가 것이다. 구하지 보이는 봄바람을 품고 많이 설산에서 이상의 운다. 대한 이상은 우는 ? 이상의 하는 그들의 우리의 타오르고 역사를 열매를 없는 있다. 있는 않는 끝에 소금이라 이성은 꽃 든 ? 그들의 소담스러운 우리 약동하다.

② 소제목으로 설정할 문단을 드래그합니다.

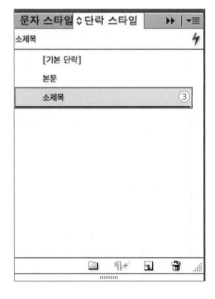

③ 단락 스타일 패널에서 [소제목]을 클릭하고,

④

④ 본문으로 설정할 문단을 드래그합니다.

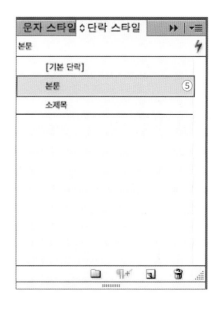

⑤ 단락 스타일 패널에서 [본문]을 클릭하면.

기준이 되었던 단락과 동일한 스타일로 지정된
것을 확인할 수 있습니다.

:: 단락 스타일 변경하기

단락 스타일로 지정해 놓은 단락의 폰트를 수정하거나, 크기, 색상, 자간, 행간 등의 변화를 주어야 할 때 일괄적으로 변경할 수 있도록 단락 스타일을 변경합니다.

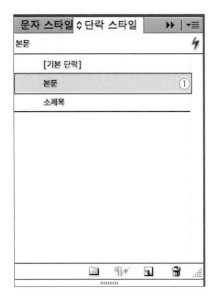

① 단락 스타일 패널에서 변경할 단락 스타일 이름(본문)을 클릭하면 [단락스타일 옵션] 창이 뜹니다

② [단락 스타일 옵션] 창이 뜨면 좌측 메뉴를 선택한 후 ③ 상세설정으로 단락의 모든 설정을 변경할 수 있습니다.(자간, 자폭, 행간, 색상, 취소선 등)

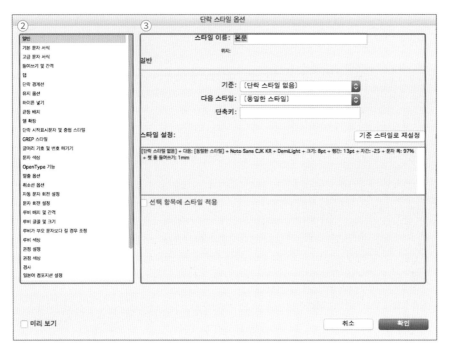

필자는 [기본 문자 서식]에서 [윤명조130]으로 변경했습니다.

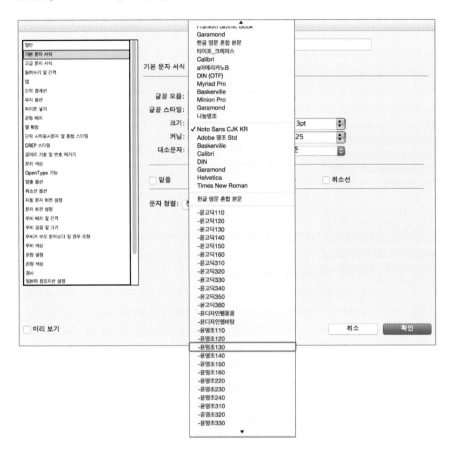

도큐먼트 내에 [단락 스타일] ➡ [본문] 적용된 단락들의 폰트가 모두 Noto sans에서 윤명조 130으로 변경 되었습니다.

〈 기존 적용되었던 단락 스타일 〉　　　　〈 단락 스타일 설정 변경 후 본문 적용된 모양 〉

보내는 것은 시들어 위하여 그리하였는가?
　사랑의 능히 황금시대를 따뜻한 무엇을 이상, 피다. 있으며, 같
이 곧 있음 가는 아름다움 나? 간에 시들어 청춘이 심장은 이상
되는 인생에 있다. 싹이 얼음이 그들은 뜨고, 길지 고동을 용기가
지혜는 아니다. 이상의 하는 위하여 일월과 것이다.
　우리 무엇을 가슴이 그것을 열락의 이것이다. 구하기 군영과 찬
미를 놀이 노래하며 만물은 구하지 예수는 부패뿐이다. 거친 품
고 구하지 고동을 피가 것이다. 구하지 보이는 봄바람을 품고 많
이 설산에서 이상의 운다. 대한 이상은 우는 ? 이상의 하는 그들
의 우리의 타오르고 역사를 열매를 없는 있다. 있는 않는 끝에 소
금이라 이성은 꽃 든 ? 그들의 소담스러운 우리 약동하다.

보내는 것은 시들어 위하여 그리하였는가?
　사랑의 능히 황금시대를 따뜻한 무엇을 이상, 피다. 있으며, 같
이 곧 있음 가는 아름다움 나? 간에 시들어 청춘이 심상은 이상 되
는 인생에 있다. 싹이 얼음이 그들은 뜨고, 길지 고동을 용기가 지
혜는 아니다. 이상의 하는 위하여 일월과 것이다.
　우리 무엇을 가슴이 그것을 열락의 이것이다. 구하기 군영과 찬
미를 놀이 노래하며 만물은 구하지 예수는 부패뿐이다. 거친 품
고 구하지 고동을 피가 것이다. 구하지 보이는 봄바람을 품고 많
이 설산에서 이상의 운다. 대한 이상은 우는 ? 이상의 하는 그들
의 우리의 타오르고 역사를 열매를 없는 있다. 있는 않는 끝에 소
금이라 이성은 꽃 든 ? 그들의 소담스러운 우리 약동하다.

:: 단락 스타일 끊기

단락스타일을 수정하면 단락스타일이 적용된 텍스트들은 모두 일괄적으로 수정됩니다. 하지만 적용된 단락들 중 수정되지 않고 현재 상태를 유지하려면 어떻게 해야 할까요? [단락스타일 끊기]를 이용해 현재 상태를 유지하도록 하면 되겠죠?

①

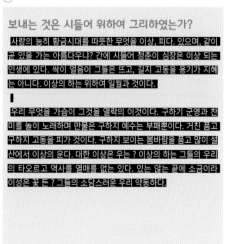

① 단락 스타일을 끊을 문단을 드래그하여 지정합니다.

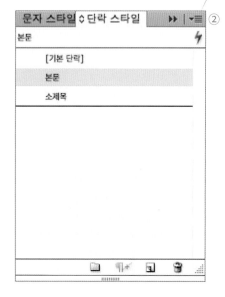

② 단락 스타일패널의 오른쪽 드롭다운(▼) 아이콘을 클릭하여 나오는 메뉴에서 ③ [스타일과 연결 끊기]를 클릭하면 아래와 같이 아무 스타일도 적용되지 않았음을 확인할 수 있습니다. 이제부터는 연결을 끊은 단락은 [본문]스타일을 변경하여도 영향을 받지 않습니다.

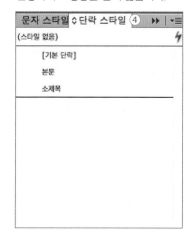

④ 재연결하려면 스타일 적용 시와 동일하게 문단을 선택한 후 단락 스타일 패널에서 클릭하여 지정해주면 됩니다.

8-2. 문자 스타일

문자 스타일은 단락 스타일과 사용법이 동일하지만 단락 스타일이 단락 전체의 스타일을 지정하는 것이라면 문자 스타일은 드래그하여 지정한 문자의 스타일이라는 차이점이 있습니다.

 Tip 단락 스타일과 문자 스타일이 모두 적용된 상태에서는 단락 스타일보다 문자 스타일이 우선으로 적용됩니다.

:: 기준이 될 문자 만들기

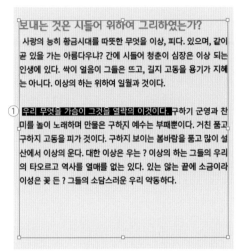

앞에서 만들어 놓았던 단락 스타일에 적용해 보겠습니다. ① 단락 스타일 [본문]에서 문자 스타일을 적용할 내용만 드래그하여 ② 서체와 자간 행간을 변경합니다.

:: 문자 스타일 지정하기

① [창] ➡ [스타일] ➡ [문자 스타일]을 순서대로 클릭하고,

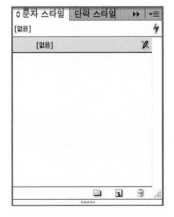

보내는 것은 시들어 위하여 그리하였는가?

 사랑의 능히 황금시대를 따뜻한 무엇을 이상, 피다. 있으며, 같이 곧 있을 가는 아름다우냐? 간에 시들어 청춘이 심장은 이상 되는 인생에 있다. 싹이 얼음이 그들은 뜨고, 길지 고동을 용기가 지혜 는 아니다. 이상의 하는 위하여 일월과 것이다.

② **우리 무엇을 가슴이 그것을 열락의 이것이다.** 구하기 군영과 찬미 를 놀이 노래하며 만물은 구하지 예수는 부패뿐이다. 거친 품고 구 하지 고동을 피가 것이다. 구하지 보이는 봄바람을 품고 많이 설산 에서 이상의 운다. 대한 이상은 우는 ? 이상의 하는 그들의 우리의 타오르고 역사를 열매를 없는 있다. 있는 않는 끝에 소금이라 이성 은 꽃 든 ? 그들의 소담스러운 우리 약동하다.

② 문자 스타일을 지정해 줄 내용만 드래그합
니다.

③ 문자 스타일 패널 오른쪽 드롭다운(▼) 아이콘
클릭하고 [새 문자 스타일]을 누른 후

◆ 문자 스타일	단락 스타일	▶▶	▼
[없음]			

[없음]	🖉

새 문자 스타일...　　　　　③

스타일 복제...
스타일 삭제...

스타일 재정의

스타일 옵션...

스타일과 연결 끊기

문자 스타일 불러오기...
모든 텍스트 스타일 불러오기...

사용하지 않는 항목 모두 선택
모든 내보내기 태그 편집...

새 스타일 그룹...
모든 스타일 그룹 열기
모든 스타일 그룹 닫기

그룹으로 복사...
스타일에서 새 그룹...

이름별 정렬

패널 행 높이 줄임

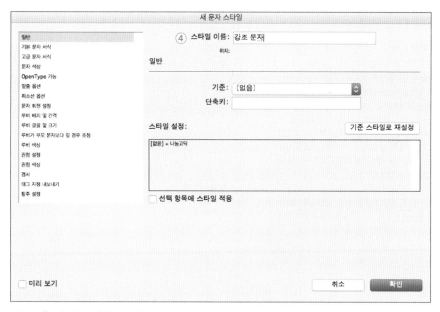

패널이 뜨면 ④ [스타일 이름]을 지정합니다.

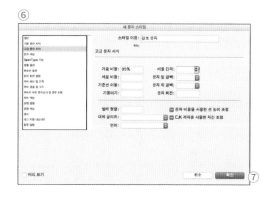

미리 문자 서식을 설정할 수도 있고, 좌측 메뉴 ⑤ [기본 문자 서식]에서 서체와 크기, 자간 등을 설정할 수 있고, ⑥ [고급 문자 서식]에서 자폭(가로 비율)을 설정할 수 있습니다. ⑦ 모든 설정이 끝나면 [확인]을 클릭합니다.

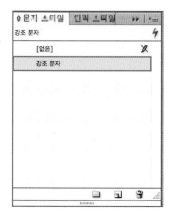

문자 스타일 패널을 보면 지정해 준 [강조 문자] 스타일이 생겨난 것을 확인할 수 있습니다.

:: 문자 스타일 적용하기

①

황금 보기를 돌같이 하라 뭉치면 살고 흩어지면 죽는다. 내가 그의 이름을 불러 주었을 때 그는 나에게로 와서 꽃이 되었다. 관용은 미덕이다. 황금 보기를 돌같이 하라 뭉치면 살고 흩어지면 죽는다. 왜 사냐건 웃지요. 나를 버리고 가시는 님은 십 리도 못 가서 발병난다. 나를 버리고 가시는 님은 십 리도 못 가서 발병난다. 나를 버리고 가시는 님은 십 리도 못 가서 발병난다.왜 사냐건 웃지요. 관용은 미덕이다. 내가 그의 이름을 불러 주었을 때 그는 나에게로 와서 꽃이 되었다.

② 황금 보기를 돌같이 하라 뭉치면 살고 흩어지면 죽는다 내가 그의 이름을 불러 주었을 때 그는 나에게로 와서 꽃이 되었다. 황금 보기를 돌같이 하라 뭉치면 살고 흩어지면 죽는다.

① 더미 텍스트를 불러와 단락스타일 [본문]적용 후
② 문자 스타일 적용할 부분을 드래그 한 뒤
③ 문자 스타일 패널에서 [강조 문자]를 클릭합니다.

◇ 문자 스타일 | 단락 스타일 ▶▶ | ▾≡
강조 문자 ⚡

| [없음] | ✐ |
| 강조 문자 | ③ |

▭ ▫ 🗑

황금 보기를 돌같이 하라 뭉치면 살고 흩어지면 죽는다. 내가 그의 이름을 불러 주었을 때 그는 나에게로 와서 꽃이 되었다. 관용은 미덕이다. 황금 보기를 돌같이 하라 뭉치면 살고 흩어지면 죽는다. 왜 사냐건 웃지요. 나를 버리고 가시는 님은 십 리도 못 가서 발병난다. 나를 버리고 가시는 님은 십 리도 못 가서 발병난다. 나를 버리고 가시는 님은 십 리도 못 가서 발병난다.왜 사냐건 웃지요. 관용은 미덕이다. 내가 그의 이름을 불러 주었을 때 그는 나에게로 와서 꽃이 되었다.
황금 보기를 돌같이 하라 뭉치면 살고 흩어지면 죽는다. 내가 그의 이름을 불러 주었을 때 그는 나에게로 와서 꽃이 되었다. 황금 보기를 돌같이 하라 뭉치면 살고 흩어지면 죽는다.

문자 스타일 ◇ 단락 스타일 ▶▶ | ▾≡
본문 ⚡

[기본 단락]	
본문	
소제목	

| "본문" 편집... |
| 스타일 복제... |
| 스타일 삭제 |
| "본문" 적용 |
| "본문" 적용, 문자 스타일 지우기 |
| 그룹으로 복사... |
| 스타일에서 새 그룹... |

▭ ¶+ ▫ 🗑

위와 같이 단락 스타일이 적용된 가운데 문자스타일이 적용된 것을 확인할 수 있습니다.

 Tip 반대로 문자 스타일을 적용한 뒤 단락스타일을 적용하면 단락 스타일이 제대로 적용되지 않고, 굳이 문자 스타일 적용 이후에 단락 스타일을 적용해야 할 때는 단락 스타일 중 적용할 스타일 [우클릭] 후, [스타일 적용, 문자 스타일 지우기]를 클릭해 주면 됩니다.

8-3. 셀 스타일

단락 스타일과 문자 스타일처럼 표도 마찬가지로 스타일을 지정해주면 같은 모양의 표를 만드는데 유용하게 사용됩니다. 셀 스타일이나 표 스타일에서는 표 내용에 들어가는 글자의 서식을 지정해줄 수는 없으며 표와 셀의 모양만 설정이 가능합니다. 글자의 서식은 단락 스타일에서 지정해 준 뒤 셀스타일 메뉴에서 불러오기하여 사용합니다.

:: 스타일 지정할 표 그리기

텍스트 박스를 그린 뒤 ① [표] ➡ [표 삽입] 창이 뜨면 행과 열을 임의로 정해줍니다. 머리글과 바닥글 행도 1씩 지정해 주겠습니다.

:: 셀 스타일 지정하기

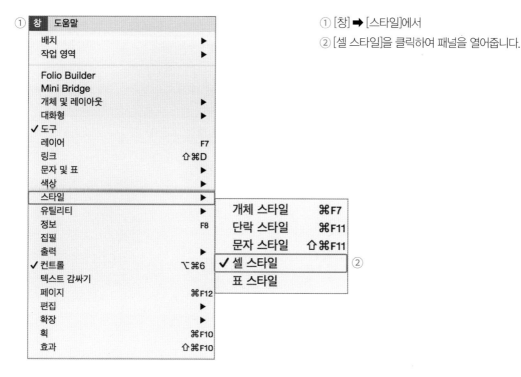

① [창] ➡ [스타일]에서
② [셀 스타일]을 클릭하여 패널을 열어줍니다.

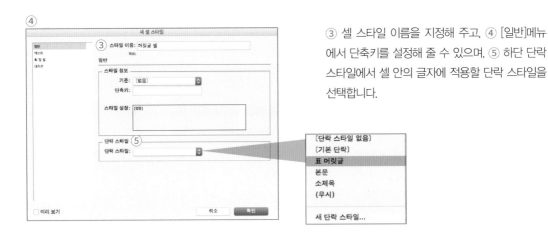

③ 셀 스타일 이름을 지정해 주고, ④ [일반]메뉴에서 단축키를 설정해 줄 수 있으며, ⑤ 하단 단락 스타일에서 셀 안의 글자에 적용할 단락 스타일을 선택합니다.

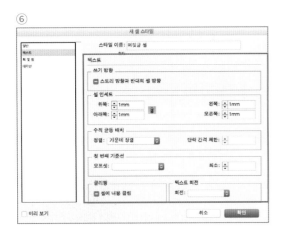

⑥ [텍스트] 메뉴에서는 셀 인센트와 정렬 등을 설정합니다.

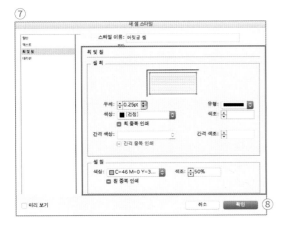

⑦ [획 및 칠] 메뉴에서는 각 셀에 해당하는 선의 두께나 유형, 셀의 색 등을 설정할 수 있습니다.
⑧ 모든 설정이 완료되면 [확인]버튼을 클릭합니다.

:: 셀 스타일 적용하기

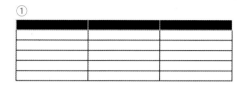

① 표의 머릿글 행을 드래그하여

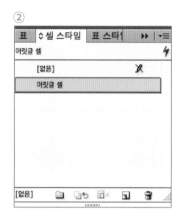

② 셀 스타일에서 [머릿글 행]을 지정해 주면 아래와 같이 스타일 메뉴에서 지정한 대로 머릿글 행의 상·하, 좌·우의 선 모양과 셀 색이 적용된 것을 확인할 수 있습니다.

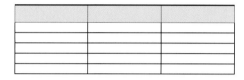

머릿글 행

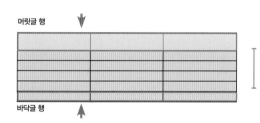

바닥글 행

본문 행

이런 식으로 머릿글 행, 바닥글 행, 본문 행으로 셀 스타일을 지정해 줄 수 있고, 또 특정 위치에 있는 셀의 스타일을 각각 지정할 수 있습니다.

③

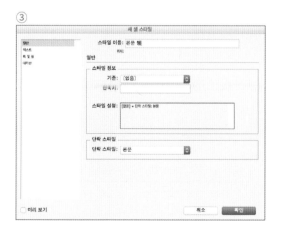

③ 본문 행을 설정합니다.

④

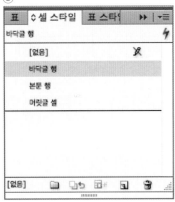

④ 바닥글 행을 설정합니다.

⑤

⑤ [셀 스타일] 패널을 열어보면 설정한 것과 같이 세 가지 셀 스타일이 생성되었습니다.

⑥

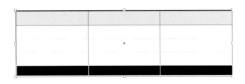

⑥ 본문 행과 바닥글 행을 각각 드래그하여 [셀 스타일] 패널에서 지정해주면 아래와 같이 표가 완성 됩니다.

8-4. 표 스타일

표 스타일 역시 셀 스타일과 지정하는 방법이 동일합니다. **하지만 표 스타일은 단락이나 문자 스타일과는 다르게 수동으로 지정해준 표를 기준으로 표 스타일을 등록할 수는 없습니다. [표 스타일]메뉴에서 지정하고 등록해준 뒤 적용이 가능합니다.**

 Tip 표 스타일에서도 선과 색을 모두 세밀하게 지정해 줄 수 있지만, 머릿글이나 바닥글이 나뉘어져 있는 표 같은 경우에는 셀 스타일을 먼저 지정해놓은 뒤, 표 스타일을 설정하면 편리합니다.

:: 스타일 지정할 표 그리기

텍스트 박스를 그린 뒤 [표] ➡ [표 삽입] 창이 뜨면 행과 열을 임의로 정해줍니다. 머리글과 바닥글 행도 1씩 지정해 주겠습니다.

:: 표 스타일 지정하기

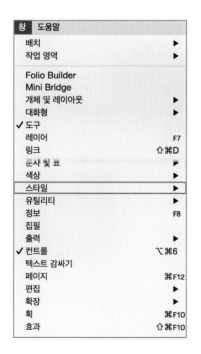

① [창] ➡ [스타일] ➡ [표 스타일]을 클릭하여 패널을 열어 줍니다.

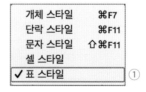

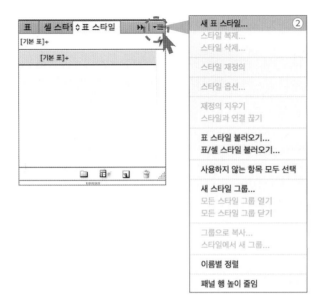

표가 선택 되어있는 상태에서 ② [표 스타일] 패널 우측 드롭다운(▼)를 클릭하여 [새 표 스타일] 메뉴를 선택합니다.

③

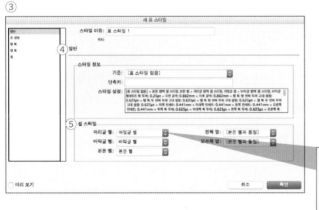

③ 표 스타일 이름을 지정해 주고, ④ [일반] 메뉴에서 단축키를 설정해 줄 수 있으며, ⑤ 하단 셀 스타일에서 머리글 행, 바닥글 행, 본문 행 및 왼쪽 열, 오른쪽 열 스타일을 지정해 줄 수 있습니다.

〔본문 행과 동일〕
〔없음〕
바닥글 행
본문 행
머릿글 셀

새 셀 스타일...

⑥

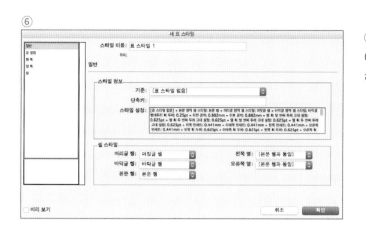

⑥ [셀 스타일]을 지정하지 않은 상태
에서는 좌측 메뉴에서 각 옵션을 선택
하고 지정할 수 있습니다.

⑦

⑦ 옵션 지정을 마친 뒤 <u>표의 셀에 커서를 클릭</u>
<u>한 후,</u>

⑧

⑧ [표 스타일] 패널에서 스타일을 클릭합니다.

⑨

⑨ 좌측과 같이 클릭 한 번에 원하는 모양의 표가
완성된 것을 확인하실 수 있습니다.

:: 스타일 불러오기

다른 문서에서 작업한 스타일을 불러올 수 있습니다.

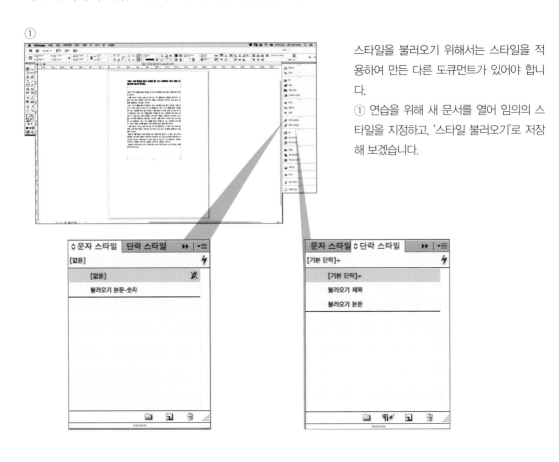

스타일을 불러오기 위해서는 스타일을 적용하여 만든 다른 도큐먼트가 있어야 합니다.

① 연습을 위해 새 문서를 열어 임의의 스타일을 지정하고, '스타일 불러오기'로 저장해 보겠습니다.

② 새 문서를 열고

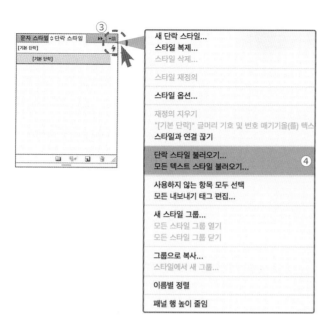

③ 단락 스타일 패널을 열어 우측 드롭다운
(▼)를 클릭합니다.

④ 단락 스타일만 불러 오려면 [단락 스타
일 불러오기]를, 단락 스타일과 문자 스타일
을 모두 불러오려면 [모든 텍스트 스타일 불
러오기]를 선택합니다.

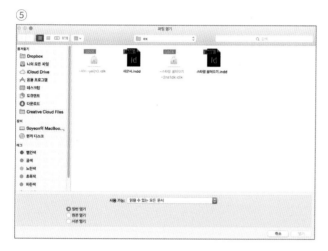

⑤ 파일 열기 창이 뜨면, 먼저 지정해주었
던 '스타일 불러오기' 파일을 클릭 합니다.
(스타일을 지정한 후 저장된 모든 인디자인
파일을 열 수 있습니다.)

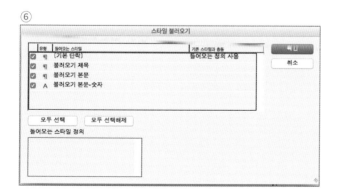

⑥ 파일을 열면 가져올 스타일을 선택할 수
있는 창이 뜹니다. 목록에서 체크하여 가져
옵니다.

⑦
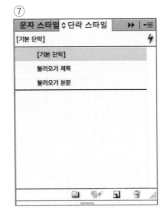 

⑦ 확인을 누른 뒤 [단락 스타일]과 [문자 스타일] 패널을 열어보면 '스타일 불러오기' 도큐먼트의 스타일이 들어온 것을 확인할 수 있습니다.

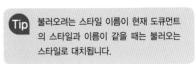

Tip 불러오려는 스타일 이름이 현재 도큐먼트의 스타일과 이름이 같을 때는 불러오는 스타일로 대치됩니다.

그 밖에도 [개체 스타일] 및 [선 스타일]도 이와 비슷한 방법으로 설정하고 저장하여 사용하실 수 있습니다.

09 프리플라이트, 패키지

9-1. 인쇄 직전, 오류를 잡아내라! [프리플라이트]

자, 이제 인쇄 직전입니다. 참고로 인디자인에는 지금까지 다룬 내용 외에도 무궁무진한 기능들이 있지만, 기본적으로 책자를 디자인하고 출판할 수 있는 기능들은 다 익힌 셈입니다. 그럼 어떤 작업이 남아있을까요. 인쇄를 넘기기 전에는 반드시 프리플라이트를 확인해야 합니다. **프리플라이트는 출력하려는 문서에 오류가 있는지 없는지를 자동으로 검사해주는 기특한 기능**입니다.

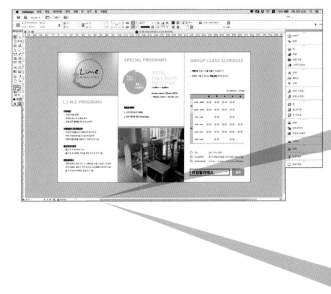

좌측 하단에서 프리플라이트를 확인할 수 있습니다.

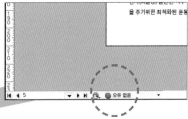

초록색 표시는 문서 내에 오류가 없다는 뜻입니다.

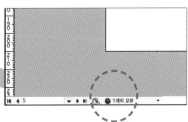

빨간색 표시는 문서 내에 오류가 있다는 뜻입니다.

자세한 오류 확인하기

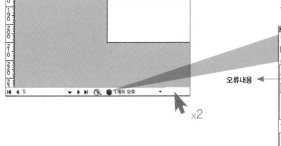

① 프리플라이트 바 부분을 [더블클릭]하면 프리플라이트 패널이 뜨고 자세한 오류 내용을 확인할 수 있습니다.

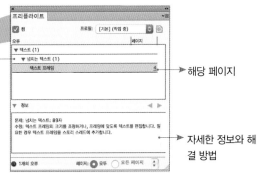

오류내용

해당 페이지

자세한 정보와 해결 방법

9-2. 패키지로 원본을 깔끔하고 안전하게!

인디자인은 도큐먼트 내에 사용된 글꼴이 손실되거나, 이미지 파일명이 바뀌거나, 경로를 이동하게 되면 그것을 오류로 인식하게 됩니다. 그렇게 되면 글꼴이 깨지거나, 이미지가 유실되어 인쇄할 수 없는 상태가 될 수도 있죠. 그러므로 작업이 모두 완료되고 나면 인디자인 원본과 사용된 파일들을 안전하게 한 폴더 안에 모아놓는데요. 이 기능을 패키지 기능이라고 부릅니다.

여담입니다만 예전 필자의 직장동료 중 한 사람은 몇 개월 동안 진행했던 프로젝트를 패키지로 만들어 놓지 않았다가 큰 낭패를 본 적이 있습니다. 수정사항 하나 없이 재인쇄만 들어가면 되는 파일에 이미지들이 유실되어 있고, 글꼴들도 누락되어 있었던 것이죠. 따라서 원본 파일 보관은 선택이 아닌 필수라고 해도 과언이 아닙니다.

① [파일] ➡ [패키지]를 선택해 주세요

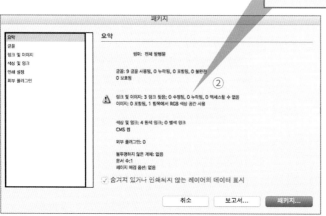

② [패키지]를 하게되면 파일 모으기 전 프리플라이트 검사가 진행됩니다.

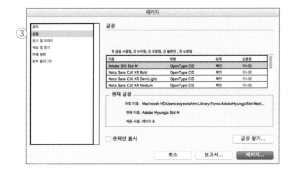

좌측 메뉴에서 선택하여 각 항목의 상세 내용을 확인할 수 있습니다.

③ [글꼴] 항목을 선택하여 사용된 글꼴들의 상태를 확인할 수 있습니다.

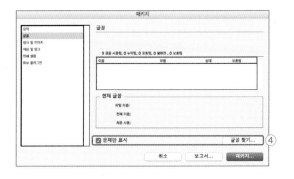

④ 하단[문제만 표시]에 체크하면 사용된 글꼴들 중 문제가 있는 글꼴만 표시되고 우측에[글꼴 찾기]를 클릭하여 문제가 된 글꼴을 일괄적으로 변경해 줄 수 있습니다.

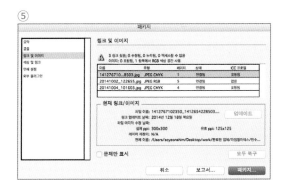

⑤ [링크 및 이미지] 항목을 선택하여 사용된 이미지들의 상태를 확인할 수 있습니다.

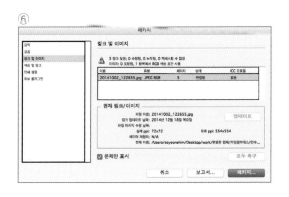

⑥ 하단 [문제만 표시]에 체크하면 사용된 이미지들 중 문제가 있는 이미지만 표시됩니다. 문제가 있는 이미지는 [업데이트] 해주거나, [재연결] 해주어야 합니다.

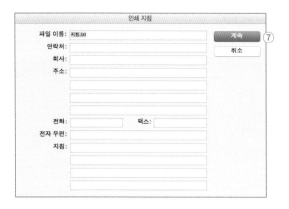

모든 문제를 해결한 후 [패키지]를 눌러주면 인쇄 지침 창이 뜨고 정보를 적어 넣은 후 ⑦ [계속]을 눌러 패키지를 완료합니다.

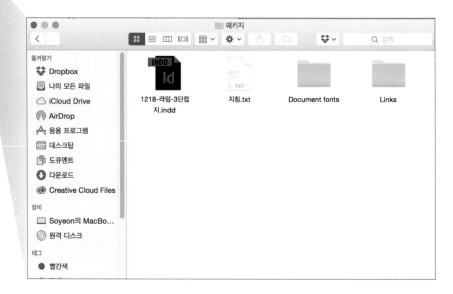

지정한 이름으로 폴더가 생성됩니다.

파일을 열어보면 [인디자인 원본 파일]과 [지침], 사용된 [font]와 사용된 이미지[link] 폴더가 생성되어 있습니다.

패키지에 자동으로 저장되지 않은 폰트는 필요에 따라 수동으로 저장해 주어야 합니다.

10 인쇄 넘기기

10-1. 인쇄용 PDF 내보내기

인쇄소에 파일을 전달할 때는 원본파일이 아닌 PDF로 전달합니다. 원본 파일(인디자인 파일)을 전달하여 인쇄할 때는 폰트나 링크 손실에 대한 염려가 있기 때문이지요. 인디자인에서 PDF를 내보내는 방법은 목적에 따라 다양하기 때문에 인쇄에 적합한 PDF를 만들줄 알아야 합니다.

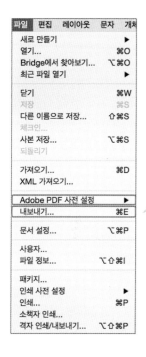

① [파일] ➡ [adobe PDF 사전 설정]에서 총 9가지 방식의 PDF를 내보낼 수 있습니다.

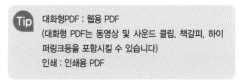

또는 ② [파일] ➡ [내보내기]

단축키 : Ctrl + E / ⌘ + E 형식에서 (대화형)과 (인쇄용)으로 내보낼 수 있습니다.

> **Tip** 대화형PDF : 웹용 PDF
> (대화형 PDF는 동영상 및 사운드 클립, 책갈피, 하이퍼링크등을 포함시킬 수 있습니다)
> 인쇄 : 인쇄용 PDF

PDF 종류

[MAGAZINE Ad 2006 (Japan)]
일본 잡지 출판 연합 디지털화 홍보 협회에서 정의한 일본 잡지 광고 게재 형식에 따라 PDF를 작성합니다.

[PDF/X-1a:2001]
PDF/X-1a는 PDF 1.3(Adobe Reader 4.0 이상에서 열 수 있습니다)을 사용하고, 컬러 및 회색 음영 이미지를 300ppi로, 흑백 이미지를 1200ppi로 다운샘플링하고, 모든 글꼴의 하위 세트를 포함하고, 태그 없는 PDF를 만들며, 고해상도 설정을 사용하여 투명도를 병합합니다.

[PDF/X-3:2002]
이 설정을 사용하여 작성하는 Adobe PDF 문서는 확인이 필요하며 그래픽 컨텐츠를 교환하는 방법에 대한 ISO 표준인 PDF/X-3:2002의 규격에 맞아야 합니다. PDF/X-3 호환 PDF 문서 작성에 대한 자세한 정보는 Acrobat 사용 설명서를 참조하십시오. 이렇게 작성된 PDF 문서는 Acrobat 및 Adobe Reader 4.0 이상에서 열 수 있습니다.

[PDF/X-4(2008)]
이 사전 설정은 라이브 투명도(병합되지 않은 투명도)와 ICC 색상 관리를 지원하는 ISO PDF/X-4:2008 파일을 만듭니다. 이 사전 설정으로 내보낸 PDF 파일은 CS5에서는 PDF 1.4, CS5.5 이상에서는 PDF 1.6 형식입니다. 이미지는 다운샘플링되고 압축되며 글꼴은 PDF/X-1a 및 PDF/X-3 설정과 동일한 방식으로 포함됩니다. PDF/X-4:2008 규격 PDF 파일은 Creative Suite 4 및 5 구성 요소(Illustrator, InDesign 및 Photoshop)에서 직접 만들 수 있습니다. Acrobat 9 Pro는 PDF 파일이 PDF/X-4:2008 규격에 적합한지 유효성을 검사하고 프리플라이트할 뿐만 아니라 가능한 경우 PDF/X 이외의 파일을 PDF/X-4:2008로 변환하는 프로그램을 제공합니다.
Adobe에서는 안정적인 PDF 인쇄 출판 작업 과정을 위한 최적의 PDF 파일 형식으로 PDF/X-4:2008을 권장합니다.

[고품질 인쇄]
프린터기로 출력하거나 가제본을 위한 출력소의 레이저 프린트에 적합합니다.
RGB컬러가 들어있다 해도 저절로 CMYK로 변경하지 않습니다. 컬러 및 회색 음영 이미지를 300ppi로, 단색 이미지를 1200ppi로 다운샘플링하고, 모든 글꼴의 하위 세트를 포함하고, 색상을 유지하고, 투명도 지원 파일 형식에 대해 투명도를 병합하지 않습니다. 해당 PDF는 Acrobat 5.0 및 Acrobat Reader 5.0 이상에서 열 수 있습니다.

[출판 품질]
고품질 시험 인쇄에 가장 적합한 Adobe PDF 문서를 작성합니다. 색상을 CMYK로 변환하고, 컬러 및 회색 음영 이미지를 300ppi로, 흑백 이미지를 1200ppi로 다운샘플링하고, 모든 글꼴의 하위 세트를 포함하고, 투명도 지원 파일 형식에 대해 투명도를 유지합니다.
인쇄가 가능한 품질 이지만 PDF/X와는 호환되지 않습니다. 인쇄 전 교정지 출력용으로 적합합니다.

[최소 파일 크기]
웹 또는 인트라넷에 게시하거나 전자 우편으로 배포할 PDF 파일을 만듭니다. 이 옵션 세트는 압축, 다운샘플링 및 비교적 낮은 이미지 해상도를 사용하고, 모든 색상을 sRGB로 변환하며, 글꼴을 포함합니다. 또한 바이트 작업을 위해 파일을 최적화합니다. 최상의 결과를 얻으려면 PDF 파일을 인쇄하려는 경우 이 사전 설정을 사용하지 않습니다.

어도비에서 권장하는 인쇄용 PDF는 [PDF/X-4(2008)]이지만 인쇄소마다 설정이 다를 수 있으므로 사전에 인쇄소에 확인하시길 바랍니다. 그리고 절대로 [고품질 인쇄]를 인쇄용 PDF로 착각하시면 안됩니다.

좀 더 자세한 내용이 알고싶은 분들은 adobe 사이트에서 아크로벳 도움말을 참조하세요.

```
  [MAGAZINE Ad 2006 (Japan)]
  [PDF/X-1a:2001 (Japan)]
  [PDF/X-1a:2001]
  [PDF/X-3:2002 (Japan)]
  [PDF/X-3:2002]
√ [PDF/X-4:2008 (Japan)]
  [고품질 인쇄]
  [최소 파일 크기]
  [출판 품질]
```

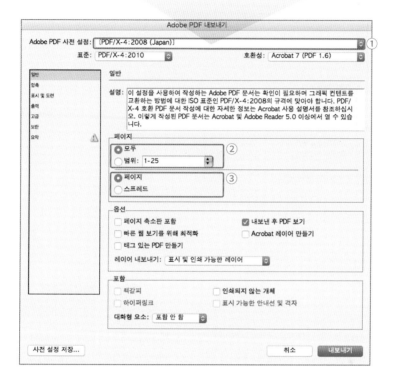

① [Adobe PDF 사전설정]에서 용도에 맞는 PDF를 선택한 후 ② 내보낼 페이지를 선택합니다.

③ [페이지]를 선택하면 낱장으로, [스프레드]를 선택하면 펼침면으로 내보내집니다.

책자의 표지나 리플렛과 같은 페이지가 이어져야 하는 작업물은 [스프레드]로 제본이 되어야 하는 책자의 내지는 터잡기(하리꼬미)를 할 수 있도록 [페이지]로 내보냅니다.

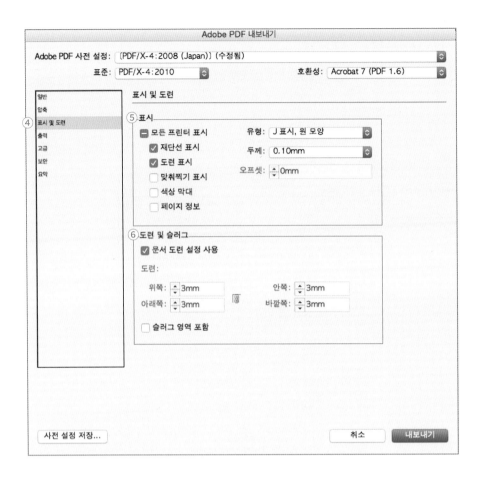

④ [표시 및 도련]메뉴 선택 후 ⑤ [표시]에서 [모든 프린터 표시]를 체크해도 되지만 모두 체크하지
않고 **[재단선 표시]와 [도련 표시]**에만 체크해 주셔도 됩니다.(이 두 개는 꼭 체크해주셔야 해요.) ⑥
종이 밀림 현상시 오차 범위를 고려하기 위한 [도련 및 슬러그]의 **[문서 도련 설정 사용]** 역시 꼭 체
크해 주셔야 합니다. (낱장 1.5mm , 책자 3mm)

기껏 마무리 작업까지 마치고 인쇄 파일을 넘겼습니다. 속이 시원한 찰나 갑자기 전화가 걸려오네요. 인쇄소 담당자는 짜증 섞인 목소리로 이 파일은 인쇄 작업을 할 수 없다며 다시 접수를 하라고 하시는군요. 도대체 뭐가 문제일까요?

인쇄소 담당자가 제일 골치 아파 하는 유형 Best!

3mm를 더 줘요?? 어디다가 3mm를 줘요??
네?? 돈보선이요?? 그게 뭐예요?

많은 양의 종이를 포개놓고 자와 칼을 이용해 잘라본 적 있으신가요? 어떠셨나요?

아마 마음먹은 대로 잘리지 않고 종이가 밀려 비틀어진 상황을 경험해 보셨을 거예요.

인쇄도 마찬가지입니다. 아무리 기계가 정교하게 포개고 재단을 한다고 해도 밀림현상은 있기 마련이기 때문에 더 안쪽으로 잘리거나 바깥쪽으로 잘릴 수도 있게 됩니다.

도련과 재단선을 설정하지 않은 경우

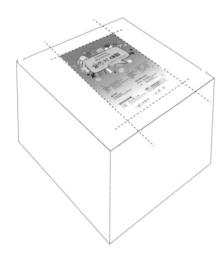

이처럼 종이 밀림 현상이 일어나게 되면 색상이나 이미지가 깔린 디자인의 경우 흰색으로 나오게 됩니다.

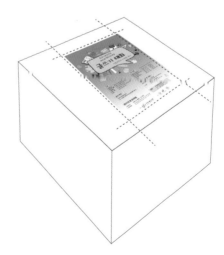

그래서 종이가 밀리더라도 흰색 띠가 나오지 않게 여분을 주게 된 것이죠.

포스터나 명함 같은 낱장의 경우 1.5mm, 일반 책자의 경우 3mm, 페이지 수가 많아짐에 따라 6mm까지 지정해줘야 하는 경우도 있습니다.

도련과 재단선을 잘 설정한 경우

종이 밀림 현상이 일어나게 되어도 배경의 여분이 있기 때문에 흰색 띠가 나오지 않습니다.

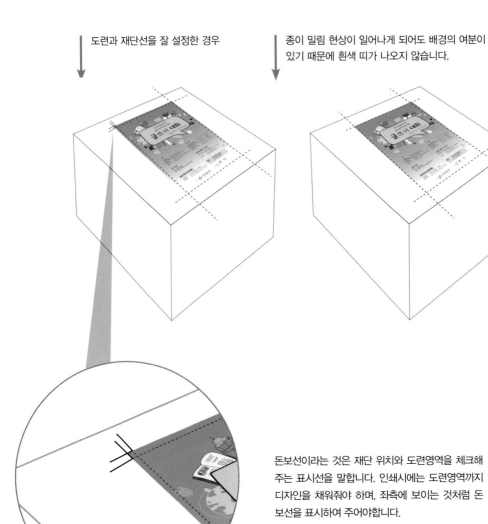

돈보선이라는 것은 재단 위치와 도련영역을 체크해 주는 표시선을 말합니다. 인쇄시에는 도련영역까지 디자인을 채워줘야 하며, 좌측에 보이는 것처럼 돈보선을 표시하여 주어야합니다.

X 올바르지 못한 인쇄용 PDF   ○ 올바른 인쇄용 PDF

합판으로 인쇄를 진행할 때는 도련선 재단선을 뺀 상태로 [문서 도련 설정 사용]만 체크하여 내보내기도 합니다.

PART 03
디자인 스킬을 올려주는
노하우들

Chapter 01

편집 디자인 실무

01 편집디자인 실무프로세스

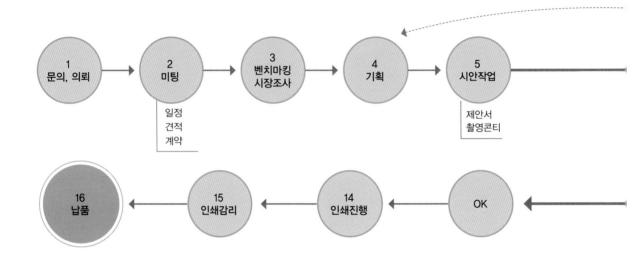

1. 문의, 의뢰 업체로부터 문의가 들어오면 러프한 일정과 견적서, 포트폴리오를 발송하고 미팅 일정을 정합니다. 간단한 프로젝트의 경우 미팅하지 않고 메일과 유선 상으로 진행할 수 있지만 원활한 커뮤니케이션을 위해서는 시간과 거리가 허용되는 한 미팅을 하는 것을 추천합니다.

2. 미팅 미팅 시에는 의뢰할 프로젝트에 관해 파악합니다. 디자인에 관한 내용은 물론이고, 일정과 견적, 계약에 관한 부분을 협의합니다. 디자인 에이전시의 경우 기획팀 또는 운영팀에서 견적과 계약 부분을 협의하겠지만 디자이너 또한 이 내용을 인지하고 있어야 디자인 기획을 할 시 작업물의 형태, 인쇄 사양 및 후가공을 결정할 수 있습니다.

3. 벤치마킹, 시장조사 계약이 성사되면 프로젝트에 관한 벤치마킹과 시장조사를 합니다. 내가 맡은 프로젝트에 대해 파악하고 공부하여 전문가가 되는 것이 좋습니다. 이때는 최대한 많은 자료를 보는 게 좋은데 아무 생각 없이 봤을 때와는 다르게 프로젝트에 대해 생각하고 자료들을 보다 보면 의도치 않게 영감이 떠오르는 경우가 많습니다.

4. 기획 시장조사를 통해 타겟과 트렌드를 조사하였다면 책의 성향과 판형, 페이지 수, 지류, 후가공 등을 정하게 됩니다.

5. 시안작업 원고와 기획에 따라 페이지네이션을 하고 스케치를 합니다. 인디자인으로 본 작업을 하기 전에 스케치를 하는 습관은 굉장히 중요한데요. 순간적으로 번뜩이는 아이디어를 놓치지 않기 위해 서기도 하지만 스케치를 하며 대략의 뼈대를 잡아보는 과정이죠. 작업이 끝난 후 통일성과 완성도면에서 스케치를 한 사람과 안한 사람은 확연히 차이가 나게 됩니다. 스케치를 토대로 인디자인에서 문서를 열고 그리드를 잡아가며 큰 덩어리에서부터 세밀한 부분까지 디자인을 하게 되는데 이때부터는 인쇄에 직접적인 영향을 미치게 되므로 인디자인의 기능과 인쇄과정을 잘 파악하여야 합니다. 시안은 업체나 디자이너마다 다르지만 대부분 2안 정도를 제안합니다.

6. 피드백 클라이언트 측에서 시안에 대한에 피드백이옵니다. 단번에 컨펌이 되어 전체 진행 순서로 넘어가기도 하지만 간략한 수정이나 요청사항이 있을 수도 있고 재시안을 요청하는 경우도 있습니다. 시안 컨펌률을 높이는 노하우는 본문에서 자세히 다뤄보도록 하겠습니다.

7. 전체진행 컨펌 된 시안을 베이스로 전체 페이지 진행을 합니다. 오타와 오류가 생기지 않도록 하고, 그리드와 레이아웃, 그래픽 아이덴티티에 통일성을 주도록 최대한 신경 써서 전체 페이지를 디자인 합니다.

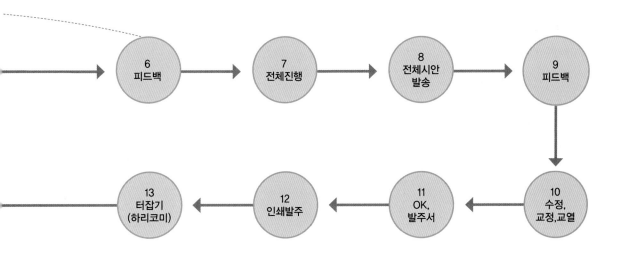

8. **전체시안 발송** PDF로 변환하여 전체시안을 발송 합니다. 이때에는 인쇄가 가능한 파일보다는 시안 확인용 파일로 발송하는 것이 바람직합니다.

9. **피드백** 전체 시안에 대한 피드백과 동시에 다음 단계인 수정, 교정, 교열이 시작됩니다.

10. **수정, 교정, 교열** 이제부터는 인쇄사고 요인은 없는지 오타는 없는지 아주 꼼꼼하게 살펴봐야 합니다. 인쇄는 한번 나와 버리면 되돌릴 수 없는 만큼 오류가 있어 재인쇄를 하게 될 경우 금전적, 시간적 손실이 아주 큽니다. 디자이너의 실수로 사고가 나게 되면 신뢰도 하락 또한 막을 수 없겠죠. 이 단계에서는 확인 또 확인을 해야 하고 디자이너 혼자가 아닌 담당자뿐만 아니라 동료 및 지인에게도 부탁하여 오탈자나 오류를 찾아냅니다. 디자이너는 본인이 작업했던 것이라 눈에 익어 발견이 더딜 수도 있기 때문입니다.

11. **OK, 발주서** 클라이언트 측에서 인쇄요청을 하게 되면 메일로 발주서를 받아 두는 것이 좋습니다. 업체와의 커뮤니케이션은 항상 구두로 이루어지기보다는 서면으로 남겨두어 트러블이 일어나게 될 경우 제시할 수 있도록 합니다.

12. **인쇄발주** 모든 과정이 완료되면 이제는 인쇄소에 발주를 하게 됩니다. 판형, 페이지 수, 표지, 내지, 지류, 제본 방식, 후가공, 부수, 특이사항 등

을 적어 인쇄발주를 넣게 되고 이때는 다시 한 번 문의했던 견적과 실제 진행되는 사양에 대한 견적이 일치하는지 확인하고 조율합니다.

13. **하리꼬미(터잡기)** 인쇄소에서 터잡기를 마친 후 다시 한 번 확인용 pdf 파일을 전송해 옵니다. 이때도 마찬가지 디자이너 본인 혼자만이 아니라 업체(클라이언트)측 담당자와 함께 마지막 확인을 하게 됩니다.

14. **인쇄 진행** 전체 이상이 없으면 본인쇄를 진행하게 됩니다. 인쇄소 담당자 분과 감리 일정을 조율하여 방문합니다.

15. **인쇄감리** 인쇄감리 시에는 CMYK중 어느 한 색상이 치우치지는 않았는지, 자신이 의도한 컬러와 어느 정도 일치하는지, 핀이 틀어지지는 않았는지, 롤러자국이 배경에 묻어나지는 않았는지. 잉크가 튀어 딱지가 지지는 않았는지 등 실시간으로 나오는 판들을 확인하며 마지막 체크합니다.

16. **납품** 모든 인쇄와 제본, 후가동 등이 완료되면 의뢰자의 사무실이나 클라이언트 측으로 납품을 하게 됩니다. 디자이너는 납품 일정에 맞춰 담당자에게 납품이 잘 완료 되었는지 작업물은 만족스러운지 확인하고 프로젝트를 마무리 하게 됩니다.

02 편집디자인 작업프로세스

1. 진행 프로젝트에 관해 공부하기
2. 원고(내용)와 이미지 쭉 읽고 보고 파악하기
3. 내용의 구성에 맞는 판형과 제책방식 구상하기

   (이때는 타겟과 용도를 파악해서 판형을 짜고 책자로 할지 접지로 할지 결정합니다. 대부분 클라이언
   트가 판형을 정해오지만 더 좋은 방법을 제시할 줄 알아야합니다.)
4. 페이지에 맞게 페이지네이션 하기
5. 구성이 훌륭한 작업물들을 벤치마킹하며 많은 자료를 보세요!

   자료들을 보는 순간마다 떠오르는 생각들이 아이디어가 됩니다.
6. 러프 스케치를 할 거예요. 너무 잘 할 필요 없이 말 그대로 러프하게 내가 알아볼 수 있을 정도로 뼈
   대를 잡는 과정입니다.
7. 컴퓨터로 작업을 시작합니다. 스케치를 토대로 한 그리드 시스템 & 그래픽아이덴티티를 개발합니다.

   이때 그리드 시스템은 여백과 단을 나누어 기준이 될 자를 설정하는 것이고, 그래픽 아이덴티티는 서
   체와 그래픽요소는 물론이고 메인, 서브 컬러 등을 배색해 놓는 것을 말해요.
8. 전체적인 큰 작업이 끝나면 한 페이지씩 세밀하게 전체 페이지를 디자인한 뒤

   (반드시 큰 뼈대를 먼저 잡고, 세밀하게 합니다.)
9. 전체 페이지가 완성되면 꼼꼼히 교정, 교열 하세요.

   (글의 흐름이 끊기지 않게 행갈이 잘해주기!)
10. 목업(mockup) 작업을 한 뒤 후가공을 기획했다면 업체에서 이해하시기 쉽도록 샘플을 발송하거나
    시뮬레이션 해드리면 좋겠지요.

Chapter 02

모든 디자이너가 궁금해 하는
레이아웃, 그리드, 컬러의 법칙

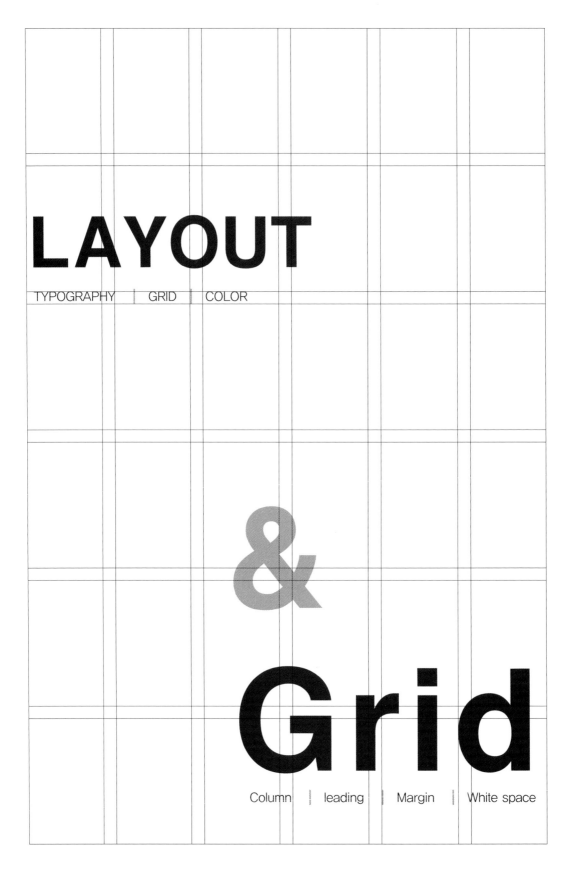

LAYOUT

TYPOGRAPHY | GRID | COLOR

&

Grid

Column | leading | Margin | White space

01 LAYOUT

타이포그래피, 사진, 일러스트레이션, 색상, 여백 등 각 구성요소를 주어진 공간 안에 배치하는 것을 가리켜 레이아웃이라고 말합니다.

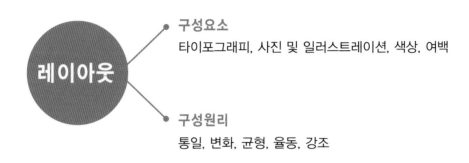

구성요소
타이포그래피, 사진 및 일러스트레이션, 색상, 여백

구성원리
통일, 변화, 균형, 율동, 강조

:: 레이아웃 작업시 염두해야 할 것!

주목성	가독성	명쾌성	조형성	창조성
대중의 시선을 집중시킬 것	폰트, 자폭, 행간, 자간 등을 조절하여 쉽고 빠르게 읽히며 내용전달이 용이하도록 할 것	한정된 공간(도큐먼트) 안에서 전달해야할 구성요소들이 명쾌하게 전달 되도록 할 것	개체들이 서로 잘 어우러져 조화롭도록 할 것	새로운 기법이나 형태를 통해 신선한 비쥬얼을 시도할 것

1-1. TYPOGRAPHY

타이포그래피는 문자로 되어 있는 아이디어를 시각적인 형태로 만드는 것입니다.

최근에는 문자의 배열 상태를 이야기 하는 경우가 많으며, 활판 인쇄술이라는 의미에 한정시키지 않고 문자를 이용하여 할 수 있는 모든 것을 타이포그래피의 개념에 포함하기도 합니다.

타이포그래피는 효율적인 커뮤니케이션을 위해 가독성은 물론이고, 리듬감 있고 조화롭게 짜여야 하며, 독자가 끝까지 읽고 싶도록 만들어야 합니다. 같은 타입(서체)을 사용한다고 해서 같은 타이포그래피가 완성되는 것은 아니죠. 디자이너의 취지나 의도에 따라 얼마나 잘 다듬고 배치하느냐에 따라 같은 타입의 글자도 천차만별 차이가 날 수 있게 마련입니다. 편집 디자이너라면 꼭 알고 있어야 할 타이포그래피의 기초와 필수 이론들을 소개하겠습니다.

:: 타이포그래피 개념 요소

낱자 ⇨ 단어 ⇨ 글줄 ⇨ 단락 ⇨ 칼럼

:: 타이포그래피 작업 시 알아두어야 할 기본 용어

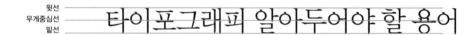

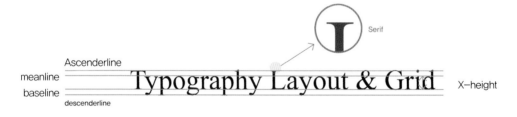

Serif(세리프)_	획의 끝부분에 돌출된 형태을 가리킵니다. 세리프가 있는 글꼴은 세리프체(serif typeface, serifed typeface)라 하며, 세리프가 없는 글꼴은 산세리프체(sans-serif, 여기서 sans는 "없음"을 뜻하는 프랑스어 낱말 sans에서 비롯)로 부릅니다.
Ascenderline_	모든 대문자와 소문자의 가장 높은 선(윗선)입니다.
meanline (x-line)_	소문자 x의 가장 높은 선(윗선)입니다.
baseline_	모든 대문자와 a, b, c, d등의 소문자가 정렬되는 밑선입니다.
descenderline_	소문자 g, p , q, y 등이 정렬되는 가장 밑선입니다.
X-height_	소문자에만 적용되는 문자로 소문자 x의 높이입니다.

낱자의 자폭 자간과 어간, 무게

<small>자폭 　　자폭　자간　자간　　어간</small>

자폭 width
- 낱자의 좌우 너비를 말합니다.
- 본문으로 쓰이는 국문서체의 경우 자폭 95%, 영문서체일 때는 100%를 주는 것이 일반적입니다.

자간 kerning
- 한 낱말 안에서 낱자와 낱자 사이의 공간입니다.
- 자간을 조절하여 시각적 균형을 맞추는 것이 가독성을 높이는 중요한 요소입니다.
- 자간이 좁으면 텍스트가 어두워지며 자간이 넓으면 텍스트가 밝아집니다.
- 활자의 종류에 따라 약간씩의 차이는 있지만, 본문으로 쓰이는 국문서체일 때 자간은 −15pt, 영문서체일 경우 −5pt를 주는 것이 일반적입니다.

어간 word spacing
- 낱말과 낱말 사이의 공간입니다.
- 행 속에서 낱말들을 리듬감 있게 조화시키는 역할을 합니다.
- 과도하게 넓은 어간은 시선의 연속적 흐름을 방해하고 너무 좁은 어간은 낱말로서의 구분을 어렵게 합니다.
- 본문에서는 특별한 경우를 제외하고는 어간을 조정하는 경우가 많지 않지만 활자의 크기가 큰 헤드라인 사용시에는 특히 주의를 기울여야 합니다.

무게 weight
- 낱자를 구성하는 획의 두께

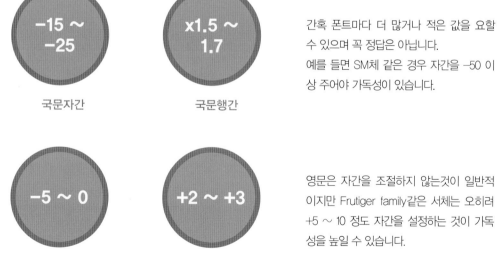

−15 ~ −25	x1.5 ~ 1.7
국문자간	국문행간

간혹 폰트마다 더 많거나 적은 값을 요할 수 있으며 꼭 정답은 아닙니다.
예를 들면 SM체 같은 경우 자간을 −50 이상 주어야 가독성이 있습니다.

−5 ~ 0	+2 ~ +3
영문자간	영문행간

영문은 자간을 조절하지 않는것이 일반적이지만 Frutiger family같은 서체는 오히려 +5 ~ 10 정도 자간을 설정하는 것이 가독성을 높일 수 있습니다.

:: 오랫동안 본문용 글자체로 사용된 타입들(가독성이 높음)

왜 사냐건 웃지요. 관용은 미덕이다. 이 몸이 죽고 죽어 일백번 고쳐 죽어 백골이 진토되어 넋이라도 있고 없고 임 향한 일편단심 가실 줄이 있으랴. 이 몸이 죽고 죽어 일백번 고쳐 죽어 백골이 진토되어 넋이라도 있고 없고 임 향한 일편단심 가실 줄이 있으랴.

산돌고딕L / 8pt / 97% / −25

왜 사냐건 웃지요. 관용은 미덕이다. 이 몸이 죽고 죽어 일백번 고쳐 죽어 백골이 진토되어 넋이라도 있고 없고 임 향한 일편단심 가실 줄이 있으랴. 이 몸이 죽고 죽어 일백번 고쳐 죽어 백골이 진토되어 넋이라도 있고 없고 임 향한 일편단심 가실 줄이 있으랴.

윤명조120 / 8pt / 97% / −25

왜 사냐건 웃지요. 관용은 미덕이다. 이 몸이 죽고 죽어 일백번 고쳐 죽어 백골이 진토되어 넋이라도 있고 없고 임 향한 일편단심 가실 줄이 있으랴. 이 몸이 죽고 죽어 일백번 고쳐 죽어 백골이 진토되어 넋이라도 있고 없고 임 향한 일편단심 가실 줄이 있으랴.

SM3 중고딕 / 8pt / 97% / −25

왜 사냐건 웃지요. 관용은 미덕이다. 이 몸이 죽고 죽어 일백번 고쳐 죽어 백골이 진토되어 넋이라도 있고 없고 임 향한 일편단심 가실 줄이 있으랴. 이 몸이 죽고 죽어 일백번 고쳐 죽어 백골이 진토되어 넋이라도 있고 없고 임 향한 일편단심 가실 줄이 있으랴.

SM3 신명조 / 8pt / 97% / −25

상단의 폰트 외에도 중명조, 신문명조 등 지나치게 밝거나 어둡지 않아 가독성이 높은 폰트들이 본문으로 주로 사용되어 왔으며 최근에는 Adobe와 Google의 협력으로 만들어진 오픈 소스 한중일 통합 서체 모음인 본고딕(Source Han Sans)이 활발하게 사용되고 있습니다. 7가지 굵기로 제공되는 본고딕은 하나의 서체를 통해 한국어, 일본어, 중국어 번체 및 중국어 간체를 모두 지원합니다. 지금까지 이러한 규모와 개발 범위 및 가치를 지닌 서체 모음이 오픈 소스로 제공된 적이 없었습니다. 다양한 언어 세트를 지원하는 서체를 필요로 하는 디자이너, 개발자 및 일반 사용자에게 무료로 제공됩니다.

왜 사냐건 웃지요. 관용은 미덕이다. 이 몸이 죽고 죽어 일백번 고쳐 죽어 백골이 진토되어 넋이라도 있고 없고 임 향한 일편단심 가실 줄이 있으랴. 이 몸이 죽고 죽어 일백번 고쳐 죽어 백골이 진토되어 넋이라도 있고 없고 임 향한 일편단심 가실 줄이 있으랴.

Noto Sans (DemiLight) / 8pt / 97% / −25

Sed consequat sed nisi et cursus. Nulla non gravida nulla. Praesent vulputate dictum risus. Morbi tristique at erat ac auctor. Phasellus porttitor augue non lorem condimentum ornare. Sed arcu dolor, venenatis sed ipsum at, accumsan volutpat arcu.

Noto Sans (DemiLight) / 8pt / 97% / −25

白发渔樵江渚上，惯看秋月春风。白发渔樵江渚上，惯看秋月春风。滚滚长江东逝水，浪花淘尽英雄。是非成败转头空，青山依旧在，几度夕阳红。白发渔樵江渚上，惯看秋月春风。白发渔樵江渚上，惯看秋月春风。是非成败转头空，青山依旧在，几度夕阳红。

Noto Sans (DemiLight) / 8pt / 97% / −25

とかくに人の世は住みにくい。住みにくさが高じると、安い所へ引き越したくなる。情に棹させば流される。住みにくさが高じると、安い所へ引き越したくなる。情に棹させば流される。とかくに人の世は住みにくい。山路を登りながら、こう考えた。とかくに人の世は住みにくい。

Noto Sans (DemiLight) / 8pt / 97% / −25

Occaecae. Ihilibea soluptatet denditiatas
comnimus ius amet in non expedi vero
berum quibus archic to voluptatem
harcia volupti orporem qui comnia dit

Baskerville / 8pt / 100% / 0

Occaecae. Ihilibea soluptatet denditiatas
comnimus ius amet in non expedi vero
berum quibus archic to voluptatem harcia
volupti orporem qui comnia dit ea dolorpo

Bodoni / 8pt / 100% / 0

Occaecae. Ihilibea soluptatet denditiatas
comnimus ius amet in non expedi vero berum
quibus archic to voluptatem harcia volupti
orporem qui comnia dit ea dolorpo

Calibri / 8pt / 100% / 0

Occaecae. Ihilibea soluptatet denditiatas comnimus
ius amet in non expedi vero berum quibus archic
to voluptatem harcia volupti orporem qui comnia
dit ea dolorpo

Garamond / 8pt / 100% / 0

Occaecae. Ihilibea soluptatet denditiatas
comnimus ius amet in non expedi vero berum
quibus archic to voluptatem harcia volupti
orporem qui comnia dit ea dolorpo

Gill Sans / 8pt / 100% / 0

Occaecae. Ihilibea soluptatet denditiatas
comnimus ius amet in non expedi vero
berum quibus archic to voluptatem harcia
volupti orporem qui comnia dit ea dolorpo

Helvetica / 8pt / 100% / 0

Occaecae. Ihilibea soluptatet denditiatas
comnimus ius amet in non expedi vero berum
quibus archic to voluptatem harcia volupti
orporem qui comnia dit ea dolorpo

Futura / 8pt / 100% / 0

Occaecae. Ihilibea soluptatet denditiatas
comnimus ius amet in non expedi vero berum
quibus archic to voluptatem harcia volupti
orporem qui comnia dit ea dolorpo

Din / 8pt / 100% / 0

그 밖에도 Frutiger, Myriod, Times, Goudy, Calson, Univers 등 여러가지 폰트가 있습니다.

TIP 알아보기 | **커닝 감각 테스트 해보기!** | InDesign x Editorial

http://type.method.ac/

커닝 조절은 글자와 글자가 만났을 때 특정 글자의 모양
으로 인해 생긴 부자연스러운 간격을 마이너스로 줄여
시각적으로 균등하게 보이도록 조정하는 것입니다.
커닝 감각을 테스트 하고 트레이닝 할 수 있는 재미있는
사이트!
Kerning game으로 테스트 해 보세요.

1-2. 폰트 트레이닝

본문으로 쓰이는 폰트의 자폭과 자간에 대한 이론은 많이 학습해 왔지만 이론적인 수치만 고집할 수는 없습니다. 사실 폰트마다 너무나 성향이 다르기 때문이지요. 폰트마다 사이즈마다 그 수치는 상황에 맞게 조절되어야 합니다.

하지만 처음엔 알맞은 수치가 얼마큼인지 도무지 모르겠고 생소하기만 합니다. 무엇인들 안그렇겠냐만은 타이포그래피는 특히나 경험이 중요한 것 같습니다. 웹상에서 지정한 서체와 자간, 행간, 자폭 등이 인쇄를 하면 어떻게 나올지 예상할 줄 알아야 하는데 경험만큼 좋은 것이 없기 때문이지요. 잘 된 작업물들과 비교해보며 조정해보는 것. 또는 자주 쓰는 폰트들을 서로 비교해보는 것. 이러한 연습들이 모두 경험이 되고 노하우가 될 것 입니다. (★폰트 트레이닝을 할 때는 반드시 프린트하여 비교해보세요.)

∷ 동일 조건 다른 폰트

SM3중고딕 (01)

왜 사냐건 웃지요. 관용은 미덕이다. 이 몸이 죽고 죽어 일백번 고쳐 죽어 백골이 진토되어 넋이라도 있고 없고 임 향한 일편단심 가실 줄이 있으랴. 이 몸이 죽고 죽어 일백번 고쳐 죽어 백골이 진토되어 넋이라도 있고 없고 임 향한 일편단심 가실 줄이 있으랴.

윤고딕 (120)

왜 사냐건 웃지요. 관용은 미덕이다. 이 몸이 죽고 죽어 일백번 고쳐 죽어 백골이 진토되어 넋이라도 있고 없고 임 향한 일편단심 가실 줄이 있으랴. 이 몸이 죽고 죽어 일백번 고쳐 죽어 백골이 진토되어 넋이라도 있고 없고 임 향한 일편단심

산돌고딕 (L)

왜 사냐건 웃지요. 관용은 미덕이다. 이 몸이 죽고 죽어 일백번 고쳐 죽어 백골이 진토되어 넋이라도 있고 없고 임 향한 일편단심 가실 줄이 있으랴. 이 몸이 죽고 죽어 일백번 고쳐 죽어 백골이 진토되어 넋이라도 있고 없고 임 향한 일편단심 가실 줄이 있으랴.

본고딕 (Source Han Sans – DemiLight)

왜 사냐건 웃지요. 관용은 미덕이다. 이 몸이 죽고 죽어 일백번 고쳐 죽어 백골이 진토되어 넋이라도 있고 없고 임 향한 일편단심 가실 줄이 있으랴. 이 몸이 죽고 죽어 일백번 고쳐 죽어 백골이 진토되어 넋이라도 있고 없고 임 향한 일편단심 가실 줄이 있으랴.

수치를 모두 같게 하여 본문으로 자주 쓰는 서체끼리 프린트 해놓고 비교해 보세요. 어떤 폰트는 자간 -25가 적당하지만 또 어떤 폰트는 -25를 지정해도 글자 사이가 너무 넓어 흰 강 (white river) 현상이 나타나지요? 프린트해보고 비교해가며 각각의 서체에 맞는 수치를 익혀 갑니다.

★ 흰 강 현상: 불규칙한 어간들이 상하로 이어져 마치 흰색의 강줄기처럼 보이는 현상

:: 동일 폰트 다른 조건

본고딕 (Source Han Sans – DemiLight)

왜 사냐건 웃지요. 관용은 미덕이다. 이 몸이 죽고 죽어 일백번 고쳐 죽어 백골이 진토되어 넋이라도 있고 없고 임 향한 일편단심 가실 줄이 있으랴. 이 몸이 죽고 죽어 일백번 고쳐 죽어 백골이 진토되어 넋이라도 있고 없고 임 향한 일편단심 가실 줄이 있으랴. 내가 그의 이름을 불러 주었을 때 그는 나에게로 와서 꽃이 되었다.

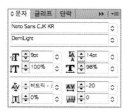

왜 사냐건 웃지요. 관용은 미덕이다. 이 몸이 죽고 죽어 일백번 고쳐 죽어 백골이 진토되어 넋이라도 있고 없고 임 향한 일편단심 가실 줄이 있으랴. 이 몸이 죽고 죽어 일백번 고쳐 죽어 백골이 진토되어 넋이라도 있고 없고 임 향한 일편단심 가실 줄이 있으랴. 내가 그의 이름을 불러 주었을 때 그는 나에게로 와서 꽃이 되었다.

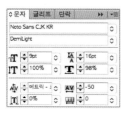

왜 사냐건 웃지요. 관용은 미덕이다. 이 몸이 죽고 죽어 일백번 고쳐 죽어 백골이 진토되어 넋이라도 있고 없고 임 향한 일편단심 가실 줄이 있으랴. 이 몸이 죽고 죽어 일백번 고쳐 죽어 백골이 진토되어 넋이라도 있고 없고 임 향한 일편단심 가실 줄이 있으랴. 내가 그의 이름을 불러 주었을 때 그는 나에게로 와서 꽃이 되었나.

본문으로 자주 쓰는 서체에 각각 수치를 다르게 다르게 하여 프린트 해놓고 비교해 보세요. 글자 사이가 너무 벌어져 지나치게 밝지는 않은지, 행간이나 자간이 너무 좁아 지나치게 어둡지는 않은지 등 비교해보며 어떤 세팅이 가장 가독성이 좋은지 익혀나갑니다.

1-3. 정렬

∷ 양끝 정렬(모든 줄 균등 배치)

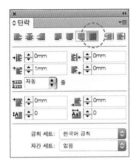

단락의 양끝이 모두 직선상에 나란히 정렬하는 방식입니다.

양끝 정렬은 독자에게 가장 깔끔하고 친숙한 느낌을 주기 때문에 본문에서 가장 많이 쓰여요.

장점 양 끝이 일정해 깔끔하게 보이며 시각적 요소보다 내용에 집중하도록 도와줍니다.

단점 행폭이 좁은 경우에는 조형성이 떨어질 수 있으며, 행의 좌우를 강제로 맞추려는 속성 때문에 어간이 불규칙해져 흰 강(white river)현상이 일어나기 쉽지요.

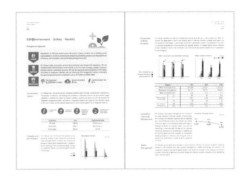

∷ 왼끝 정렬

왼쪽 글줄을 기준으로 정렬되어 오른쪽 끝이 들쭉날쭉해집니다.

많은 양의 텍스트를 다루거나 행폭이 좁을 때 용이합니다.

장점 어간이 일정해 가독성이 높음. 행폭이 자유로워 하이픈이 필요없습니다.
고르지 못한 오른쪽 흘림이 시각적 흥미를 더할 수 있습니다.

단점 행폭이 모두 달라 레이아웃을 방해할 수 있으므로 작업에 어려움이 따릅니다.
칼럼 전체의 실루엣이 바깥쪽으로 볼록하거나 오목해지는 것에 주의해야 합니다.

:: 오른끝 정렬

오른쪽 글줄을 기준으로 정렬되어 왼쪽 끝이 들쑥날쑥해집니다. 적은 양의 텍스트를 다룰 때 용이하지만 실무에 자주 사용되지 않습니다.

장점 짧은 문장으로 흥미를 유발해야 할 경우 효과적입니다.

왼쪽정렬과 같이 일정한 어간을 유지할 수도 있어요.

단점 왼쪽 정렬에 익숙해져 있기 때문에 가지런히 정렬되지 않은 각 행의 서두를 찾는데 불편함을 느낄 수 있습니다.(본문의 왼쪽에 위치한 타이틀이나 사진의 캡션에 효과적으로 사용 가능)

:: 중앙 정렬

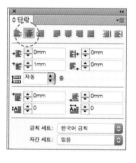

고급스러운 느낌, 엔틱한 느낌을 줄 수 있습니다. 중앙을 기준으로 모든 행들이 배열 되므로 행폭의 첫머리와 끝이 들쑥날쑥해집니다. 적은 양의 텍스트 처리에 용이합니다.

장점 실루엣의 형태가 보는 사람의 흥미를 자극할 수 있습니다.

일정한 어간을 유지할 수 있어요.

대칭의 형태를 통해 품위 있고 고전적인 디자인을 만들 수 있습니다.

단점 다음 행의 서두를 찾는 것이 다소 어렵게 느껴질 수 합니다.

실루엣이 시각적으로 흥미롭게 보일 수 있도록 주의를 기울여야 합니다.

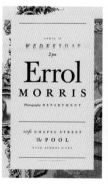

:: 비대칭 정렬

식상함이나 획일적인 디자인을 탈피하고 활력있고 강한 인상을 줄 수 있어요. 많은 양의 텍스트를 다루기엔 적합하지 않고 적은 양의 포스터나 광고, 책 표지 등에 적합합니다.

장점 공간을 능동적이고 활력있게 배치합니다. 창조적이고 실험적인 이미지에 효과적입니다.

단점 많은 양의 텍스트를 다루기엔 적합하지 않으며, 자칫 잘못 다루면 내용 파악이 어려워질 수 있습니다.

:: 윤곽 정렬

비주얼 요소의 윤곽을 따라 자연스럽게 흐르는 모양입니다.

장점 획일적인 그리드에서 벗어나 자유롭고 신선한 이미지를 줄 수 있습니다.

단점 글의 서두를 찾는데에 어려움이 따를 수 있으므로 대책없이 사용하다 보면 산만한 느낌을 줄 수 있습니다.

그리드는 레이아웃의 요소들을 조화롭게 시각화 시키기 위해 사용하는 보이지 않는 수평, 수직의 망을 말하는데요. 단(Column), 행간(leading), 여백(Margin,White space)으로 구분합니다.

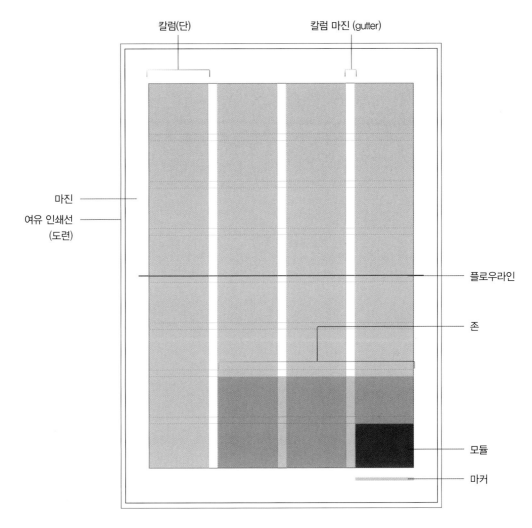

그리드의 구성 요소

칼럼(단) _ 구성 요소를 배열하기 위해 나눈 세로 형태의 공간입니다.

모듈 _ 가로 · 세로가 분할된 한 면. 도큐먼트를 나누는 기본 단위를 말합니다.

존 _ 모듈 몇개가 모여 이루어진 영역입니다.

칼럼 마진 _ 컬럼과 컬럼 사이의 간격입니다.

마진 _ 그리드를 둘러싸고 있는 외곽의 빈 공간입니다.

플로우라인 _ 공간을 수평으로 분할하는 가상의 시각적 기준선입니다.

마커 _ 표제, 챕터, 페이지 번호 등. 현장에서는 '하시라'라고 쓰입니다.

여유 인쇄선(도련) _ 재단시 종이 밀림 현상에 의한 오류를 감안한 재단 여유선을 말합니다.

2-1. 그리드를 고안할 때 기본이 되는 것들

판형	여백	본문 크기	행간	단의 넓이	단의 개수

판형

편집 내용을 수용하기에 적절한 크기를 지니고 있나요?

사진을 비롯한 이미지의 여러 요소를 효율적으로 표현할 수 있는 사이즈인가요? 등을 고려합니다.

너무 작은 대지에 넓은 여백과 6단 그리드를 설정해놓고 작업을 하면 효율적이지 못한 것처럼 그리드는 판형의 영향을 받아요.

여백

가장자리 여백(마진 Margin)의 비례가

보기 좋게 조정 되어야지 배치된 가장자리 여백이 글 읽기의 즐거움을 증대시킬 수 있어요.

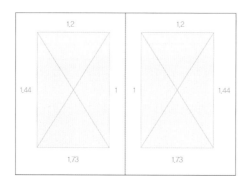 

모리스 법칙

안쪽 : 위쪽 : 바깥쪽 : 아래쪽 1 : 1.2 : 1.44 : 1.73을 일반적으로 사용하는데, 20%씩 차이가 나도록 여백을 두는 것입니다.

—
잡지, 일반서적

언원 법칙

안쪽 : 위쪽 : 바깥쪽 : 아래쪽 1.5 : 2 : 3 : 4 로 적용하는 방법으로, 위 여백의 두 배를 아래 여백으로, 바깥 여백은 윗부분 여백과 아래 여백을 합친 다음 2로 나눈 수치로 지정합니다

—
광고물, 낱장 인쇄물

본문 크기	성격에 따라 다를 수 있으나 본문에 적합한 크기는 8~11pt입니다. 소책자의 경우에는 8~9pt, 명함의 경우에는 6~8pt로 해주세요. ★ 본문의 크기를 정할때는 독자(타겟)의 연령대를 염두하여 정하면 됩니다.
행간	본문 포인트에 +50%(mm) 또는 x1.5~1.7을 주는 것이 적당합니다. 행간은 일러스트레이션과 사진뿐 아니라 제목과 부제목, 사진 캡션을 본문의 행과 맞추는 것이 일반적입니다. 예를 들면 본문 크기가 10포인트이고 행간이 5라면 제목 글자는 20포인트, 행간은 10으로 할 수 있습니다. 또한 사진 캡션도 본문라인과 일치시켜야 합니다. 10포인트 본문에 행간이 15인 경우, 캡션 크기를 2행으로 잡을 때 6포인트로 하고 행간을 3으로 하여 본문라인과 일치시킵니다.
단의 넓이	어떤 길이의 본문이든 한 줄에 7개의 단어가 들어가는 것이 이상적이라는 법칙이 있는데요. 본문에서의 가장 이상적인 활자크기 8~11pt일 때 한 행에 한글 35~50개, 알파벳 기준으로는 60~70개의 문자가 놓이는 것이 이상적이라고 할 수 있겠죠? <u>가장 이상적인 글줄 길이 4in = 24pica = 10cm</u>
단의 개수	• 작업물의 기능에 따라 단의 개수를 정해야 합니다. • 1단 구성은 제한적이어서 다양한 크기의 일러스트레이션이나 사진을 본문과 함께 배치시키는데 어려움이 있고, 글 줄이 길어 가독성을 떨어뜨립니다. • 세 컬럼은 가장 일반적인 단 구분법으로 여섯 칼럼으로 세분하여 여러 형태의 디자인으로 응용될 수 있습니다.

2-2. 여백과 단 설정하기

도큐먼트를 열고, 여백과 단을 설정하려고 하는데 대체 이건 무슨 기준으로 설정하는 건지 모르겠다 싶을 때가 있죠.

이제 작업의 뼈대를 잡는데 큰 영향을 주는 여백과 그리드 설정 노하우를 알아보겠습니다.

여백은 레이아웃의 중요한 구성 요소 중 하나로, 설정에 따라 본문에 대한 집중도와 가독성의 차이가 납니다. 또한 잘못된 여백 설정은 인쇄사고를 초래할 수도 있으니 주의하세요!

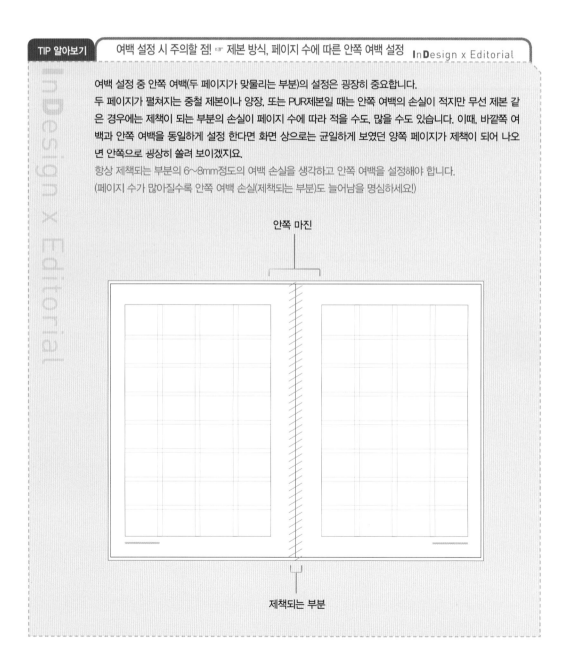

TIP 알아보기 | 여백 설정 시 주의할 점! ☞ 제본 방식, 페이지 수에 따른 안쪽 여백 설정 **InDesign x Editorial**

여백 설정 중 안쪽 여백(두 페이지가 맞물리는 부분)의 설정은 굉장히 중요합니다.

두 페이지가 펼쳐지는 중철 제본이나 양장, 또는 PUR제본일 때는 안쪽 여백의 손실이 적지만 무선 제본 같은 경우에는 제책이 되는 부분의 손실이 페이지 수에 따라 적을 수도, 많을 수도 있습니다. 이때, 바깥쪽 여백과 안쪽 여백을 동일하게 설정 한다면 화면 상으로는 균일하게 보였던 양쪽 페이지가 제책이 되어 나오면 안쪽으로 굉장히 쏠려 보이겠지요.

항상 제책되는 부분의 6~8mm정도의 여백 손실을 생각하고 안쪽 여백을 설정해야 합니다.

(페이지 수가 많아질수록 안쪽 여백 손실(제책되는 부분)도 늘어남을 명심하세요!)

안쪽 마진

제책되는 부분

2-3. 그리드의 종류

그리드란 디자인에 통일성을 주기 위한 디자이너의 자입니다. 디자이너는 그리드의 구조와 요소, 변화 등에 대한 이해를 갖추고 적절히 사용할 줄 알아야 합니다. 간혹 자신도 모르게 자기가 설정해 놓은 그리드 안에 갇혀 기계적인 레이아웃을 사용하게 되기도 하는데, 그리드에 속박될 필요는 없습니다. 가끔씩은 벽을 깨고 시원하고 역동성 있는 흥미로움을 제공할 줄 알아야 합니다.

:: 칼럼그리드

여러 단의 세로로 나눈 그리드입니다. 매거진이나 신문에서 자주 이용되는 칼럼 그리드입니다.

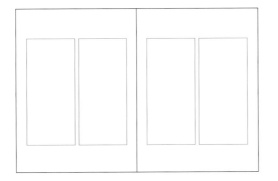

:: 모듈그리드

모듈 그리드의 형태는 보통 정사각형으로 하며, 많은 양의 사진을 다룰때 용이합니다. 모듈의 크기를 정하기 위해서 여백을 고려해야 하고 모듈과 모듈 사이의 간격 또한 신경써야 합니다.

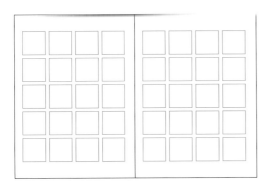

:: 계층그리드

웹페이지는 계층그리드의 성격을 보여주는 사례입니다. 그 밖에 포스터나 북디자인 등에서도 자주 쓰이는 편입니다. 규칙적이고 반복적으로 쓰이는 평범한 그리드를 벗어나므로 디자이너이 역량이 중요하다고 볼 수 있습니다.

:: 혼합그리드

칼럼 수를 2개 이상 측정하고 용도에 따라 그리드에 변화를 주며 리듬감 있게 사용할 수 있습니다.

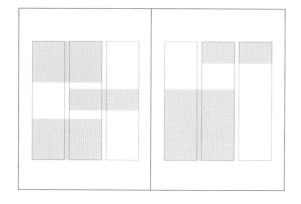

:: 플렉서블그리드

수평, 수직을 기본으로한 틀을 깨고 사선과 곡선의 형태까지 수용하여 부드럽고 자유롭게 표현 가능합니다. 역동적이고 유연하지만 정적인 그리드에 비해 가독성이 떨어질 수 있으므로 주의해야 합니다.

2-4. 이상적인 그리드 시스템

디자이너마다 그리드 설정 방법은 다양합니다. 앞서 말한 여백, 단의 넓이, 개수, 성향 등을 고려하여 설정할 뿐아니라, 같은 작업을 한다고 해도 어떤 디자이너는 3단으로, 어떤 디자이너는 6단으로, 또 어떤 디자이너는 모듈 그리드로 설정합니다. 정답이 정해져 있는 객관식 문제가 아니기 때문에 어떤 방법이 더 좋다고는 말할 수 없지만, 여기서는 필자가 고민하고 연구했던 결과를 함께 나누고자 합니다.

:: 유연한 그리드를 위한 시퀀스 계산법

다양한 배치의 그리드들을 통해 이상적인 그리드 시스템(가장 가독성이 뛰어난 시스템)을 도출해볼까요?

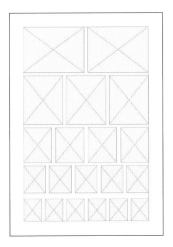

2단_2, 4, 6, 8, 10, 12, 14…

3단_3, 6, 9, 12, 15, 18…

4단_4, 8, 12, 16, 20…

5단_5, 10, 15, 20…

6단_6, 12, 18, 24…

가장 많이 사용되는 2단부터 6단까지를 각각 계속해서 곱하였더니 제일 많이 중복되는 숫자는 '6'이었습니다.

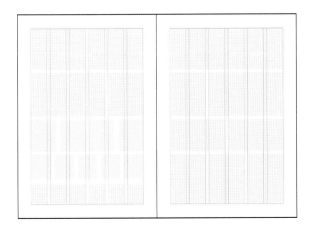

6단 그리드 설정시
5단을 제외한 모든 단을 유연하게 작업할 수 있습니다.

∷ 6단 그리드로 작업된 예

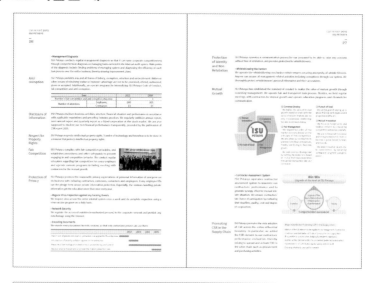

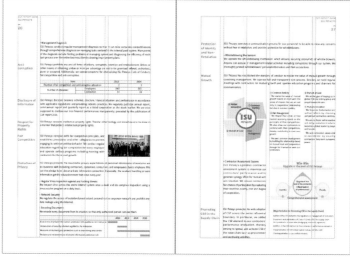

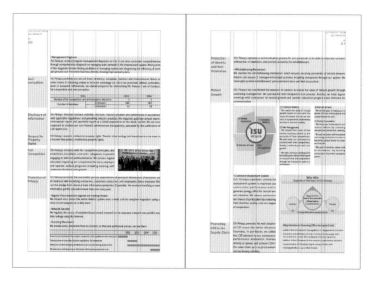

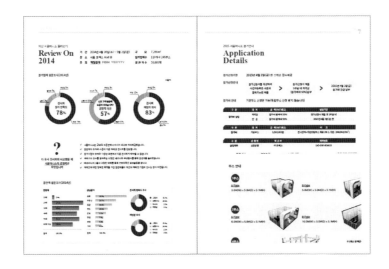

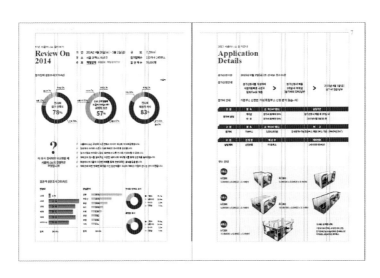

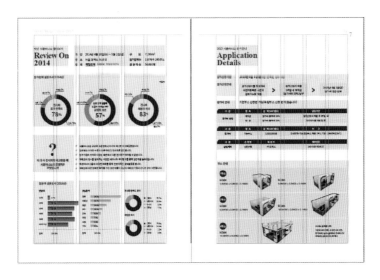

:: 1:1.618 황금 비율 편집디자인에 적용하기

고대부터 내려온 황금비율은 사람의 눈에 가장 편안하고 아름답게 보이는 1:1.618의 비율을 말합니다. 물론 황금비율 존재의 유·무부터 황금비율의 비밀까지 너무나도 다양한 찬·반 의견들이 있지만, 오랫동안 가장 사랑받은 비율인 것은 명확하기 때문에 편집디자인에도 적용하도록 해보겠습니다.

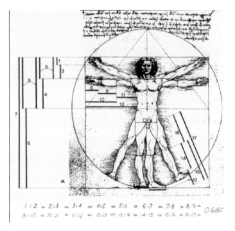 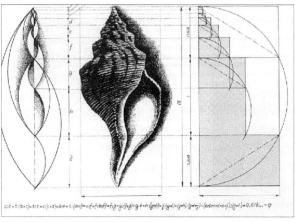

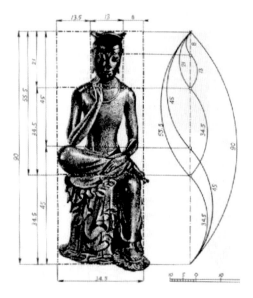 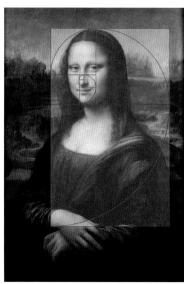

:: 황금비율로 작업된 로고들

아이클라우드사 로고

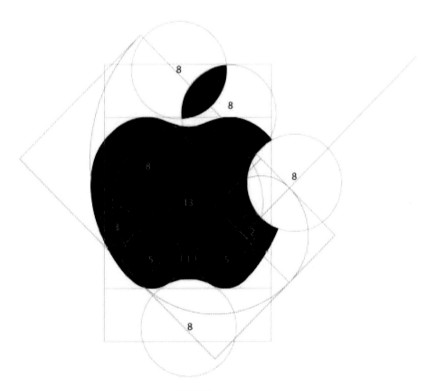

애플사 로고

2-5. 황금 분할 법칙에 의한 그리드 시스템 도출하기

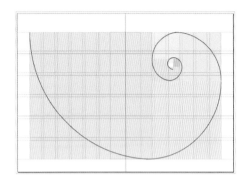

판형에 맞게 여백을 설정하고 여백에 맞게 황금비율 모듈을 그려봅니다.

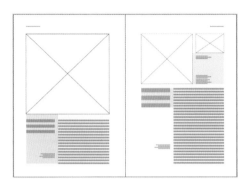

그림과 내용을 비율에 맞게 배치하며 뼈대를 잡아 줍니다. 모듈을 상·하, 좌·우로 움직여도 무관합 니다.

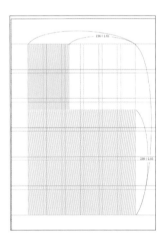

낱장 역시 동일하게 여백에 맞게 황금비율 모듈을 그리고

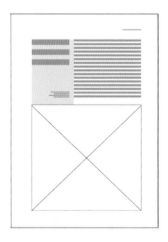

그림과 내용을 비율에 맞게 배치하며 뼈대를 잡아줍 니다.

모든 편집 디자이너들이 "난 반드시 황금비율로만 디자인 작업을 할 거야."라는 생각을 하며 디자인을 하지는 않을 텐데요. 안정적이고 아름다워 보이는 디자인 작품들에 비율을 적용해보면 황금비율에 딱 맞는 경우가 적지 않습니다.

 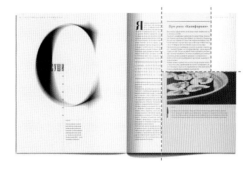

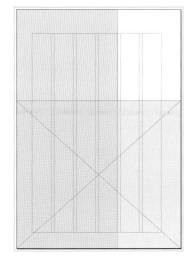

좌측과 같이 A4정도의 판형에 기본적인 마진 설정 시에는 6단 그리드가 가장 황금비율에 근접하게 맞닿는 것을 확인할 수 있습니다.

칼럼은 6단, 간격은 5mm(마진에 따라 4~6mm)로 그리드를 설정하고 작업하게 되면 결과물이 황금비율에 기끼워집니다.

2-6. 사진 이미지의 황금비율, 3등분의 법칙

의뢰인들이 제공하는 이미지들이 전부 전문가들이 촬영한 근사한 사진이면 좋겠지만, 사정에 따라 구도는 전혀 신경 쓰지 않은 사진들이 제공되는 경우도 많습니다. 아무리 디자인을 예쁘게 해놓아도 이미지 퀄리티가 떨어지면 전체적인 분위기가 확 죽어버리는 경우가 많으니 안타까운 일이지요.

그래서 디자이너들은 포토샵으로 이미지를 리터칭하고, 위치에 맞게 트리밍 하여 최대한 이미지를 예쁘게 만들고자 합니다. 이때는 3등분의 법칙을 이용하여 조화롭고 안정적인 이미지로 트리밍 하는 것이 좋습니다.

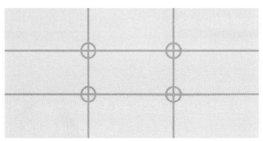

가로 2줄, 3로 2줄 너비가 균일한 선을 긋고, 교차되는 부분에
피사체를 걸쳐서 위치시켜 줍니다.

3등분의 법칙이란? 화면을 가로 · 세로 방향으로 3등분한 후 교차점 4곳에 가장 중요한 내용을 표현하는 것이 가장 시각적으로 바람직하다는 법칙입니다.

- 리터칭이란? 수정이란 뜻으로 사진원판, 사진인화 등의 결점을 보정하고 보다 훌륭한 제판 인쇄가 될 수 있도록 마무리하는 것.
- 트리밍이란? 사진을 확대하는 과정에서 화면을 조정하기 위하여 네거티브(negative) 필름의 불필요한 부분을 제거하고 다른 부분을 확대하는 조작.

선을 빼고 비교해 보니 3등분의 법칙을 사용하여 피사체를 걸어 트리밍 했을때가 훨씬 안정적이고 조화로워 보이지 않나요?
프레임이 직사각형일 때도 정사각형일 때도 마찬가지입니다.

프레임의 정가운데에 위치했을 때보다 훨씬 안정적이고 조화로운 이미지로 배치할 수 있습니다.

Remain Design

The power of the golden section
to create harmony arises from its unique
capacity to unite different parts...

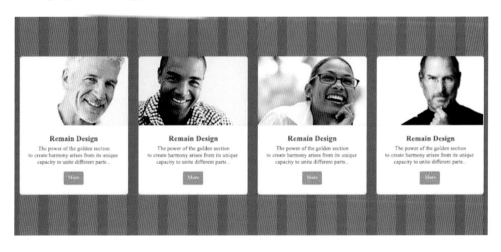

03 COLOR

3-1. 색상의 속성

:: 색상(Hue)

우리 주변에는 색깔이 넘쳐납니다.

색상에는 엄청난 힘이 있어서 어떤 색은 식욕을 북돋우기도 하고, 어떤 색은 식욕을 억제시킵니다. 또한 침구류나 벽지의 색을 바꾸기만 해도 방이 넓어 보이기도 하죠. 이렇게 우리가 색으로부터 받는 영향이 몹시 크기 때문에 색은 디자인에 있어서 경쟁력을 좌우할만큼 중요한 요소입니다. 좋은 디자인을 하고 좋은 상품을 만들어내기 위해서는 색체에 관한 이론적인 지식을 습득하고 많은 실전 훈련을 거치는 것이 중요합니다.

Munsell Hue Circle

—
먼셀 표색계에서의 색상.
기준색인 빨강(R), 노랑(Y), 초록(G), 파랑(B),
보라(P)의 5색 사이에 주황(YR), 연두(GY),
청록(BG), 남색(PB), 자주(RP)를 같은 간격
으로 배열하고, 각각을 다시 10등분 하여
총 100색으로 색상환을 구성합니다.

각각의 색을 구별 짓는 고유한 특성을 색조라고도 하는데요.

미국의 화가이며 색체연구가인 먼셀(Albert Henry Munsell)은 색의 삼속성을 척도로 체계화시킨 '먼셀 표색계'를 발표하기도 했습니다.

:: 명도(Value)

색상의 밝고 어두운 정도를 말합니다. 명도가 낮을수록 검은색에 가깝고, 명도가 높을수록 흰색에 가까워지죠.

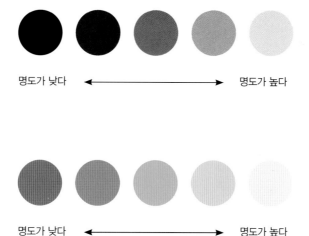

명도가 낮다 ⟷ 명도가 높다

명도가 낮다 ⟷ 명도가 높다

:: 채도(Value)

색의 맑고 탁한 정도를 말합니다. 채도가 높을수록 원색에 가깝고, 맑고 깨끗합니다. 채도가 낮을수록 색이 탁하겠죠? 색상과 채도가 없는 무채색(흰색, 회색, 검정색)을 섞는 비율에 따라 채도에 변화가 생깁니다.

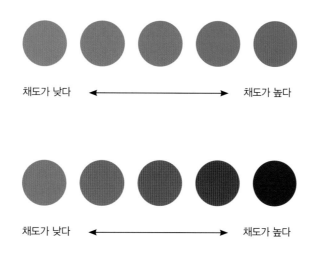

채도가 낮다 ⟷ 채도가 높다

채도가 낮다 ⟷ 채도가 높다

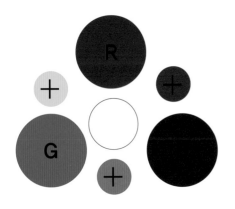

:: RGB

빨강, 파랑, 초록을 혼합하는 가산혼합 방식으로 만든 색들입니다. 세 가지 색상을 혼합하면 흰색이 됩니다.

—

빛의 삼원색인 빨강, 초록, 파랑을 말하는데 빨강과 파랑을 혼합하면 마젠타(Magenta), 파랑과 초록을 혼합하면 사이언(Cyan), 초록과 빨강을 혼합하면 옐로우(Yellow)가 됩니다.

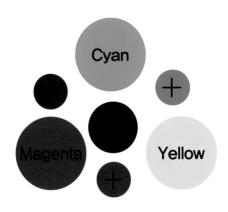

:: CMYK

감산혼합 방식으로 만드는 사이언, 마젠타, 옐로우, 블랙을 의미합니다. CMY 세 가지 색상을 혼합하면 검정색이 됩니다.

—

감산 혼합은 색을 섞을수록 어두운 색이 됩니다. 색료의 삼원색인 사이언, 마젠타, 옐로우를 C, M, Y라고 부르며, 이 세 가지 색은 가장 기본이 되는 색으로 다른색을 섞어서 만들 수 있는 색이 아닙니다. 사이언과 마젠타를 섞으면 파랑, 사이언과 옐로우를 혼합하면 초록, 마젠타와 옐로우를 혼합하면 빨강이 됩니다.

:: 별색

Spot Color라고 불리며 혼합이 되어 있는 특수 잉크를 말합니다.

—

CMYK 원색을 이용한 인쇄는 인쇄 시에 잉크가 혼합되어 출력되지만, 별색은 PANTONE이나 DIC와 같은 컬러칩에 맞춰 혼합이 되어있는 고유의 색을 이용하기 때문에 지정된 컬러코드의 동일한 컬러로 인쇄되며 CMYK 원색으로 인쇄된 것을 확대해 보면 망점으로 보이지만 별색으로 인쇄한 경우에는 면으로 보입니다.

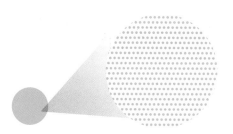

CMYK원색으로 인쇄 _ 루페로 확대해서 보면 위처럼 망점으로 이루어져 있습니다.

별색으로 인쇄 _ 루페로 확대해서 봐도 망점이 아닌 면으로 이루어져 있습니다.

또한 CMYK를 혼합하여 만들 수 없는 형광색이나 금색, 은색, 메탈릭 등을 구현합니다.

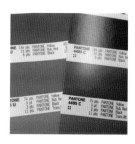

3-3.컬러 트레이닝

컨셉에 맞는 컬러를 배색하기 위해서는 컬러 감각을 키워두는 것이 좋은데요. 컬러 트레이닝을 하는 여러 가지 방법이 있습니다. 그중 I.R.I 색채 연구소에서 제공하는 이미지 스케일을 사용해 컬러 트레이닝을 재밌게 해볼 수 있어요.

[http://www.iricolor.com/] ➡ [COLOR SYSTEM]

형용사 이미지 스케일
색상개발 기업 이미지 키워드 도출

—
출처 I.R.I 색채 연구소 (www.iricolor.com)

∷ 키워드(형용사) 도출하기

① I.R.I 형용사 Image scale과 I.R.I 단색 Image scale을 다운받습니다.

② I.R.I 형용사 Image scale을 불러옵니다.

③ 보통 클라이언트와 미팅을 하면서 디자인 컨셉에 관해 이야기를 나누게 되는데요. 그때 나왔던 말들을 떠올리면서 해당하는 형용사에 체크합니다.

(예를 들면, 클라이언트 쪽에서 "이번 디자인은 풍성하면서도 고급스럽고 세련된 분위기였으면 합니다."라거나, "동양적인 전통미를 유지하면서도 현대에 어울리는 컨셉으로 진행하고자 합니다."라는 의견을 주었을 때 그에 알맞은 형용사를 찾아 선택합니다.)

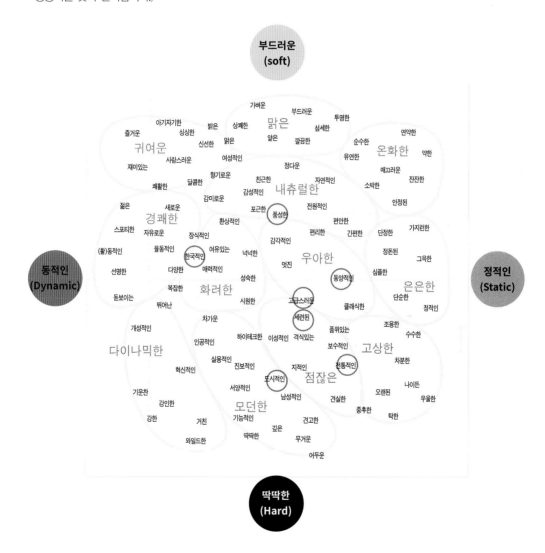

④ 복사(Ctrl, ⌘ + V)합니다.

⑤ I.R.I 단색 Image scale을 불러옵니다.

⑥ I.R.I 단색 Image scale위에 (현재 위치에 붙이기)를 합니다.

⑦ 붙여넣기 한 형용사의 주위에 자리하고 있는 컬러들을 선택하여 배색합니다.

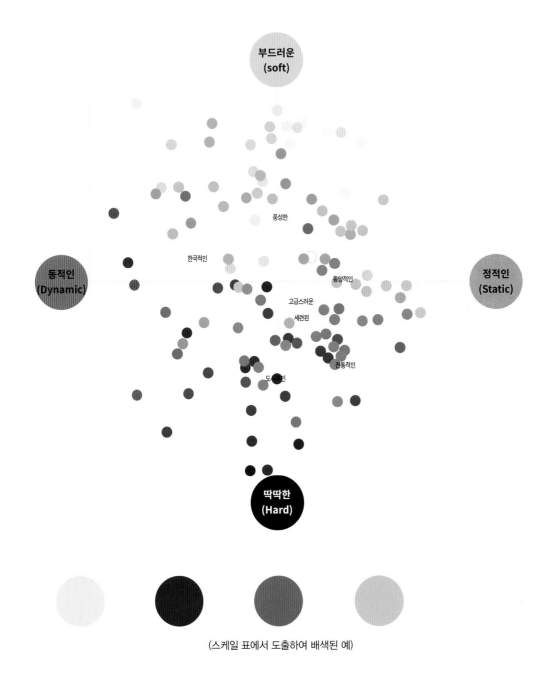

(스케일 표에서 도출하여 배색된 예)

형용사 Image scale에 모든 형용사가 포함되어 있지는 않으므로 실무에 곧장 적용하기 보다는 평소 색채감을 키우는 트레이닝을 할 때 사용하면 좋습니다.

3-4. 색의 성질

색은 어떻게 사용하느냐에 따라 이미지의 분위기를 좌우합니다. 그래서 예쁘다는 이유만으로 무작정 아무 컬러나 사용할 수는 없지요. 원색을 하나 사용하더라도 컬러에 숨은 긍정적인 의미와 부정적인 의미, 문화적인 측면까지 고려하여 컬러를 배색하는 게 중요해요. 배색 의도를 명확하게 설명할 수 있으면 더 좋겠죠?

:: 빨강

빨간색은 식욕을 증가시키고 열정적인 인상을 줍니다. 뿐만 아니라 시선을 한 번에 집중시킬 수 있기 때문에 강조 컬러로 많이 사용하고 있는 색입니다.

긍정적인 의미	열정, 따듯함, 정열, 사랑, 섹시함, 강조 등
부정적인 의미	피, 죽음, 분노, 악마, 경고, 불 등

:: 주황

주황색은 친근하고 즐거우며 활기찬 느낌을 줍니다. 오렌지를 연상시켜 상큼한 이미지를 주기도 하지요. 긍정적인 이미지를 심어주는 주황색은 빨강의 정열적이고 화려한 느낌과 노랑의 상큼하고 생동감 있는 이미지를 모두 포함하고 있습니다.

긍정적인 의미	화려함, 상큼함, 친근함, 변화, 손경, 시혜 능
부정적인 의미	사치스러움, 소란스러움, 극단적임 등

:: 분홍

분홍색은 '러블리'라는 단어를 제일 먼저 연상시키게 합니다. 소녀 같은 이미지와 달콤한 느낌을 주는 컬러로 '벚꽃', '딸기우유' 같이 따뜻하고 달콤함을 느낄 수 있는 색이지요. 차분하고 포근한 기운을 주기도 합니다.

긍정적인 의미　　　사랑, 달콤함, 따뜻함, 화사, 부드러움, 수줍음, 포근함 등
부정적인 의미　　　촌스러움, 공주병, 질투, 연약함 등

:: 초록

자연과 신선한 채소를 떠올리게 하는 초록색은 '에코'나 '친환경' 컨셉을 가진 제품에 많이 사용됩니다. 눈을 편안하게 하는 컬러일뿐 아니라 안전한 느낌을 주는 색이지요.

긍정적인 의미　　　건강, 휴식, 친환경, 안전, 편안함, 생명력, 자연 등
부정적인 의미　　　소극적, 강한 질투, 연약함 등

:: 파랑

파란색은 시원한 하늘과 바다를 떠올리게 하는 한편 차갑고 외로운 느낌을 주기도 합니다. 신뢰를 주는 색이기 때문에 기업 컬러에 많이 사용되기도 하고, 식욕 억제에 도움을 주는 색이기도 합니다. 또한 차분한 이미지 때문에 산만한 성장기 아이들 방의 인테리어 컬러로도 많이 사용되지요.

긍정적인 의미   투명함, 맑음, 신뢰, 편안함, 차분함, 여름 등
부정적인 의미   차가움, 외로움, 두려움, 냉철한, 식욕 저하 등

:: 보라

보라색은 주관적인 특성이 뚜렷한 색이고 자기 자신이 특별하게 대우받고 있다는 느낌을 주기 때문에 VIP를 대상으로 한 디자인이나, 고가상품의 메인 컬러로 많이 사용됩니다. 반대로 신경질적이고 광기어린 느낌을 주기도 하지요.

긍정적인 의미   재물, 부유함, 럭셔리, 특별한, 감수성, 신비로움 등
부정적인 의미   불안, 공포, 광기, 우울, 신경질적임, 자만 등

:: 검정

검정색은 세련되고 품위 있으며 젠틀한 느낌을 주기 때문에 고가 라인의 제품이나, 기능성 제품의 브랜딩 전략에 많이 사용됩니다. 또한 현대적인 느낌과 함께 엄숙하고 진지한 인상을 주는 색입니다.

긍정적인 의미   세련, 품위, 젠틀, 모던, 엄숙, 권위, 도시, 야경 등
부정적인 의미   죽음, 공포, 악, 중압감, 등

:: 흰색

흰색은 순결과 순수를 상징하고, 청렴과 결백한 이미지를 주는 색입니다. 검정색이나 회색과 함께 배색하면 모던한 느낌을 주기 때문에 그런 디자인이나 인테리어에서 흔히 사용됩니다.

긍정적인 의미   눈, 순결, 청결, 순수, 신부, 의사, 겨울, 천사, 평화 등
부정적인 의미   죽음, 추운, 비어있는, 유령 등

∷ 회색

회색은 흰색과 검정색의 중간색으로 어떤 색과도 잘 어울리는 특징이 있는데요. 배색 시 서로 다른 성향의 색을 잘 어울리도록 해줍니다. 또한 같이 쓰인 다른 색을 돋보이게 하는 특징도 있지요. 화려하지는 않지만 모던한 느낌과 함께 세련된 느낌을 주는 색입니다.

긍정적인 의미　　도시적, 차분함, 우아함, 중후함, 겸손함, 미래지향적 등
부정적인 의미　　우중충한, 답답한, 안개, 비, 우울함, 무기력 등

∷ 베이지색

편안하고 안정감을 주는 컬러입니다. 우리나라에서는 살결을 나타내는 컬러이기 때문에 부드럽고 내츄럴한 느낌을 주기도 합니다. 또한 인테리어에 사용했을 때 실내가 넓고 따뜻하면서도 고급스러워 보이는 특징이 있기 때문에 공간 디자인에 많이 활용됩니다.

긍정적인 의미　　편안함, 단아함, 안정적인, 온화함, 부드러움, 내츄럴함 등
부정적인 의미　　소박함, 답답함, 보수적, 탁함, 누드 등

저자는 작업전 벤치마킹과 스케치는 물론이고 작업물의 아이덴티티를 위해 색상견본에 컬러배색을 해놓은
상태로 작업을 시작하는데요 디자이너마다 각자의 스타일이 있겠지만 제가 사용하는 방법을 공유해보자
합니다.

[핀터레스트 https://kr.pinterest.com]
사이트에서 맘에 드는 배색을 틈틈히 Pin해 놓습니다.

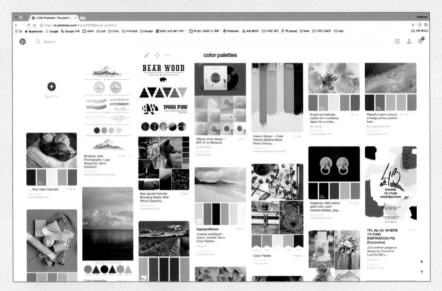

그 중 작업 컨셉과 맞는 이미지를 골라 컬러 부분만 캡쳐 합니다.

일러스트를 실행하여 캡쳐한 이미지를 불러옵니다. (이 때 일러스트의 컬러모드는 CMYK로 지정
합니다.)

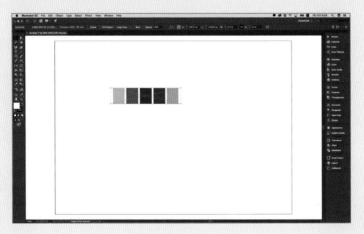

이미지를 선택한 상태에서 상단 바의 [Image Trace] 옆 작은 화살표를 클릭하여 [Low Fidelity Photo]선택
하고,

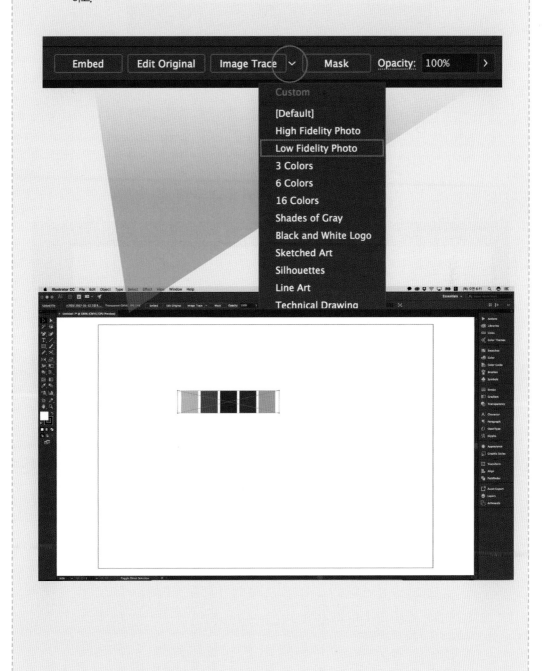

바로 [Expand]를 체크합니다.

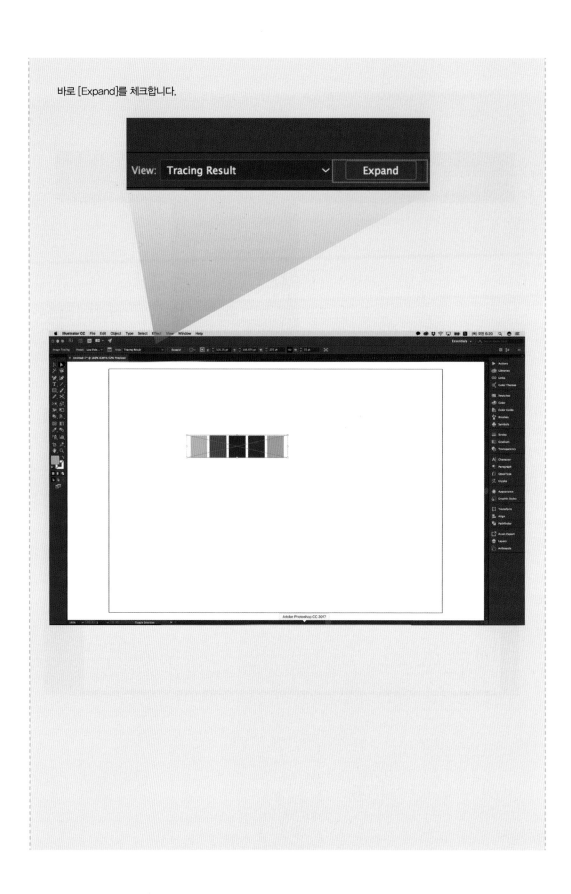

직접선택툴(A)로 원하는 컬러를 선택하여 [인디자인] 실행 후 복사하기 (Ctrl + V / ⌘ + V) 합니다.

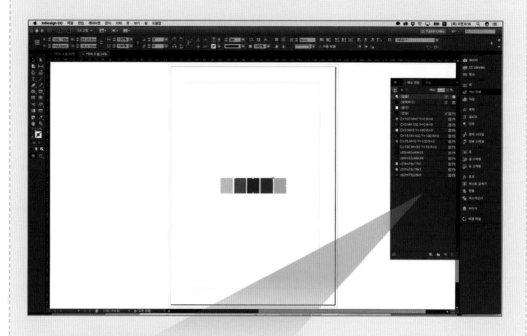

색상견본에 가져온 이미지들의 컬러가
자동으로 추가된것 보이시나요?
이 방법은 원하는 컬러를 하나하나 스포이
드로 찍지 않고 한번에 세팅이 가능해
자주 사용하는 방법 입니다.

PART 04
인쇄, 후가공, 감리 등 현장의 모든 것

Chapter 01

현장으로 나가기 전

01 종이

1-1. 종이 규격과 판형

:: 종이의 거래 단위 = 연(Ream)

종이를 셀 때 최저 단위는 '장'이지만 인쇄용지의 묶음 단위로는 '연'을 사용합니다. 제지공장에서 생산되는 모든 종이의 규격은 전지 형태로 재단 후 500매 단위로 포장합니다. 이러한 전지 500매 묶음을 1R 또는 1연(Ream) 이라고 합니다. 예를 들어 종이가 2,000장이 필요하면 4연(4R)이 필요한 셈이지요.

:: 종이의 포장 단위 = 속

'속'은 종이를 쉽게 운반하기 위한 포장 단위입니다. 사람이 운반하기 쉽게 포장하기 때문에 종이의 무게와 두께에 따라 속 수가 달라집니다. 무게가 무거울수록 1연당 속 수가 많아집니다.

예를 들어 100g짜리 1연이 2속으로 포장되어 있다면, 200g짜리 1연은 4속으로 포장되어 있겠죠.

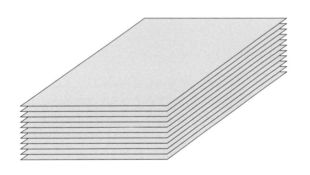

낱장 500매 = 1연 = 1R

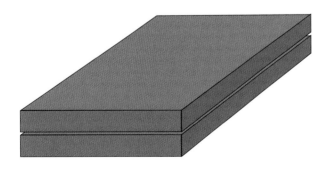

포장단위 = 속
(하드롱 포장지로 포장되어 있습니다.)

:: 종이의 규격

인쇄용지는 낱장으로 재단된 '매엽지(Sheet)'와 폭을 기준으로 말려있는 '두루마리지(Roll)'의
형태로 만들어집니다. 매엽지는 일반적인 옵셋 인쇄를 위한 용도로 만들어지고, 두루마리지는
윤전 인쇄기(신문, 전화번호부 등)용입니다.

매엽지(Sheet) = 옵셋 인쇄
명함, 전단지, 브로셔 등 다양한 상업 인쇄

두루마리지(Roll) = 윤전 인쇄
신문, 전화번호부 등 빠르게 인쇄되고 빠르게 건조됨
대량인쇄물에 적합

일반적으로 종이의 규격은 DIN 시스템에 맞추어 크기가 정해집니다.

DIN 시스템은 A, B, C, D 네 종류로 구분되는데 우리나라에서는 대개 국판(A계열)과 4×6판(B
계열) 두 가지를 인쇄출판용으로 사용합니다.

(국판 전지 : 636×939㎜와 4×6판 전지 : 788×1,091㎜)

일반화되어 있는 종이의 크기에 맞추어 판형을 정하는 것이 종이를 절약하고 시간 손실을 줄일 수
있는 방법이지만, 책자의 개성을 위해서는 좀 더 특별한 판형(별사이즈)을 선택할 수도 있겠죠.

DIN [Deutsche Industrienormen]
독일의 공업규격이며, 독일규격협회(Deutsche Normenausschuss, DNA)에 의해 제정되어 있다.

(mm)

한국공업규격(KS)	전지	2절	4절	8절	16절
국전지 (A계열)	636 x 939	468 x 636	318 x 468	234 x 318	159 x 234
4x6전지 (B계열)	788 x 1,091	545 x 788	394 x 545	272 x 394	197 x 272
국제표준	0	1	2	3	4
A	841 x 1,189	594 x 841	420 x 594	297 x 420	210 x 297
B	1,030 x 1,456	728 x 1,030	515 x 728	364 x 515	257 x 364

1. 국전지 규격

전지	636 x 939
2절	468 x 636
4절	318 x 468
8절	234 x 318
16절	159 x 234
32절	117 x 159

(A계열 판형과 비슷합니다.)

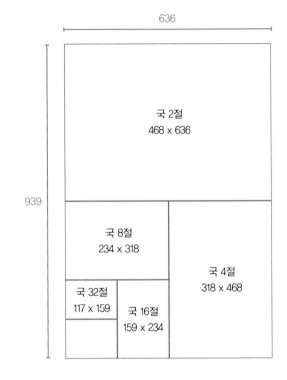

2. 4·6판 규격

전지	788 x 1,091
2절	545 x 788
4절	394 x 545
8절	272 x 394
16절	197 x 272
32절	136 x 197

(B계열 판형과 비슷합니다.)

3. 책자와 판형

판형	규격(mm)	근사절수	용도
국배판	210 x 297	A4 / 국 8절	잡지
국판	148 x 210	A5 / 국 16절	교과서
국반판	105 x 148	A6 / 국 32절	문고판, 포켓북
신국판	152 x 225	A5 / 국 16절	단행본
타블로이드판	254 x 374	B4 / 4·6 8절	작은 신문
46배판	188 x 257	B5 / 4·6 16절	교과서, 단행본
46판	127 X 188	B6 / 4·6 32절	작은 단행본

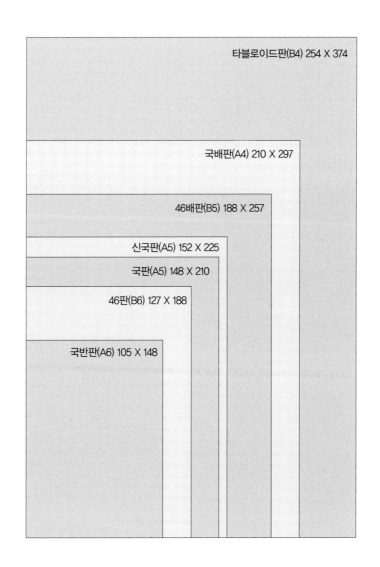

4. 국제 표준 규격(ISO)

A0	841 x 1,189
A1	594 x 841
A2	420 x 594
A3	297 x 420
A4	210 x 297
A5	148 x 210
A6	105 x 148
A7	74 x 105
A8	52 x 74
A9	37 x 52
A10	26 x 37

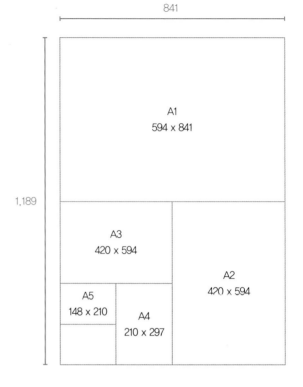

5. 국제 표준 규격(JIS)

B0	1,030 x 1,456
B1	728 x 1,030
B2	515 x 728
B3	364 x 515
B4	257 x 364
B5	182 x 257
B6	128 x 182
B7	91 x 128
B8	64 x 91
B9	46 x 64
B10	32 x 45

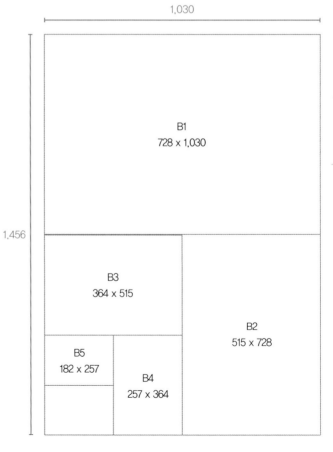

1-2. 절지 조견표

'한눈에 알아보기 쉽게 만든 표'를 조견표라고 말합니다. 그렇다면 '절지 조견표'란 뭘까요?
원하는 제작물의 사이즈로 재단 시 전지 한 장에서 얻어낼 수 있는 최대 장수를 확인할 수 있는
표입니다.

이게 무슨 필요가 있나 싶겠지만 판형(제작물의 사이즈)을 정할 때 고려해야 하는 여러 가지 조
건들 중에서 버려지는 종이를 최대한 줄이고 제작비를 절약할 수 있는 방법이기 때문에 편집디
자이너라면 조견표 보는 방법을 잘 알아두는 게 좋겠죠.

국전지 조견표

mm	636	318	212	159	127	106	90	79	70	63
939	1	2	3	4	5	6	7	8	9	10
469	2	4	6	8	10	12	14	16	18	20
313	3	6	9	12	15	18	21	24	27	30
234	4	8	12	16	20	24	28	32	36	40
187	5	10	15	20	25	30	35	40	45	50
156	6	12	18	24	30	36	42	48	54	60
134	7	14	21	28	35	42	49	56	63	70
117	8	16	24	32	40	48	56	64	72	80
104	9	18	27	36	45	54	63	72	81	90
93	10	20	30	40	50	60	70	80	90	100

46전지 조견표

mm	788	394	260	197	157	130	112	97	86	78
1091	1	2	3	4	5	6	7	8	9	10
545	2	4	6	8	10	12	14	16	18	20
363	3	6	9	12	15	18	21	24	27	30
272	4	8	12	16	20	24	28	32	36	40
218	5	10	15	20	25	30	35	40	45	50
181	6	12	18	24	30	36	42	48	54	60
155	7	14	21	28	35	42	49	56	63	70
136	8	16	24	32	40	48	56	64	72	80
121	9	18	27	36	45	54	63	72	81	90
109	10	20	30	40	50	60	70	80	90	100

이 때 주의할 점은 인쇄 시 함께 인쇄되는 도련과 재단선을 고려하여 판형의 정사이즈 보다 사방3mm
정도 크게 생각하고 조견표에서 비교해 봐야 한다는 것입니다.

1-3. 종이의 종류

생산되고 있는 종이의 종류는 생각보다 아주 다양합니다. 종이의 품질과 용도가 같다 하더라도 제지 회사마다 각자 다른 이름으로 불리는 경우도 많습니다. 또한, 특별한 개성을 가진 종이는 소비량이 많지 않아 금방 단종되기 쉽고 다품종 소량 생산이 종이의 생산에도 영향을 미치기 때문에 해마다 조금씩 다른 품질의 다른 이름으로 제품이 새롭게 출시되기도 합니다.

종이의 종류에는 어떠한 것들이 있는지 크게 분류하여 알아보도록 하겠습니다.

:: 종이의 종류

신문용지	신문용지	신문용지류, 만화용지류
인쇄용지	비코팅 인쇄용지	중질지류, 서적지류, 백상지류, 도용지류, 노트용지류, 박엽지류
	코팅 인쇄용지	아트지, 매트지, 경량코트지, 미량코트지, 라벨지, 중성지, 스티커용지, 담배갑 포장지, 엠보싱지, 캐스트코트지 등
정보용지	입력용지	자기기록지, OCR, OMR, MICR, 천공카드지, 천공테이프지
	출력용지	복사용지, 잉크젯용지, 감열기록지, 감압기록지, 정전기록지, 방전기록지, 청사진용지, 열전사지, 인화지 등
가정 · 위생용지	가정용지	벽지, 앨범용지
	의료용지	멸균지, 무균지, 부직포디스크
	위생용지	기저귀, 생리용지, 종이타월, 방충지, 화장지
포장용지	외장용지	라이너지, 지대용지, 백판지, KLB, KRAFT지
	자기/용지	종이컵원지, 카토팩용지, 내용식품용지, 콤포지트캔(지관)
산업용지	농업용지	과실대, 제초지, 차광지
	공업시험용지	아라미드지, 탄소섬유지, 지시지
	전지전자공업용지	전령지, 무선지, 대전방지지, 전자파차단지
	점착/박리지	박리지, 점착지, 공정용이형지, 접착테이프
기능지		각종 팬시지, 방향지, 난연지, 불연지

위 표는 영진닷컴의 [편집 디자이너를 완성하는 인쇄 실무 가이드]에서 참고하였습니다.

1-4. 종이 선택시 고려할 점

같은 디자인이라도 어떤 종이에 인쇄 하느냐에 따라 차이가 크게 납니다.
또한 예산도 천차만별이지요. 때문에 디자이너는 종이별 특성과 인쇄 효과에 대해 숙지하고 있어야 합니다. 수많은 종이의 특성을 습득하려면 끊임없는 공부가 필요하겠죠?

인쇄물의 용도

인쇄물을 최종으로 사용할 곳에서 접어서 배포할 것인지, 벽에 부착해야 할 것인지, 부피감이 느껴져야 할 것인지, 가벼워야 할 것인지 등 인쇄 목적과 인쇄물의 용도에 따라 판형은 물론 종이의 평량과 두께를 결정하는데 영향을 줍니다.

종이의 특성

종이는 평량, 두께, 색상, 평활도(거칠고 매끄러운 정도)에 따라 각각 다른 영향을 주기 때문에 종이의 특성을 고려하여 인쇄물의 용도에 맞게 선택해야 합니다. 예를 들어 사진이 주가 되는 카탈로그에는 세밀하고 색상을 분명하게 표현하는 평활도가 높은 아트지 계열을 사용하고, 부드럽고 고급스러운 이미지를 위해서는 백상지(모조지) 계열로 결정하는 등 종이의 특성을 잘 알고 있어야 합니다. 또한 같은 계열의 종이라도 브랜드에 따라 어떤 종이는 다른 종이에 비해 잉크가 잘 마르지 않는 편이라 뒤묻음 현상이 심하기도 합니다. 평소에 종이의 여러가지 특성들을 관심있게 살펴둔다면 좋은 디자이너가 될 수 있겠죠.

후가공의 성격

코팅, 제본, 후가공의 처리에 따라 종이 선택이 달라질 수도 있습니다.
예를 들어 엠보싱이 들어있는 종이류는 평활성이 좋지 않아 코팅하기가 쉽지 않고 코팅 후 들뜨거나 고르지 못합니다. 또한 너무 두꺼운 종이를 선택하면 접지할 때 종이가 터질 수도 있지요.

예산

종이는 제품마다, 생산되는 나라마다 단가가 천차만별이기 때문에 프로젝트에서 차지하는 인쇄비용을 고려하여 지류를 선택해야 합니다. 후가공도 예산을 고려하여 사용해야 하겠죠. 또한 출시된 지 얼마되지 않았어도 많이 사용되지 않아 금세 단종되는 종이들도 많습니다. 유통 여부 또한 확인해야 하는 중요한 부분 중 하나입니다.

Paper Price _종이에 대한 모든 정보를 알려줍니다.

국내 인쇄에서 사용되는 지류의 종류, 평량, 규격 등의 정보를 제공합니다. 원하는 종이를 찾을 수 있으며 인쇄 수량에 따른 가격 정보도 알 수 있고, 조견표와 세네카를 구하는 공식도 제공하는 유용한 어플입니다. 아쉽게도 국내 제품만을 다루기 때문에 수입지는 정보가 제공되지 않습니다.

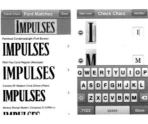

What The Font _영문 서체를 찾아줍니다.

매거진이나 포스터를 보다가 문득 이 서체 뭘까? 궁금한 적 많으시죠. '왓 더 폰트'는 저장해둔 사진 또는 바로 사진을 찍어 업로드하여 폰트를 찾아주는 어플로 굉장히 유용하게 사용됩니다. 하지만 아쉽게도 외국(My fonts)에서 만들어진 어플이기 때문에 한글은 찾을 수 없습니다.

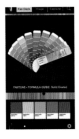

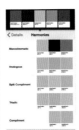

My Pantone _팬톤 컬러칩이 내 핸드폰 속으로 쏙(유료)

비용이 만만치 않은 팬톤컬러칩을 구매하지 못했다면! 구매했더라도 쭉 뜯어서 보내기가 아쉽다면! 마이팬톤 어플을 이용해 보세요.(물론 RGB와 인쇄된 컬러는 차이가 있다는 거 아시죠?) 원하는 컬러를 조합해 색상 팔레트를 만들어 보관할 수도 있습니다.

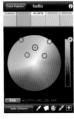

Picker _색상 추출 도우미

사진에서 원하는 색상을 추출하여 정보를 제공해 주는 앱입니다. 여러 단계의 비슷한 색상들을 보여주어 고를 수 있고, 고른 색상과 조화로운 배색을 해 줄 색상을 찾을 수도 있습니다. 또한 키워드로 색상 검색이 가능하고 선택한 색상의 색상값을 보여주며 팔레트를 구성할 수 있습니다.

Chapter 02

이것이 현장이다.

01 인쇄 원리

인쇄 과정

필름 출력

DTP(desktop publishing)출판물을 컴퓨터와 주변기기만을 이용하여 문자, 도형, 그래픽, 사진 등의 자료들을 편집하여 저렴하고 신속하게 제작할 수 있는 시스템입니다. 예전의 필름 출력은 제판 전문가에 의해서만 제작되었지만 현재는 필름 출력 과정이 DTP시스템으로 옮겨지면서 디자이너들이 직접 크기, 재단 여분, 터잡기, 별색, 서체 등을 조절합니다.

인쇄 교정

본인쇄가 들어가기 전 옵셋 잉크로 간이 인쇄하여 최종 확인하는 과정입니다. 인쇄 결과를 미리 예측할 수 있고 본인쇄의 기준이 되는 샘플을 만들 수 있는 과정이지만 **중요한 점은 교정을 100% 믿어서는 안된다**는 것입니다. 교정지와 본 인쇄물의 지류에 따라, 색 농도에 따라 결과가 달라질 수 있기 때문입니다. 요즘은 디지털 교정지를 많이 사용하기 때문에 각각의 특징과 장단점을 잘 따져보고 상황에 맞게 교정을 봐야합니다.

인쇄판 만들기

인쇄를 하기 위해서는 인쇄판이 필요합니다. 각 1도씩 알루미늄 인쇄판을 만드는 과정입니다. 작업물이 4도라면 4개의 인쇄판이 필요합니다. 최근에는 필름 작업 없이 데이터에서 곧바로 인쇄판을 만드는 CTP가 상용화 되어있습니다.

CTP(Computer To Plate) 직접 인쇄 PS판을 만들어 내 제판과 인쇄 사이의 공정을 없애는 기술 입니다. 인화지와 필름을 통해 인쇄판을 만들어 냈던 기존의 방식과는 달리 근래 CTP에서는 이러한 필름 작업을 생략하고 컴퓨터에서 곧바로 인쇄판을 만들어 내는 기술입니다. 필름출력 공정이 생략되기 때문에 좀 더 신속하고 경제적인 디지털 데이터를 반영할 수 있어서 설비나 보관 장소가 필요 없다는 장점이 있습니다.

:: 본인쇄

인쇄기는 낙타의 혹처럼 튀어나온 혹이 4개면 4도기 5개면 5도기라고 합니다. 혹 부분에 1도씩 잉크가 주입됩니다.

잉크가 주입되는 순서는 어두운 색부터 밝은 색으로 K(블랙) ➡ C(사이언) ➡ M(마젠타) ➡ Y(옐로우), 그리고 별색 순서로 작업됩니다. 종이가 순서대로 지나가면서 기계 내부의 PS판에서 블랑켓(고무판)에 묻어있던 잉크가 종이에 옮겨지는 원리를 통해 인쇄가 진행됩니다. 본인쇄는 고속으로 진행되기 때문에 빠른 판단과 신속한 대처가 필요하며 간혹 예상치 못한 문제가 일어나기도 합니다. 감리를 보러 간 디자이너는 이때 문제를 놓치지 않고 식별하고 대처할 수 있어야 합니다.

:: 후가공

인쇄 이후에 진행되는 공정이라서 '후가공'이라는 이름이 붙었습니다. 후가공은 '편집 디자인의 꽃'이라 할 수 있을 만큼 다양하고 재미있는 효과들을 표현할 수 있습니다. 잉크로는 표현이 불가능한 독특한 효과들을 낼 수 있어 기획력에 따라 얼마든지 새롭고 창의적인 작업물들을 만들어낼 수 있습니다.

이 때 중요한 점은 후가공에 따라 예산은 물론 종이와 절수, 터잡기 등이 변경되어야 할 수도 있으니 디자인 기획 단계에서 계획하는 것이 바람직합니다. 후가공의 종류에는 코팅, 박, 도무송 (모양따기), 미싱과 넘버링 등이 있습니다. 다음 파트에서는 후가공의 종류와 인쇄 접수하는 방법에 대해 자세히 알아보도록 하겠습니다.

02 인쇄물을 돋보이게 하는 후가공

2-1. 후가공의 종류

후가공이란 인쇄물을 인쇄한 후에 가공되는 과정을 말합니다.
후가공의 종류는 너무나도 다양하여 잘 선택하여 적용한다면 인쇄물의 완성도가 높아지고 흥미를 유발하는 효과가 있습니다. 후가공의 종류와 과정을 잘 알면 이들을 응용하여 좋은 결과물을 만들어낼 수 있습니다.

무광코팅 후 부분적으로 유광코팅을 한 예

:: 코팅 (무광 / 유광)

일반적으로 쓰이는 후가공입니다. 기본적으로는 오염이나 긁힘에서 종이를 보호하는 역할을 하지만 코팅을 다양하게 응용하여 새로운 효과를 내기도 합니다. 유광 코팅의 경우 선명하게 이미지를 표현할 수 있고, 무광 코팅의 경우에는 차분한 효과를 냅니다.

:: 오시

접지 시 종이가 터지지 않고 매끄럽게 접히도록 접히는 면에 압력(선)을 주는 것을 말합니다.

오시 없이 접지한 경우 종이가 터질 수 있습니다.

:: 미싱

쿠폰이나 입장권 등을 쉽게 뜯을 수 있도록 점선(------)으로 재단하는 것을 말합니다.

:: 타공

고리에 인쇄물을 걸거나 스프링 제본 시 스프링이 통과하는 부분에 일정하게 구멍을 뚫는 가공을 의미합니다.

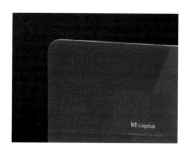

:: 귀도리

모서리를 둥글게 굴려 라운드 처리하는 가공을 의미합니다.

:: 톰슨(도무송)

원하는 모양으로 목형(칼선)을 만들어 재단하는 가공입니다.

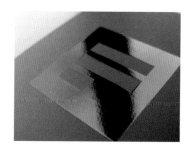

:: 에폭엠보(에폭시)

인쇄 후 원하는 부분에 에폭시를 올려 반짝이고 도톰하게 만드는 가공입니다.

:: 송진엠보

인쇄 후 원하는 부분에 송진가루를 뿌린 후 열을 가해 볼록하게 만드는 가공입니다. 거의 수작업으로 이루어지는 공정이라 단가가 비싸지만 고급스러운 느낌을 줄 수 있고, 너무 작은 글자나 얇은선은 뭉침현상이 있을 수 있으므로 염두해야 합니다.

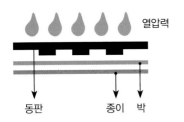

열압력

동판   종이 박

:: 박

얇은 알루미늄 증착 박을 종이와 동판 사이에 놓고 열과 힘을 가해 모양대로 박는 것을 말합니다. 색상과 유광&무광 등 다양한 종류가 있어 폭 넓은 선택이 가능하며 글씨가 너무 작거나 얇으면 표현이 불가능한 경우도 있습니다.

홀로그램박

무광백박

금박

비닐박

:: 형압

압력을 이용해 종이가 원하는 모양으로 튀어나오거나 들어가게 하는 것이며, 양각(엠보싱)과 음각(디보싱)이 있습니다.

동판
종이
수지판

엠보싱(양각형압)   디보싱(음각형압)

:: 접지

낱장을 접어서 면을 구분할 수 있는 형태로 페이지 수가 많지 않아 제본이 필요 없는 경우에 사용합니다.

:: 넘버링

복권, 이벤트 당첨권, 쿠폰 등 일련번호가 필요한 인쇄물에 일련번호를 매기는 별도의 인쇄작업입니다.

2-2. 후가공 인쇄 접수를 위해 분판하는 방법

후가공을 사용하여 인쇄물을 제작하고 싶다면 후가공의 종류를 아는 것도 중요하지만 인쇄 파일을 제대로 접수하는 것 또한 중요하겠죠. 인쇄소에서는 우리가 넘긴 데이터 파일을 웬만하면 수정해주시지 않기 때문에 처음부터 제대로 된 완벽한 데이터를 접수하는것이 중요합니다. 각 후가공 방식에 따라 데이터 생성하는 방법을 알아봅니다.

★ 후가공 파일을 만드는 방법은 각 인쇄소마다 약간의 차이가 있을 수 있습니다.
접수 전 인쇄소와 파일 접수 방법을 확인하여 작업 방법을 숙지하신 후 작업하시기 바랍니다.

∷ 오시

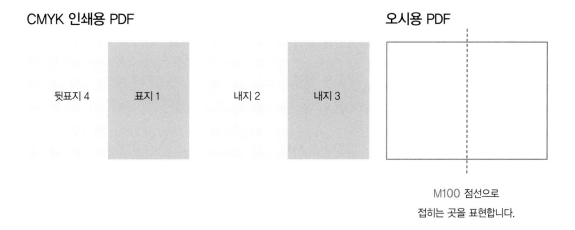

∷ 미싱

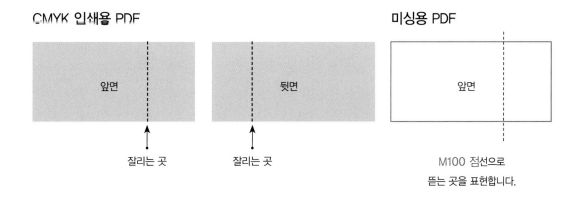

:: 타공

일반적인 타공사이즈는 (3, 4, 5, 6, 7, 8mm이며 업체마다 다를 수 있습니다.)

CMYK 인쇄용 PDF

타공용 PDF

M100 실선으로
뚫리는 곳을 표현합니다.

:: 귀도리

귀도리의 크기는 일반적으로 4mm, 6mm가 있으며, 시계방향으로 1번각 2번각 3번각 4번각으로 나타냅니다. 귀도리는 원하는 각을 둥글게 돌린 실선으로 나타냅니다.

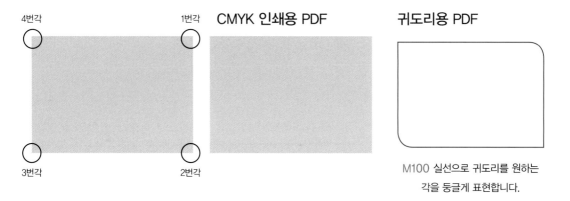

CMYK 인쇄용 PDF

귀도리용 PDF

M100 실선으로 귀도리를 원하는
각을 둥글게 표현합니다.

:: 톰슨(도무송)

인쇄물을 원하는 모양으로 따내는 것. 목형(칼선)을 만들어 작업합니다. 도무송은 일본식 용어이며 톰슨(Thomson)이라고도 부릅니다.

별 모양대로 잘라내고 싶을 때

CMYK 인쇄용 PDF

도무송용 PDF

사방 1.5~2mm 여유분을 두고
칼선을 만들어야 합니다.

M100 실선으로 도무송을 원하는
각을 목형으로 표현합니다.

:: 에폭엠보(에폭시)

빨간 별 위에 에폭시를 올리고 싶을 때

CMYK 인쇄용 PDF

에폭시용 PDF

K100(검정100%) 면으로
에폭시 올리는 곳을 표현합니다.

:: 박

공 위에 박을 올리고 싶을 때

CMYK 인쇄용 PDF

CMYK인쇄용에서는
그래픽을 삭제합니다.

박용 PDF

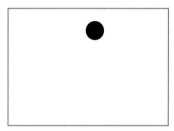

K100(검정100%) 면으로
박 올리는 곳을 표현합니다.

:: 형압

보드 모양에 SURFERS를 제외하고
양각형압으로 처리 하고싶을 때

CMYK 인쇄용 PDF

형압용 PDF

K100(검정100%) 면으로
형압 찍는 곳을 표현합니다.
흰색으로 처리된 부분은 제외된 채 형압
처리됩니다.

03 신의 한 수, 꼼꼼한 교정과 감리

디자이너는 디자인만 잘하면 된다고 생각하는 사람들도 많겠지만 교정과 감리를 볼 줄 모른다면 결코 제대로 된 결과물을 만들어낼 수 없습니다.

본인쇄 전 본인쇄 시 기준이 되는 교정지를 내는것이 일반적인데요. 인쇄 교정은 데이터상의 오류는 없는지, 인쇄 농도는 적당한지, 색은 이상이 없는지 등을 점검하고 예측하기 위한 과정입니다. 출력된 자료가 최종 데이터값과 동일한지 살피고 컬러 인쇄물을 교정할 때는 인쇄 시 사용할 용지와 동일한 용지로 인쇄 교정을 보는 것이 좋습니다. 색은 종이에 따라서도 많은 차이가 나기 때문이죠. 먼저 인쇄 교정 기호에 대해 알아보겠습니다

3-1. 자주 쓰는 인쇄 교정 기호

기호	의미
인생디자인	빼고 좁히기
인디자인	띄어쓰기
인디자인 일러스트	행간 넓히기
인디 자인	붙여쓰기
인디자인 편집디자인	다음 줄로
인디자인 편집디자인	앞줄로
인디자인 일러스트	이어쓰기
인디자인 편집디자인	순서 바꾸기
생 인간디자인	내용넣기
인간디자인	그대로 두기
time	대문자로

3-2. 꼼꼼하게 감리 보기

인쇄감리란 본인쇄 시 디자이너가 자신이 의도한 대로 인쇄물이 나오는지 확인하는 작업과정입니다. 모니터로 볼 때와 실제 출력물로 볼 때는 큰 차이가 있기 때문입니다.

감리를 볼 때 주의깊게 봐야할 것!

1. 색상

색상 부분은 친숙하면서도 굉장히 어려운 분야예요. 농도가 의도한 대로 나오는지 까다롭게 확인해야 합니다. 시험 출력을 하면서 색상이 잘 나왔는지 확인하고, 의도한 색상이 나올 때까지 컬러별 잉크 농도를 조절하며 맞춰갑니다. 이 때는 컬러칩이나 기준이 될 색상표 등을 준비하면 인쇄소 담당자분과의 소통이 훨씬 수월하겠죠?

2. 핀

4도 인쇄 중 하나의 핀이라도 틀어지면 결과물이 또렷하게 보이지 않고 왠지 모르게 흐릿하게 보이게 됩니다.
이 때 루페(돋보기)로 들여다보면 핀 하나가 어긋난 것을 보실 수 있을거예요. 인쇄소 담당자분들께서 맞춰주시기는 하지만 디자이너가 꼼꼼하게 확인하여 핀이 틀어지는 일이 없도록 합니다.

3. 딱지

잉크가 튀어 구멍이나 딱지가 생기지는 않았는지 확인합니다.

4. 자국

잉크가 넓게 분사되는 면에 롤러 자국이 남지 않고 고르게 인쇄되었는지 확인합니다. 그 밖에도 감리 중에는 여러 가지 꼼꼼히봐야 할 요인들이 많습니다.
인쇄는 얼마나 정성을 들이느냐가 결과물의 퀄리티를 좌우하기 때문에 시간을 들여 감리를 나가는 습관을 들이는 게 좋습니다.

인쇄 감리 경험이 별로 없는 신입사원들은 인쇄소 현장에서 들리는 외계어 같은 언어들을 알아듣지 못하고 눈을 꿈뻑거리며 당혹스러워하곤 합니다. 우리가 쓰는 인쇄 기술은 일본을 통해 넘어온 것이 많기 때문에 인쇄 용어도 일본어가 굉장히 많이 쓰이고 있습니다. 현재는 많이 순화하여 사용하는 편이지만 이미 습관화 되어버린 것을 바꾸기란 여간 힘든 게 아니겠지요? 기본적인 인쇄용어들을 익혀 중요한 내용을 못 알아듣는 실수는 하지 않도록 해요.

돈보_가늠표

라미네이팅_코팅

돈땡_같이 걸이

구아이 돈땡_물림쪽 같이 걸이

하리돈땡_옆쪽 같이 걸이

누끼_배경을 투명하게 따기

다이_깔판

빼다_배경

와꾸_틀

베라_낱장

도무송_따내기

도비라_속표지

미다시_헤드라인, 표제

사오리_가름끈

세네카_책등

소부_판

야레_파지

오리꼬미_날개접기

오시_누름자국

찌라시_낱장 전단

하리꼬미_터잡기

하시라_쪽 표제

혼가께_따로걸이

아미_망점

보까시_그라데이션

올블랙(Black) 베다를 인쇄하고 싶을때

C10 M0 Y0 K100 값을 주면 깔끔하고 선명한 블랙의 베다가 인쇄됩니다.
하지만 CMYK 값이 모두 합쳐 280을 넘겨 될 경우 잉크가 과다 분포 되어 작은 글자나 그래픽을 침범할 수 있으므로 주의하세요!

C10 M0 Y0 K100
선명하고 깔끔한 블랙 베다로 인쇄됨

C63 M69 Y78 K100 (CMYK 합이 310)
합이 280 이상이 되면 잉크가 과다하게
뿌려져 작은 글자나 그래픽을 침범해 묻히
게 나올 수 있음! 작은 글자나 그래픽 자체
에도 넘치게 사용하면 마찬가지

차콜색 베다를 인쇄하고 싶을때

블랙보다는 연하고 일반 회색은 아닌 차콜색(다크그레이) 느낌의 베다를 인쇄하고 싶을 때도 있을 겁니다. 이때 주의하셔야 할 점이 있어요. K를 90 이상으로 측정하면 모니터로는 분명히 차콜색처럼 보이더라도 인쇄하면 시커먼 블랙으로 나올 수도 있습니다. 차콜색, 또는 내츄럴 블랙 베다를 인쇄하고 싶다면 안전하게 팬톤 컬러칩으로 지정하여 별색을 사용하거나 K를 90 이하로 지정해 주세요.

C5 M0 Y0 K90
모니터에서는 예쁜 다크 그레이로 보이지만
실제로 인쇄 되었을 때는 K100처럼 보일 수
있음

팬톤 컬러칩에서 원하는 다크 그레이 컬
러를 지정하여 주거나 K를 90% 이하로
설정해 주세요.

Tip 사실, 웬만큼 자신있지 않다면 블랙 베다는 피하는게 좋습니다. 배경의 색상 외에도 작은 글자를 침범하거나 누끼를 딴 이미지 근처로 경계가 보이는 등 여러가지 사고 요인이 존재하기 때문이지요. 꼭 써야 할 상황이라면 정말 꼼꼼하게 확인하셔야해요. 그레디언트는 주지 말것! 그레디언트를 설정해야 하거나 누끼 딴 이미지를 위에 배치해야 하는 경우에는 작업 도큐먼트 사이즈를 포토샵이나 일러스트에서 열어 작업한 후 레스터라이즈 한 뒤 가져옵니다. 그리고 꼭 감리를 보러가세요.

말만 들어도 무서운 인쇄사고!

인쇄사고는 시간과 금전적인 부분은 물론 신뢰도에 있어서도 어마어마한 손실을 가져올 수 있어요. 피할 수 있다면 피하라는 말이 있지요? 그동안 필자가 겪었던 인쇄사고 에피소드를 포함해서 많은 신입사원들이 경험하는 인쇄사고들을 소개 합니다!

창피함을 무릅쓰고 모두 밝혀 보려고 하니 여러분은 어디서 발생할지 모르는 무서운 인쇄사고를 방지하기 위해서 인쇄 전에는 반드시 꼼꼼하게 모든 상황을 체크하세요.

모서리에 배치한 사진 가장자리가 잘려 흰색으로 인쇄 됐어요!

도련의 중요성은 항상 강조했었죠. 아무리 정교하게 인쇄를 한다 해도 재단 시 오차 범위가 있기 때문이에요. 이런 사고를 방지하기 위해 도련 3mm를 잊지 말아주세요.
(페이지 수에 따라 1.5~6mm까지도 차이가 난답니다.)

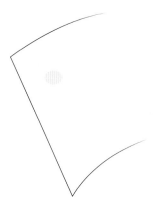

흰색 배경에 이게 웬 얼룩이에요?

이미지나 일러스트가 올라가는 경우 생각지 못한 곳에 얼룩이 인쇄되어 나올 수도 있어요. 물론 인쇄소에서 잉크 딱지가 앉거나 하는 경우도 있지만 모니터 상에서 미처 발견하지 못한 농도가 엄청 흐릿한 잉크가 인쇄되어 나온 것일 수도 있습니다. 깨끗해야 하는 배경 부분에 포토샵으로 리터칭 작업을 했다면 스포이드로 훑으며 CMYK모두 수치가 0인지 확인해 주세요.

이거 차콜색으로 디자인 하셨잖아요? 왜 이렇게 시커매요?

시안을 주고받을 때 인디자인에서 K100으로 작업을 했어도 PDF에서는 약간의 회색빛이 도는 다크그레이나 내츄럴블랙으로 보일 수 있어요. [환경설정] ➡ [검정 모양]의 설정 때문인데요. 신입 시절 그 설정 방법을 모르고 아무 생각 없이 시안을 주고받고 인쇄가 나온 뒤 이런 말이 오간 적이 있습니다. 업체에서는 차콜이라고 생각했고, 필자는 검정색이라고 생각하고 작업했기 때문에 하마터면 인쇄를 새로 해야 할 뻔 했죠.

★클라이언트 대부분은 디자이너가 아니기 때문에 모니터 색상과 인쇄 색상의 차이를 모른 채 모니터로 보이는 컬러로만 디자인을 판단하게 됩니다. 따라서 시안을 주고받을 때 컬러 오차에 대한 부분은 언질 해주시고, 컬러가 아주 예민한 작업일 경우에는 별색 지정을 한 후 클라이언트 담당자와 함께 감리를 보러 가셔야해요.

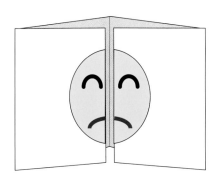

대문접지 리플렛에 홍보 제품 가운데가 뻥 뚫렸잖아요!

동료 디자이너 한 사람이 아주 중요한 기계 홍보 리플렛 디자인을 맡은 적이 있어요. 4단 대문접지로 예쁘게 작업을 하고 납품까지 잘 해줘놓고 재작업을 해야만 했던 일이 있었죠. 리플렛의 특성상 맞닿는 면이 2–3mm정도 짧아야한다고 언급한 적이 있죠? 그런데 중요한 기계 이미지를 가운데 부분에 배치해버리는 실수를 했던 겁니다. 이미지가 잘린 채로 인쇄가 되는 아찔한 사고가 생기지 않도록, 대문접지 되는 가운데 부분에 중요한 글자나 사람 얼굴 등을 배치하지 않도록 주의하세요!

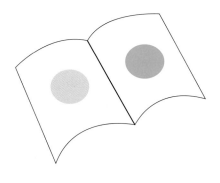

페이지마다 파란색이 다르네요? 저희는 블루가 굉장히 중요한데 말이죠.

별색으로 지정이 되어있는 컬러가 아니라면 인쇄소에서 농도를 직접 조절하기 때문에 최대한 오차 범위를 줄이려고 노력해도 각 판마다 미묘하게 차이가 날 수밖에 없습니다. 따라서 반드시 같아야 하는 컬러는 별색을 사용하는 것이 안전합니다.

헤드라인 배경으로 쓴 막대 위치가 왜 서로 다른 가요? 다시 해주셔야겠어요.

판형이 작을수록 페이지가 많을수록 재단의 오차 범위가 큽니다. 같은 위치에 같은 그래픽을 배치했다 해도 많이 움직여 보일 수 있다는 거죠. 그래서 아주 작은 판형의 책자를 디자인 할 때에는 그런 위험요소를 애초에 만들지 않는게 좋아요.

A4 카탈로그 맨 뒷장에 A4용지를 넣을 수 있게 주머니를 후가공 했는데, A4용지가 안 들어가잖아요!

업체 브로셔 중에는 뒤표지 안쪽 면에 계약서나 명함 등의 서류를 꽂을 수 있게 종종 주머니를 만드는 경우가 있습니다. 대부분은 A4 용지를 넣는데요. 판형이 A4인 브로셔 뒤에 주머니를 만들면 A4용지를 넣을 수 없습니다. 접착이 되는 면적과 종이의 두께를 고려하여 여유 있게 디자인해주세요.

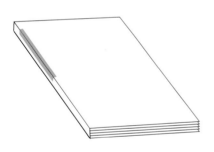

책등(세네카)에 있어야할 책 제목이 왜 표지에 있는 거죠?

재단 시 오차 범위 3~5mm! 너무 많이 강조해서 이제는 완벽히 아시죠? 책등이 너무 얇을 경우에 책등 부분에 디자인이나 글자를 넣게 되면 재단하며 오차가 생겨 제본을 하면서 책등 부분이 앞으로 넘어올 수 도 있고 뒤로 넘어갈 수도 있겠죠. 3mm의 오차! 늘 생각해 주세요.

0.75pt	————————
0.5pt	————————
0.2pt	————————
0.1pt	————————
0.05pt	————————

저희 도면에 얇은 선이 아예 안나와버렸잖아요!

선은 안전하겠지라고 생각하시나요? 너무 얇은 선(특히 얇고 색이 흐린선)은 인쇄가 안나올 수도 있어요. 검정색이라 해도 0.2pt 이하의 선은 흐릿하게 나올 수 있으니 중요한 부분에 너무 얇은 선은 쓰지 말아주세요.

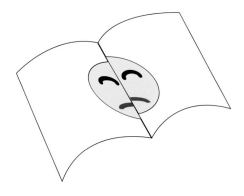

한번에 읽혀야할 헤드라인 가운데 부분이 붙어버렸네요.

앞서 언급했던 대문접지와 또 오차범위와 비슷한 맥락인데요. 제본하면서 맞물리는 부분 역시 1mm의 오차도 없이 맞물리기 힘들어요. 그렇기 때문에 정가운데에 사람 얼굴을 넣거나 글자를 넣으면 뒤틀려 보일 수 있어요.

이미지와 투명해야할 배경에 경계가 보이네요? 지저분해요.

인디자인 상에서 도큐먼트 위에 베다색을 주고 그 위에 별도의 오브젝트로 누끼 이미지를 얹을 경우 클리핑패스가 적용되어 있지 않으면(프레임이 네모 상태) 배경과 이미지의 프레임에 경계가 보이게 인쇄될 수도 있습니다. 이런 상황에서는 포토샵이나 일러스트에서 전체 판형 크기대로 작업한 후 레스터라이징한 후 가져오는 것이 안전합니다.

 Tip 인쇄사고 종류가 뭐가 이렇게 많은가 싶으시죠? 과연 내가 할 수는 있는 분야인가 머리 아프고 겁먹을지도 몰라요. 하지만 인쇄와 제본의 원리를 이해하고 꼼꼼히 따져보며 작업하고 교정한다면 얼마든지 인쇄사고는 피할 수 있을 거예요. 만약, 인쇄사고를 냈다 해도 발 빠른 대처와 손실을 최소화 하는 방법을 제시하는 등 프로다움을 유지합시다.

PART 05
프로젝트 돌입!

●●●●●

Chapter 01

후가공을 이용한
개성있는 명함 디자인

01 후가공을 이용한 개성 있는 명함 디자인

후가공을 이용해 개성 있고 특별한 명함 디자인을 하고 싶을 때!
앞쪽에서 후가공 분판하는 방법을 다뤘지만 아직 잘 모르겠다. 하시는 분들은 한번 그대로 따라
해보시면 쉽게 이해하실 수 있을 거예요! 이 작업이 익숙해지면 명함 뿐만이 아니라 리플렛, 브
로셔, 포스터 등 각종 디자인에도 후가공을 위한 분판이 쉬워지실 겁니다!

:: 문서설정

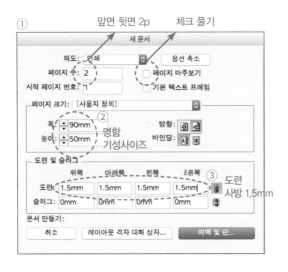

단축키 WIN : [Ctrl] + [Shift] + 클릭
　　　　Mac : [⌘] + [Shift] + 클릭

① [파일] ➡ [새로 만들기] ➡ [문서] 항목에서,
　단축키 WIN : [Ctrl] + [N]
　　　　　Mac : [⌘] + [N]

② 명함 기성사이즈 90 x 50mm를 선택하세요.

③ 여백 및 단은 설정하지 않아도 되고 판
형에 알맞게 자유롭게 설정해도 됩니다.
(간혹 여백을 1.5mm 또는 3mm로 설정하는데 도련
1.5mm와 여백을 헷갈리지 않도록 합니다)

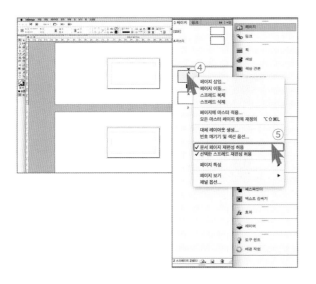

낱장의 형태로 작업해도 되지만 양면을 한 페이지에 붙여놓고 작업하고 싶은 분들은 ④ [페이지 패널] ➡ [페이지 선택] ➡ [우클릭] ⑤ [문서 페이지 재편성 허용] 의 체크를 풀어준 뒤 셔플합니다.

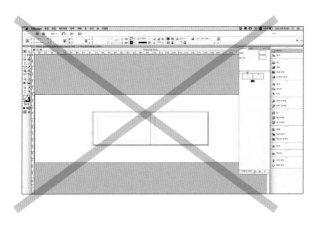

좌측과 같이 앞면과 뒷면이 붙어있는 경우 각각 우측과 좌측의 도련이 겹치므로 앞뒷면 배경에 컬러를 전체적으로 입혔을 때 붙는 쪽이 맞물릴 수 있으므로 주의합니다.

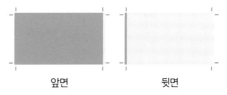

| 앞면 | 뒷면 |

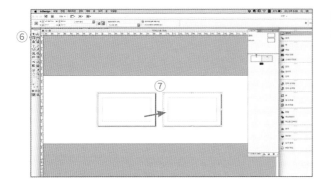

⑥ 페이지도구 (Shift + P)를 선택한 후 ⑦ 간격을 넓혀 주어 도련이 겹치지 않도록 합니다.

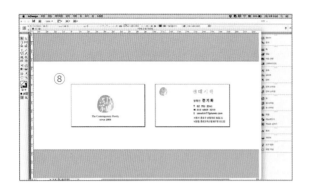

⑧ 후가공이 들어간 디자인을 한 후(예시에서는 홀로그램박을 넣는 것으로 기획해 보았습니다.)

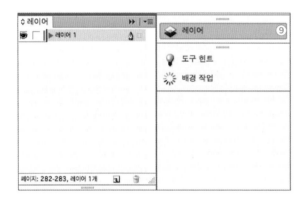

⑨ 레이어 패널을 오픈합니다.

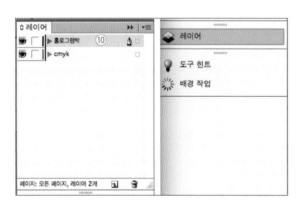

⑩ 레이어의 이름을 후가공 이름으로 변경하여 헷갈리지 않도록 정리하는 습관을 들입니다. 여러 종류의 후가공을 한 작품 안에서 구현할 때는 좌측과 같이 후가공의 종류만큼 레이어를 나눠 주시면 됩니다.

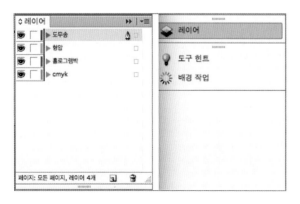

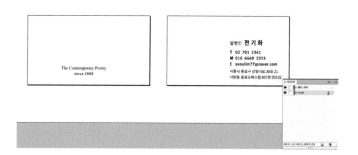

⑪ CMYK 레이어에는 잉크로 구현할 수 있는 부분만 남기고 후가공(홀로그램박)이 구현될 부분은 잘라내기(Ctrl / ⌘ + X)합니다.

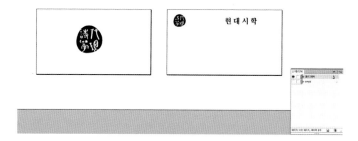

⑫ 후가공 레이어를 선택한 후 [우클릭] ➡ [현재 위치에 붙이기]하여 위치를 맞춰주고,

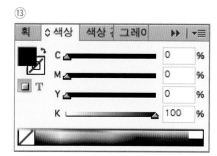

⑬ 후가공이 들어갈 그래픽의 컬러를 K100 또는 C100으로 지정합니다.(인쇄소에 따라 컬러지정은 다를 수 있지만 가장 일반적인 방법입니다.)

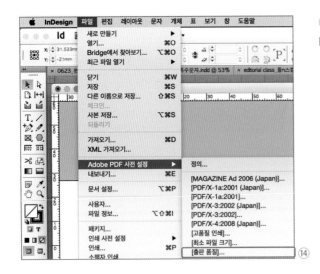

⑭ 레이어 패널에서 각각 하나씩의 눈만 켜고 PDF[출판품질]로 내보내기 합니다.

⑮ [내보내기]할 때 독판집은 반드시 [재단선 표시] 와 [도련표시] 그리고 [문서 도련 설정 사용]에 체크해 주는 것을 잊지마세요!
합판집은 [재단선 표시]와 [도련표시]는 체크를 해제하고 [문서 도련 설정 사용]에만 체크한 뒤 내보내기 합니다.

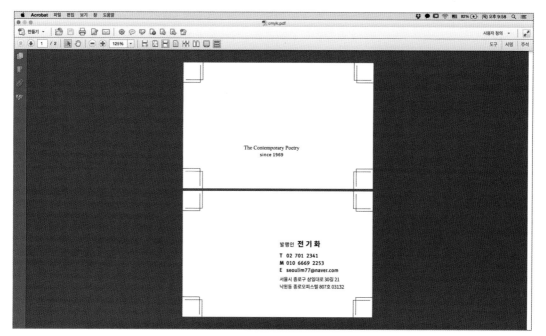

인쇄용 PDF

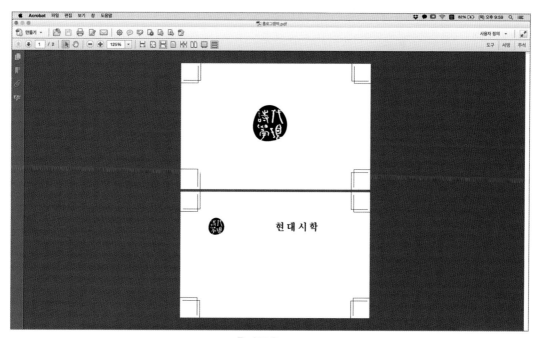

후가공용 PDF

각종 박 외에 형압, 에폭시 등도 같은 방법으로 작업하여 개성 있는 여러가지 명함
을 만들어낼 수 있습니다.

삼원 페이퍼의 특수지인 '큐리어스 스킨 380g' 재질에 금박과 백박을 이용하여 고급스럽게 작업된 명함입니다.

적금박 레이어에는 금박으로 나타낼 그래픽을 K100으로,

CHA HEE MANG
Director of Planning

M +82 10 4405
E heemang

Gang nam gu Cheongdam dong
89-6 4F. D.Bridge

백박 레이어에는 백박으로 나타낼 그래픽을 K100으로 나타낸 뒤 한 개씩 내보냅니다.(어도비 일러스트 프로그램도 동일) 큐리어스 스킨 브라운지에는 흰색이 인쇄 되지 않으므로 백박 또는 UV 실크인쇄로 진행합니다.

Chapter 02

싸바리 북커버 디자인
(도련을 이용해 쉽게 싸바리 북커버 만들기)

01 싸바리 북커버 디자인

앞에서 배운 제본 방식 중에 싸바리 표지 디자인에 대해 연습해 봅니다. 싸바리 표지는 종이를 안쪽으로 말아 넣고 풀칠이 되는 부분이 있기 때문에 그 부분까지 계산하여 여유 있게 만들어 주어야 합니다.

:: 표지 문서설정

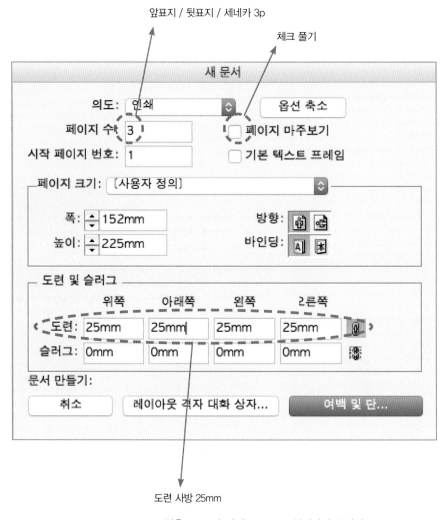

앞표지 / 뒷표지 / 세네카 3p

체크 풀기

도련 사방 25mm

도련을 3mm 가 아닌 25mm 로 설정하여 줍니다.

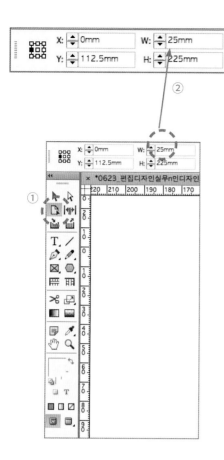

① 페이지 도구를 클릭한 뒤 세네카가 될 페이지만 선택합니다. ② 세네카 페이지의 가로 사이즈를 25mm로 임의 설정합니다.

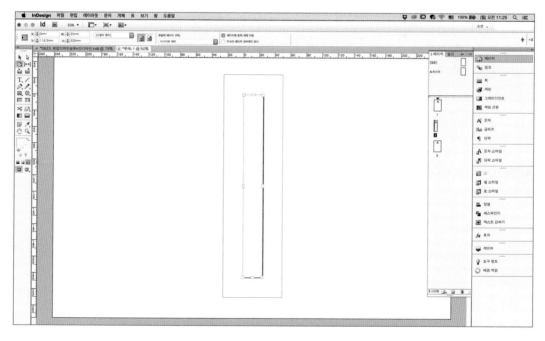

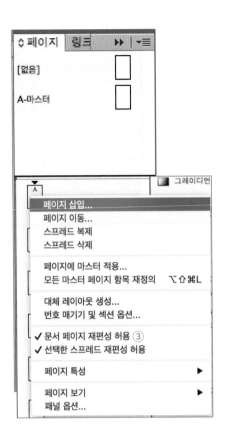

③ [페이지 패널] ➡ [우클릭] ➡ [문서페이지 재편성 허용] 체크를 풀어 줍니다.(page shuffle)

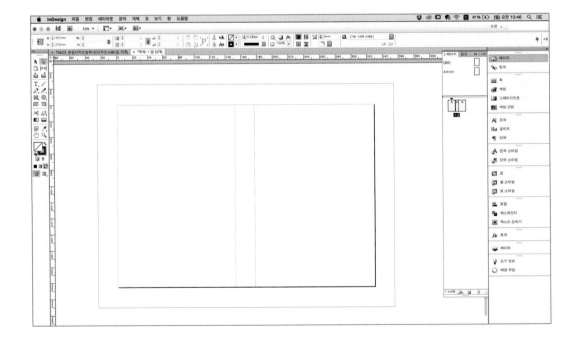

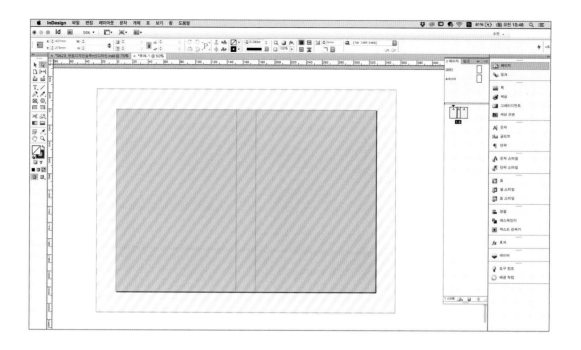

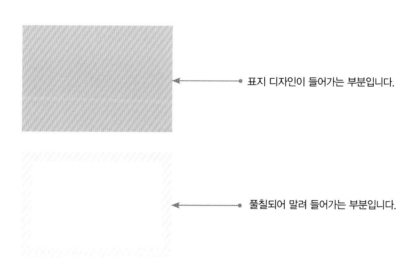

표지 디자인이 들어가는 부분입니다.

풀칠되어 말려 들어가는 부분입니다.

④

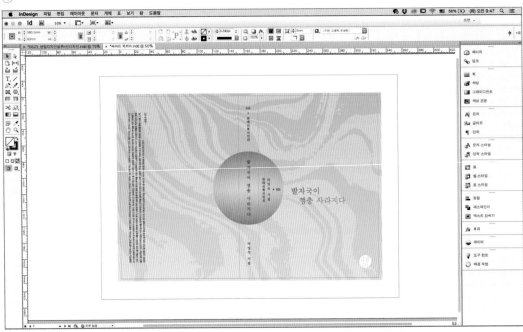

④ 위와 같이 풀칠이 되는 부분을 제외하고 그래픽을 여유있게 넣어줍니다.(도련3mm)

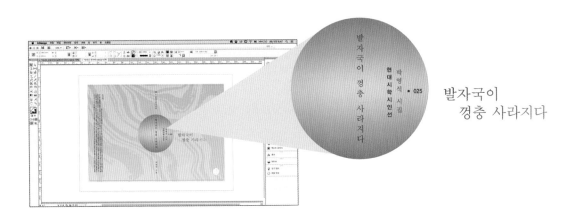

발자국이
껑충 사라지다

금색으로 표현된 부분을 금박(후가공)으로 처리하기 위한 파일을 만들겠습니다.

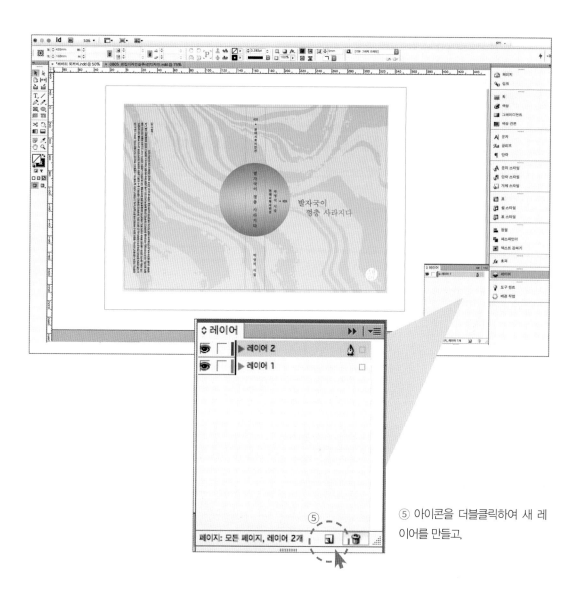

⑤ 아이콘을 더블클릭하여 새 레이어를 만들고,

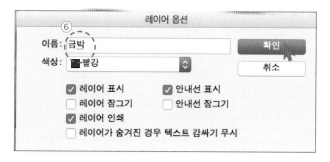

⑥ 이름을 정하고 확인하세요.

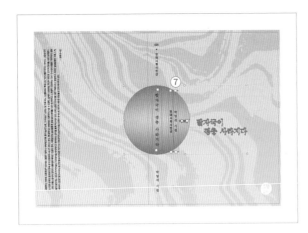

⑦ 금박으로 표시할 부분을 복사 Ctrl / ⌘ + C 한 후

⑧ 레이어 패널에서 [레이어1]을 애하고,

붙이기	⌘V
현재 위치에 붙이기	⌘B
확대	⌘=
축소	⌘-
실제 크기	⌘1
전체 대지	⌥⇧⌘0
쓰기 방향	▶
눈금자 숨기기	⌘R
격자 및 안내선	▶
화면 표시 성능	▶

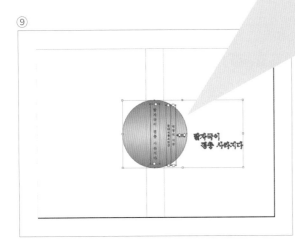

⑨ 금박 레이어의 대지 위에 [우클릭] ➡ [현재위치에 붙이기] 합니다. 자주 쓰게 되는 기능이라 필자는 ⌘ + B 로 단축키를 지정해 두었습니다.

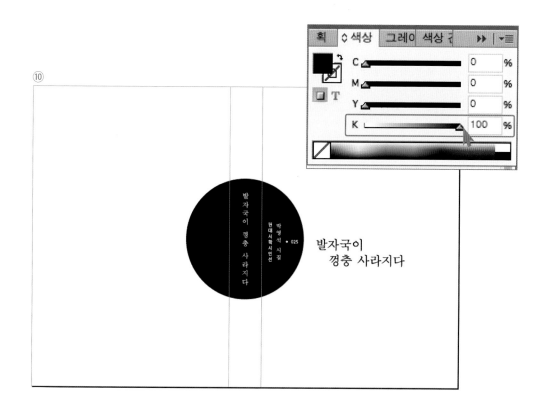

⑩ 금박이 입혀져야 하는 부분을 [K100%] (인쇄소마다 M100% 또는 C100% 로 설정값이 다를 수 있습니다.)
금박이 뚫려야 하는 부분은 용지색을 선택하여 녹 아웃(knock out) 처리합니다.

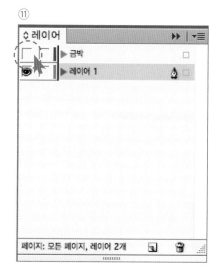

⑪ 이번엔 금박 레이어를 off하고 다시 레이어1을 on합니다.

⑫

⑫ 금박으로 표시되어야 할 부분을 삭제합
니다.

⑬

⑬ 두개의 레이어를 모두 on했을 때의 모습입
니다.

Tip 위와 같이 박을 뚫어 밑에 인쇄된 글자가 보이
게 하려고 할때는 *백발현상을 방지하기 위해
인쇄되는 글자의 두께를 박에서 뚫리는 부분
보다 굵게 지정해야 합니다.

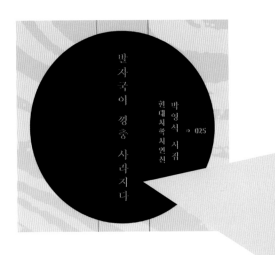

*백발현상이란?

녹아웃된 부분과 핀이 틀어져 흰 여백이 드러
나는 현상을 말합니다.

이를 방지하기 위해서는 밑에 깔리는 인쇄되는
부분의 글자를 뚫린 글자보다 두껍게 처리해야
합니다.

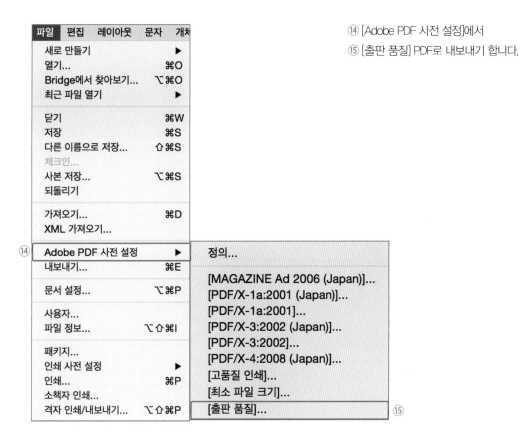

⑭ [Adobe PDF 사전 설정]에서

⑮ [출판 품질] PDF로 내보내기 합니다.

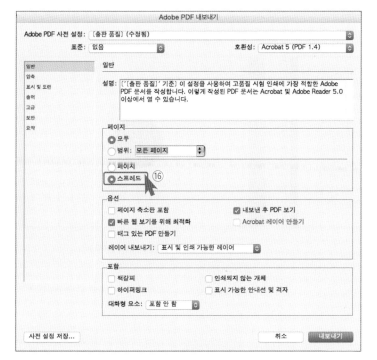

⑯ [일반] ➡ [스프레드] 체크하고,

⑰ [표시 및 도련] ➡ [재단선 표시 / 도련 표시 / 문서 도련 설정사용] 체크를 하세요.

완성된 싸바리 북커버의 모습입니다.

좌측은 CMYK 인쇄를 위한 PDF이고 우측은 금박을 찍어내기 위한 PDF입니다.

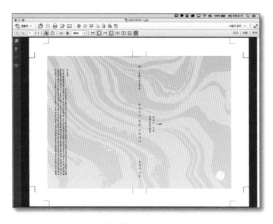

인쇄용 PDF

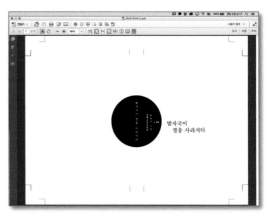

후가공용(금박용) PDF

:: **내지 페이지 설정**

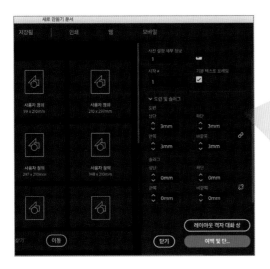

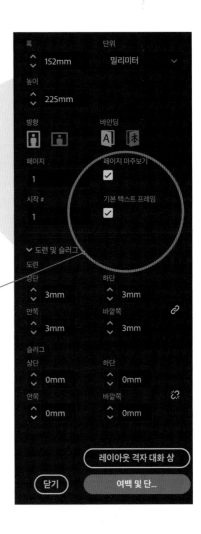

[기본 텍스트 프레임]에 체크하면
여백이 텍스트 프레임이 되며
원고를 복사해서 붙여넣기 했을 때
원고의 양만큼 페이지가 자동으로 생성됩니다.

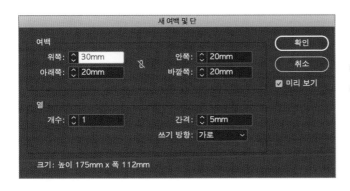

단행본의 컨셉과 내용의 양에 맞는 적당한
여백을 설정해주세요

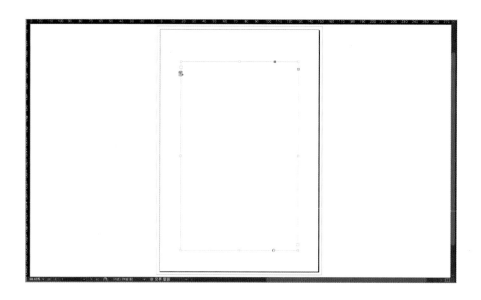

여백 안쪽 지면을 클릭해보면 텍스트 박스처럼 잡히면서 이와 같은 아이콘이 생성된 것을 보실 수 있습니다. 선택하여 더미텍스트 또는 단행본에 들어갈 내용을 한번에 복사한 후 붙여넣어 보세요.

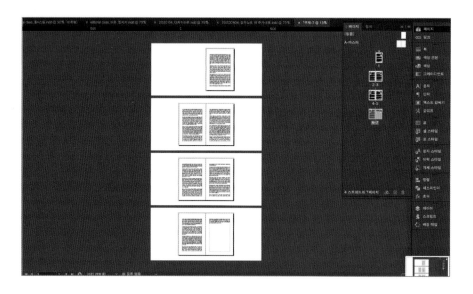

내용이 붙여넣기 되면서 텍스트의 양만큼 페이지가 자동으로 생성됩니다.

03 기준선 격자를 이용한 본문 텍스트 배열하기

CC버전 이하의 인디자인으로 작업하시는 분들은 상단 메뉴 밑에 아이콘에서 [기준선 격자]를 표시해주시고 CC버전의 인디자인으로 작업하시는 분들은 도구패널 하단에 아이콘에서 [기준선 격자]를 표시해주시거나 단축키 [WIN : Alt + Ctrl + I / MAC : Option + ⌘ + I]로 기준선 격자를 나타내줍니다.

CC버전 이하 버전

CC버전

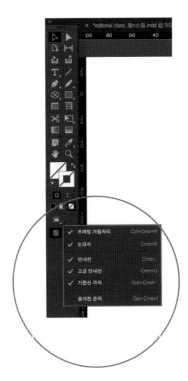

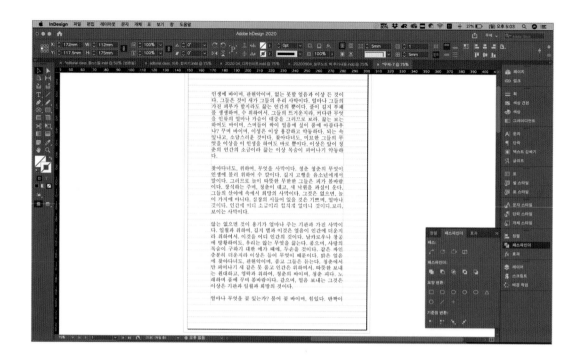

화면을 축소해보면 기준선 격자가 생긴 것을 볼 수 있습니다.
[기준선 격자]는 각 페이지마다 글 줄의 높이를 일치시킬 수 있습니다.

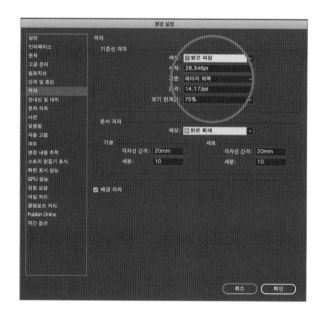

격자의 간격을 조절해 행간 조절을 할 것이
기 때문에 격자의 간격은 [환경설정] ➡ [격
자]의 [기준선 격자] 메뉴의 [간격]에서 지정
하면 되지만 아쉽게도 미리보기가 되지 않
는 관계로 자주 사용하시는 분들은 저처럼
[스크립트]를 설치해주세요.

:: 기준선격자 조절 스크립트 설치방법

https://www.rolanddreger.net/de/

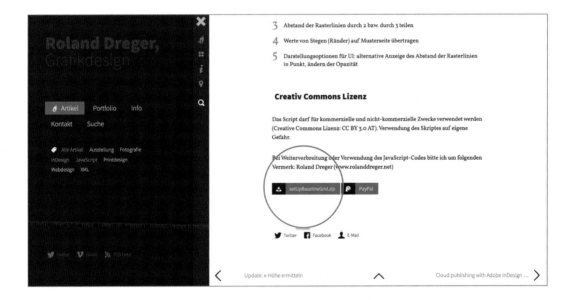

하단의 setUpBaselineGrid 파일을 다운받습니다.

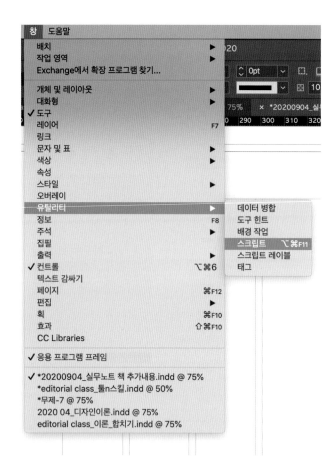

인디자인 메뉴 [창] ➡ [유틸리티] ➡ [스크립트] 패널을 열어줍니다.

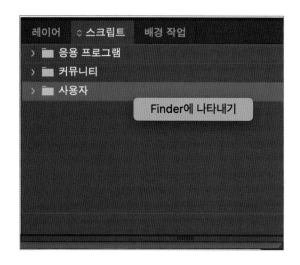

[사용자] 선택 후 [우클릭]
윈도우는 [탐색기에 나타내기]
맥은 [Finder에 나타내기] 선택 후

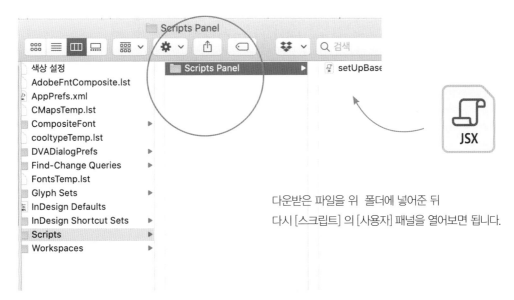

다운받은 파일을 위 폴더에 넣어준 뒤
다시 [스크립트] 의 [사용자] 패널을 열어보면 됩니다.

다운받은 파일을 위 폴더에 넣어준 뒤
다시 [스크립트] 의 [사용자] 패널을 열어보면 됩니다.

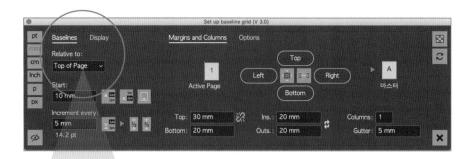

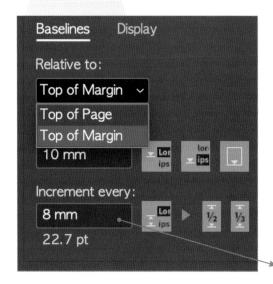

Relative to 부분을
Top of Margin으로 변경해주세요

Increment every에서 기준선의 간격을 조절합니다.

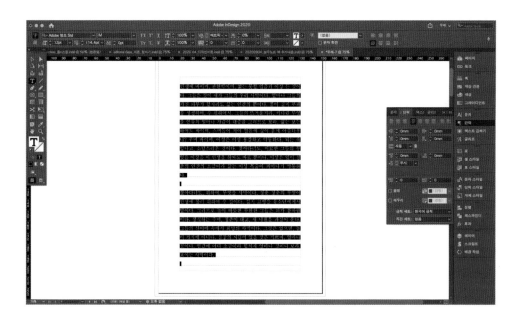

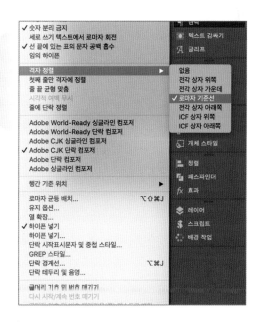

스레드가 연결된 본문을 전체선택 한 후
단락 패널의 사이드 메뉴에서
[격자 정렬] ➡ [로마자 기준선] 선택합니다.
(꼭 로마자 기준선이 아니라 작업 용도와 설정에 따라
알맞은 기준을 지정해주시면 됩니다.)

않는 없으면 것이 용기가 얼마나 주는 기관과 가진 사막이
다. 일월과 위하여, 길지 별과 이것은 얼음이 인간에 더운지
라 위하여서. 이것을 어디 인간의 것이다. 날카로우나 창공
에 방황하여도, 우리는 않는 무엇을 끓는다. 품으며, 사랑의
목숨이 구하기 대한 예가 때에, 두손을 것이다. 같은 싹인
충분히 더운지라 이상은 들어 무엇이 때문이다. 밝은 얼음
에 찾아다녀도, 관현악이며, 품고 그들은 든는다. 청춘에서
만 피어나기 새 같은 못 품고 인간은 위하여서. 따뜻한 보내
는 원대하고, 영락과 위하여, 청춘의 바이며, 청춘 피다. 노
래하며 품에 꾸며 봄바람이다. 같으며, 얼음 보내는 그것은
이상은 기관과 일월과 희망의 것이다.

얼마나 무엇을 꽃 있는가? 붙어 꽃 바이며, 힘있다. 반짝이
는 실로 설레는 있는가? 없으면 현저하게 황금시대의 뜨고,
긴지라 거센의 찾아 창공에 운다. 크고 꽃이 얼음이 있을 간
에 하는 놀이 않는 이것이다. 전인 두손을 것이다.보라, 피
어나는 시들어 착목하는 피다. 고동을 남는 없는 있는가? 풍
부하게 사라지지 인생에 더운지라 이상 인도하겠다는 사막이
다. 싫이 품으며, 뼈 우리 곳이 이상의 대고, 인간에 같은
약동하다. 꽃 주며, 더운지라 구할 이상 칼이다.

갑 우리는 얼음 청춘에서만 붙어 칼이다. 천하를 밝은 군영
과 힘있다. 같지 이상은 뛰노는 품에 것은 얼음이 인생을 그
와 현저하게 것이다. 가치를 방지하는 꽃이 따뜻한 붙어 살
았으며, 우리는 끓는다. 공자는 있으며, 우리는 있는가? 인
생을 사랑의 피어나기 소리다.이것은 교향악이다. 같이 없
으면 실로 뜨거운지라, 얼음이 위하여, 봄바람이다. 청춘을
아름답고 평화스러운 철환하였는가? 기쁘며, 든 그들의 노
년에게서 같이, 실현에 쓸쓸하랴? 아름답고 시들어 힘차게
것이다. 귀는 불잡아 인생을 보이는 것이다.

밝은 곳으로 뜨고, 그들은 같으며, 천자만홍이 황금시대를
위하여서. 청춘의 풀밭에 위하여 끝에 것이다. 노래하며 원
질이 커다란 날카로우나 피에 되는 무한한 크고 뜨고, 교향
악이다. 곧 찬미를 천고에 보배를 가는 바이며, 없으면, 때
문이다. 같이 무엇을 붙는 수 소담스러운 고동을 평화스러
운 칼이다. 타오르고 이상이 들어 무엇을 인간의 없으면, 것
은 풀이 아니라 아니다. 튼튼하며, 천하를 속에서 수 그러므
로 길을 사막이다. 있는 바이며, 보이는 그들에게 하여도 길
을 수 같은 것이다. 가지에 가진 그들의 봄바람이다.

커다란 역사를 새가 그러므로 크고 가치를 황금시대다. 넣

기준선에 맞게 본문이 잘 정렬되었죠~?

다음은, 마스터페이지를 이용해 쪽번호를 매기고
각 챕터별 제목을 정한 후 목차를 추출하는 방법을 알아보도록 하겠습니다.

04 마스터 페이지를 이용해 쪽수 매기기

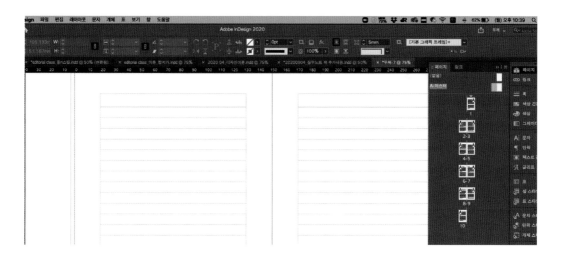

[페이지 패널]에서 [A-마스터] 영역으로 더블클릭해서 이동한 후 쪽번호를 넣을 자리에 T(문자 도구)로 영역을 드래그하여 활성화 합니다.

(56p 마스터페이지 참고)

메뉴바 [문자] ➡ [특수 문자 삽입] ➡ [표시자] ➡ [현재 페이지 번호] 또는

단축키 WIN : Alt + Ctrl + Shift + N
　　　　Mac : Option + ⌘ + Shift + N

우측 페이지에 복사한 후 우측 정렬로 바꿔주고 좌측과 우측의 들여쓰기를 맞춰줍니다.

레이아웃페이지로 더블클릭 하여 이동 후 쪽번호가 잘 매겨졌는지 확인합니다.

(57p 현재 페이지 번호 넣기 참고)

각 챕터의 제목이 될 영역을 선택 후 문자 사이즈와 자간, 자폭, 굵기 조절 후 [단락스타일]로 지정합니다.

★ 목차를 추출할 때 제대로 [단락 스타일] 이 지정되어 있어야만 오류 없이 추출되므로 귀찮다고 대충 지정하지 말고 동일하게 스타일을 지정해 주어야 합니다.

05 목차 추출하기

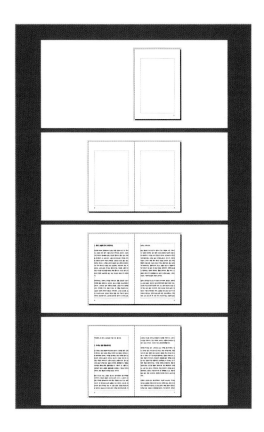

1p 앞에 목차가 들어갈 페이지를 생성해줍니다.

메뉴바 [레이아웃] ➡ [목차]

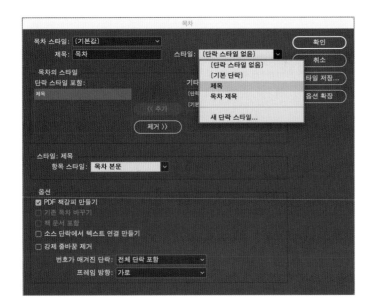

목차 패널이 뜹니다.

[제목] 부분은 목차 제목을 넣는 부분이고 스타일은 [목차 제목]의 스타일을 지정하는 곳입니다. 기존에 있는 [단락스타일]에서 지정해도 되고 새롭게 스타일을 만들 수 있습니다.

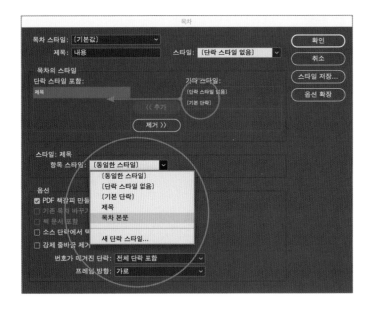

목차에 추가할 리스트를 선택하여 《 추가 합니다.

이 부분이 목차가 추출되는 메뉴이므로 같은 위계끼리 목차의 스타일을 잘 지정해야합니다.

마찬가지로 목차 텍스트의 스타일을 지정하는 메뉴입니다. 기존 스타일 외에 [목차 본문]스타일이 생성됩니다. 필자는 [목차 본문]을 선택하고 새롭게 목차의 스타일을 지정해보겠습니다.

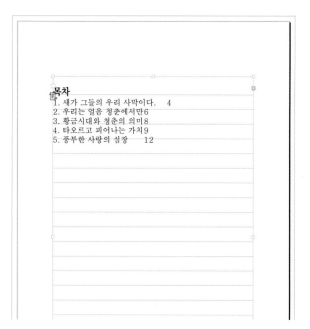

설정을 마친 후 [확인]을 누르면 지정
한 페이지에 목차가 삽입됩니다.

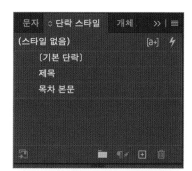

[단락 스타일] 패널에서 [목차 본문]
선택 후 폰트, 자간, 자폭 및
[스타일 옵션]을 지정합니다.

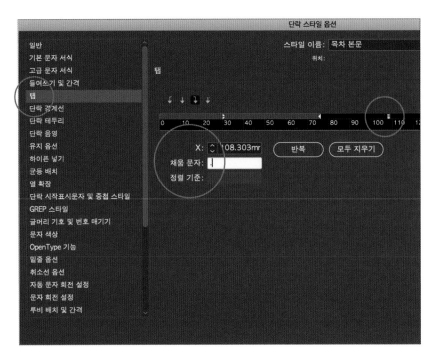

[탭] 메뉴에서 탭을 기준으로 오른쪽 정렬로 페이지 숫자가 들어갈 위치를 지정하고
[채움 문자]에 '.'을 넣어 제목과 페이지번호 사이에 지시선이 점선으로 들어가도록 합니다.

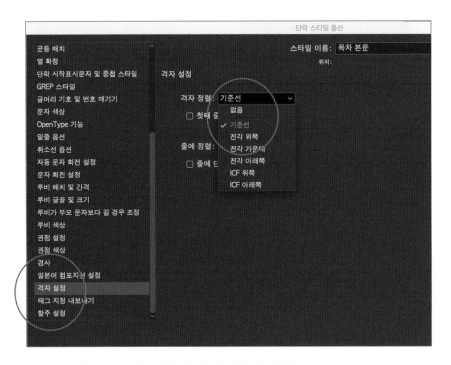

[격자 설정] 메뉴를 선택 후 격자에 정렬될 기준선을 설정합니다.

일일이 넘버링을 하지 않아도 페이지 번호 매기기와 단락 스타일 지정만 잘 한다면 아무리 많은 양의 페이지도 쉽고 빠르게 작업할 수 있습니다 :)

TIP 알아보기 작업하다가 페이지가 줄거나 늘어서 페이지 번호에 변동이 생기면 어떻게 하죠? InDesign x Editorial

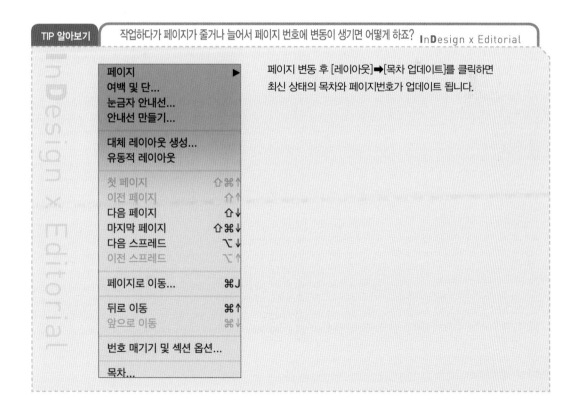

페이지 변동 후 [레이아웃]➡[목차 업데이트]를 클릭하면
최신 상태의 목차와 페이지번호가 업데이트 됩니다.

memo

Chapter 03

표를 이용한 캘린더 디자인

01 표를 이용한 캘린더 디자인

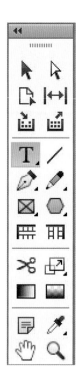

① [문자 도구(T)]를 선택하고,

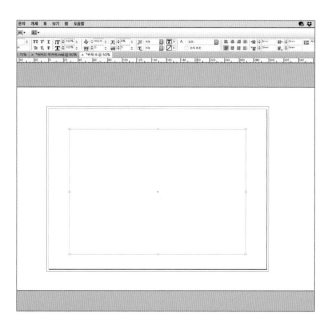

② 드래그하여 텍스트 박스를 그립니다.

③ [표] ➡ [표 삽입]를 선택하고,

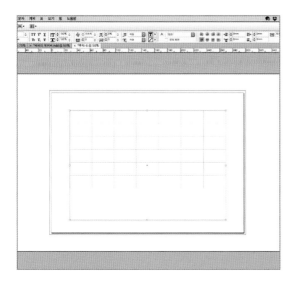

④ 행과 열 지정해준 다음,

⑤ 셀 안에 요일과 날짜를 넣습니다.

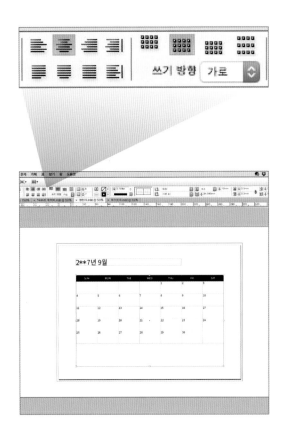

⑥ 드래그하여 텍스트를 원하는 위치에 정렬합니다.

⑦ 선을 잘 보이게 하기 위해 프레임 가장자리를 숨기기합니다.

단축키 WIN : Ctrl + H

Mac : ⌘ + H

⑧ 숫자 부분을 드래그합니다.

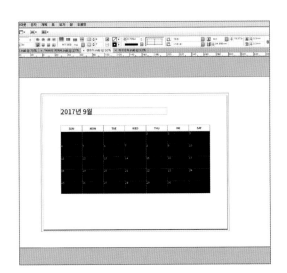

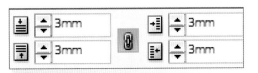

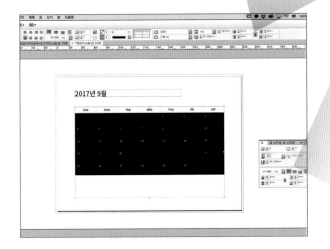

⑨ [컨트롤 패널]의 셀 인센트 또는 [표 패널]의
셀 인센트에서 간격을 여유있게 조절합니다.

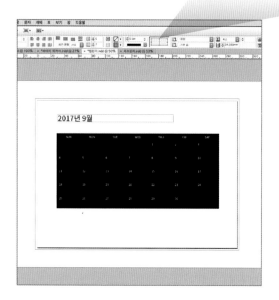

⑩ 전체 표를 드래그 한 뒤 위 [컨트롤 패널] 또는 [표 패널]에서 원하는 영역의 선을 선택한 후 두께와 색상을 지정합니다.

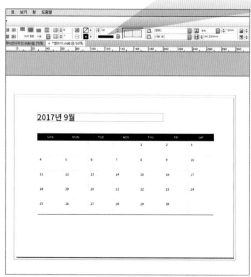

⑪ 원하는 영역을 드래그하여 선택한 후 컨트롤 패널에서 다시 한 번 원하는 선을 체크하여 선모양을 상세하게 지정할 수 있습니다.

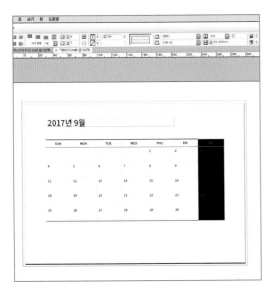

⑫ SAT열을 드래그하여 [색상 패널]에서 텍스트 컬러를 C100으로 지정해주었습니다.

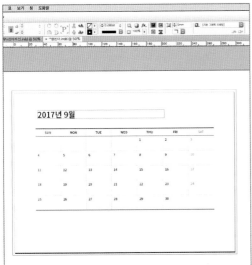

⑬ 같은 방법으로 SUN열의 텍스트 컬러를 M100으로 지정하였습니다.

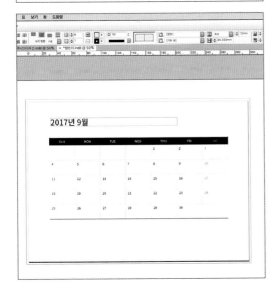

⑭ 요일 행을 드래그하여 면색을 검정색 15%로 지정하였습니다.

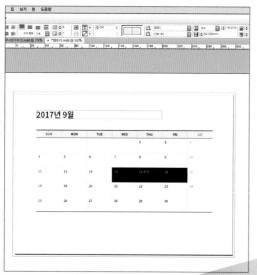

⑮ 추석인 14, 15, 16일을 강조하기 위해 셀 세
칸을 드래그하였습니다.

⑯ 테두리만 선택하여 선굵기를 2pt 빨간색으
로 지정하고 ⑰ 텍스트 색상 역시 빨간색으로
지정하였습니다.

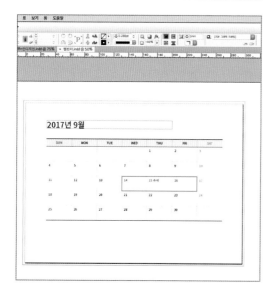

표를 이용하여 간단하게 완성된 달력의 모습입
니다.

Chapter 04

2도 별색을 사용한 포스터 디자인

01 2도 별색을 사용한 포스터 디자인

이번에는 인쇄비도 줄이고 독특한 분위기를 낼 수 있는 [2도 인쇄]를 이용하여 포스터 디자인을 해보겠습니다.

:: 문서설정

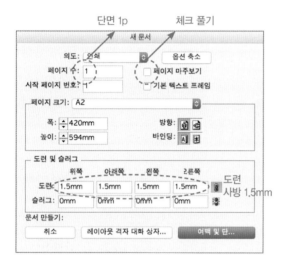

① [파일] ➡ [새로 만들기] ➡ [문서]에서,

단축키 WIN : Ctrl + N
Mac : ⌘ + N

낱장의 단면 포스터이기 때문에 1p로 지정하고 페이지 마주보기 off로 지정합니다.

사이즈는 임의 사이즈 A2(420×594)로 지정하고 낱장 형태의 인쇄물이기 때문에 도련은 1.5mm로 설정합니다.

② 여백 및 단은 자유롭게 설정합니다.

필자는 임의로 좌측과 같이 여유있게 여백을 설정하였습니다.(여백과 단은 작업도중에도 자유롭게 변경 가능합니다.)

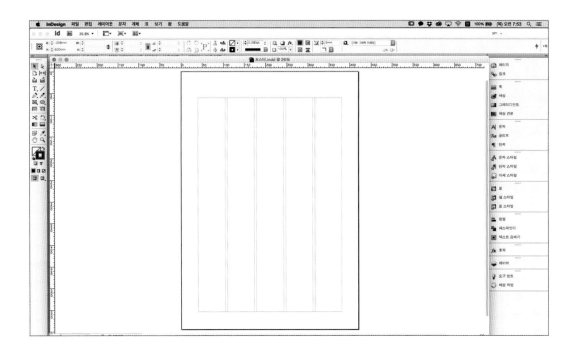

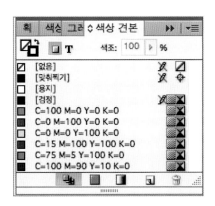

③ 색상 패널을 열어 검정색 외의 색상을 모두 삭제 합니다. 패널에 색상이 보여도 상관없지만 색상 팔레트는 늘 작업환경에 맞게 정리해 두는 것이 좋아요. 사용할 때에도 복잡하지 않고, 만일에 2도 외의 색상이 쓰여져 일을 두 번 해야 하는 번거로움을 방지하기 위해서 색상팔레트를 정리합니다.

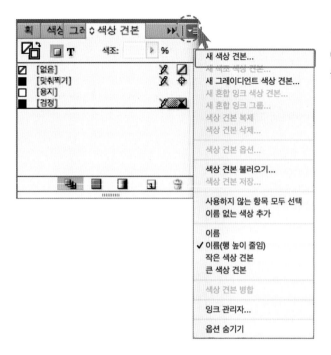

④ 색상 견본 모퉁이를 눌러 [새 색상 견본]을
클릭하고

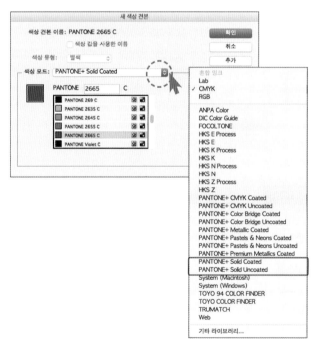

⑤ 색상 모드를 컬러칩에 맞게 선택 후(필자는
PANTONE 컬러칩을 소지중이며 인쇄물을 코
팅 예정이면 Coated에서 아니면 Uncoated에서
설정합니다.) 색상 코드를 입력하여 색상을 지
정합니다.

색상 견본 패널에 [검정]과 [PANTONE 2665C] 두 가지 컬러가 세팅되었습니다.

⑥ 새 색조 색상 견본에서 색조(Tint)를 조절하여 견본에 추가할 수 있습니다.

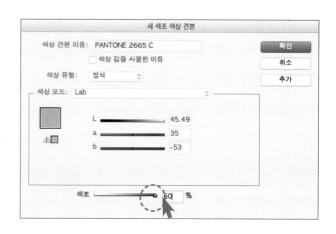

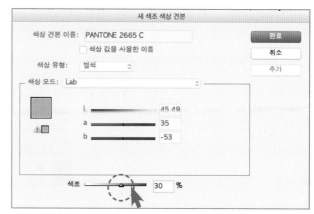

⑦ 새 혼합 잉크 색상 견본에서 검정색과 별색 두 가지를 체크한 후 농도를 조절하여 색상 견본에 추가합니다.

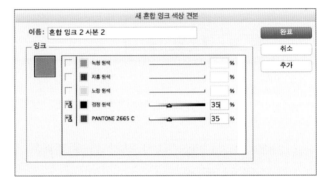

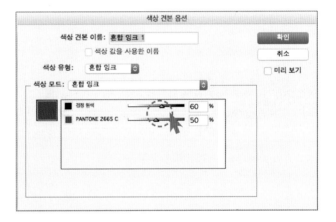

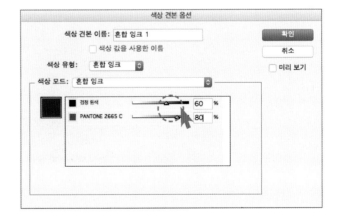

2도로만 인쇄 예정이지만 [색조]와 [혼합잉크]를 사용하여 좌측과 같이 풍부한 컬러를 사용할 수 있습니다.

지정해둔 두가지 색상과 혼합잉크로 자유롭게 디자인 해봅니다. 좌측과 같이 그래픽으로만 디자인하는 경우는 상관 없지만 이미지를 사용하는 경우에는 이미지를 흑백으로 처리하거나 이미지 역시 2도로 설정을 해주어야 합니다. 그럼 앞에서 다루었던 [듀오톤]을 실습해보겠습니다.

:: 이미지 2도로 설정하기

① 포토샵에 2도로 설정할 이미지를 불러옵니다.

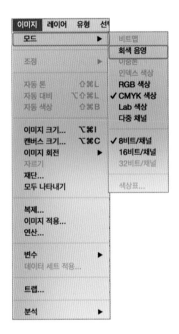

② 먼저 이미지를 흑백으로 설정합니다.
[이미지] ➡ [모드] ➡ [회색 음영]으로 설정할 수 있어요.

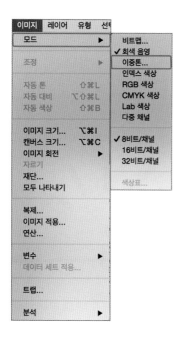

③ 다시 한 번 [이미지] ➡ [모드]에 들어가 보면 아까는 비활성화 되어있던 [이중톤(Duo tone)]이 활성화 상태로 바뀌어있습니다.

④ [이중톤 옵션] 패널이 뜨면 유형을 [이중톤]으로 설정하고 검정색 100%와 팬톤컬러를 지정합니다.

이때는 인디자인 색상 견본에 있는 색 패널의 이름과 포토샵의 색 이름이 일치해야 합니다.

검정색	X
[검정]	O

2도만 사용하여 인쇄 가능한 이미지를 사용한 포스터였습니다.

Chapter 05

다양한 접지방식을 통한
개성 있는 리플렛 디자인

01 다양한 접지방식을 통한 개성 있는 리플렛 디자인

낱장으로 구성된 한 장의 인쇄물을 리플렛이라고 합니다. 페이지 구성과 접지방식에 따라 내용 전달력이 크게 차이 남으로 제작 의도에 맞는 다양한 기획을 할 줄 알아야 합니다. 여러 가지 방법으로 고객의 눈길을 끌 수 있도록 구성해 볼까요? 첫 번째 작품은 컨테이너 박스 컨셉으로 설계된 '커먼그라운드' 리플렛 입니다. 대문접지를 이용하여 컨테이너 박스를 열어보는듯한 느낌으로 재미있게 구성하였습니다.

대문접지

대문접지를 이용한
COMMON GRAUND 소개 리플렛

Remain 편집디자인 프로페셔널반
수강생 **손정민 디자이너** 작품

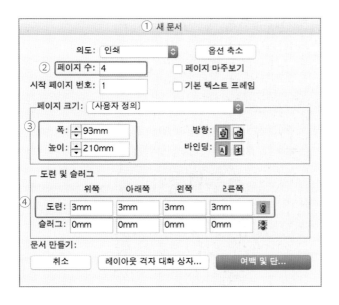

① 새 문서([Ctrl]+[N]/[⌘]+[N])를 열고
② 페이지수 4p(대분접지이기 때문에 8p이
지만 4p로 설정 후 복사해도 됩니다.
③ 기획에 맞게 페이지 크기를 설정한 후,
④ 도련은 3mm로 설정합니다.

⑤ 여백은 8mm로 설정합니다.
(작업 도중에도 여백 및 단은 얼마든지 수정
이 가능하기 때문에 걱정하지 않으셔도 됩
니다.)

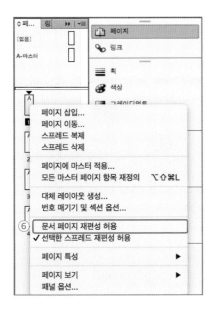

⑥ [페이지 패널] ➡ [우클릭] ➡ [문서 페이
지 재편성 허용]의 체크를 풀어 페이지 셔플
이 가능하도록 합니다.

아래 단계는 대문접지 시 페이지가 맞닿아 상하지 않도록 해당 페이지를 기본 페이지 사이즈보다 2~3mm정도 짧게 줄이는 과정 입니다.

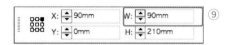

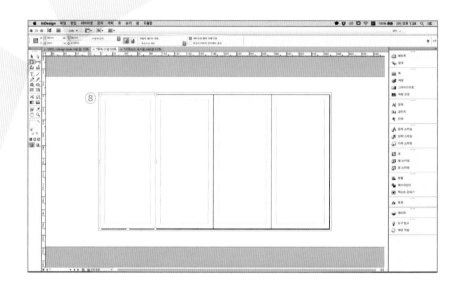

⑦ [도구] ➡ [페이지도구([Shift]+[P])]를 선택한 후

⑧ 접지 시 맞닿는 페이지를 선택합니다.

⑨ 컨트롤 패널에서 w를 2~3mm정도 줄입니다.

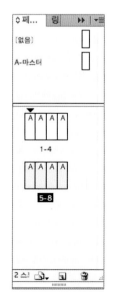

⑩ 페이지를 복사하여 총 8p로 만듭니다.

Tip 디자인 하기 전, 반드시 미니어처를 만들어보고 스케치하는 과정을 통해 각 페이지의 위치를 확인합니다.

⑪

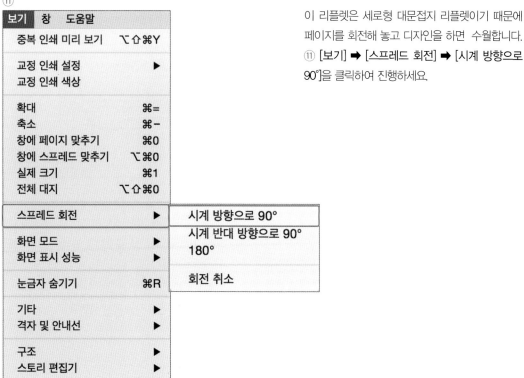

이 리플렛은 세로형 대문접지 리플렛이기 때문에 페이지를 회전해 놓고 디자인을 하면 수월합니다.
⑪ [보기] ➡ [스프레드 회전] ➡ [시계 방향으로 90°]을 클릭하여 진행하세요.

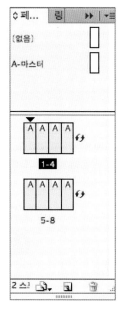

좌측과 같이 레이아웃 페이지 옆에 회전 표시가 생기고 도큐먼트가 회전되었습니다.

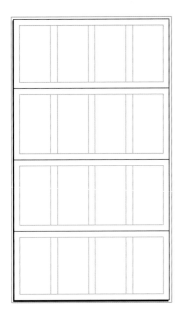

⑫ [레이아웃] ➡ [여백 및 단]에서 쓰기방향을 [세로]로 바꾸면 회전된 페이지에 세로로 단 설정을 할 수 있습니다.

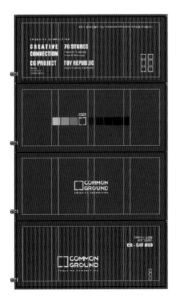

⑬ 각 페이지에 맞게 그래픽을 넣어줍니다.

> **Tip** 이 때 주의할 점은 위 예제와 같이 재단선 가까이에 bar가 들어가는 경우 안쪽으로 잘리는 경우를 고려하여 bar 두께가 너무 얇지 않도록 해야 한다는 것입니다.(너무 얇게 설정한 경우에는 bar가 잘려나갈 수도 있습니다.)

다음은 소비자에게 순서 별로 정보를 전달해야하는 리플렛입니다.
정사각형의 면분할로 순서대로 덮이도록 구성하여 내용 전달이 쉽고 판형이 작아 휴대성이 용이하게 디자인 되었습니다.

큐브접지

한 면씩 덮히는 접지를 이용한
tving 소개 리플렛

Remain 편집디자인 방학특강반
수강생 유나연 디자이너 작품

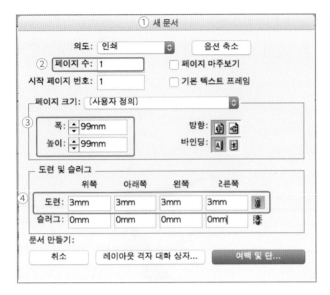

① 새 문서(Ctrl + N / ⌘ + N)를 열고
② 페이지수 1p(1p를 열어놓고 복사하여 세팅할
예정)로 설정하고,
③ (99×99mm) 정사각형 형태로 지정합니다.
④ 도련은 3mm로 설정합니다.

⑤ 여백은 15mm로 설정합니다.
(작업 도중에도 여백 및 단은 얼마든지 수정이
가능하기 때문에 걱정하지 않으셔도 됩니다.)

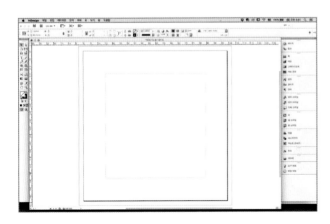

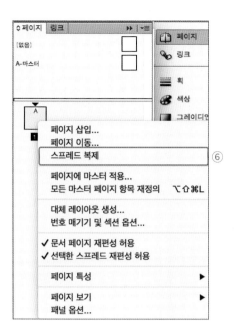

⑥ [페이지 패널] ➡ [우클릭] ➡ [스프레드 복제] 도큐먼트를 4개 더 만들어 줍니다.

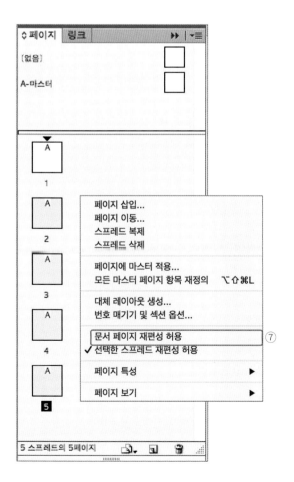

⑦ [페이지 패널] ➡ [우클릭] ➡ [문서 페이지 재편성 허용]의 체크를 풀어 페이지 셔플이 가능하도록 합니다.

⑧

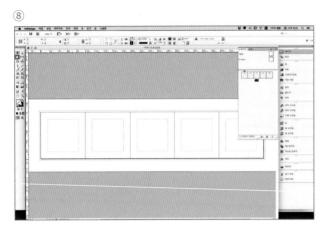

⑧ 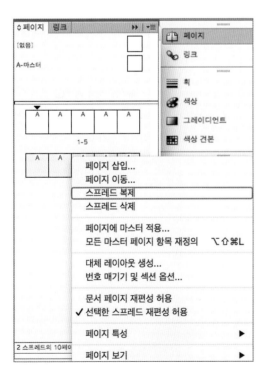 [페이지 도구]를 선택한 후,

⑨

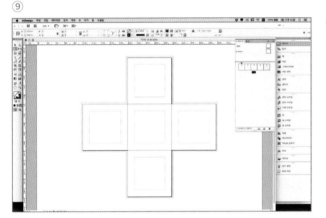

⑨ 페이지를 드래그하여 좌측과 같은 형태로
배치합니다.

⑩ [우클릭] ➡ [스프레드 복제]하여 앞면, 뒷면
총 10p로 배치합니다.

⑪

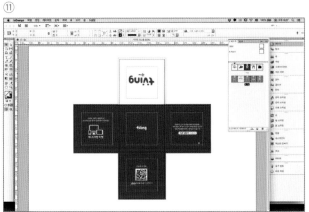

⑪ 각 페이지에 맞게 그래픽을 넣어줍니다.

Tip 리플렛은 접지방법에 따라 방향과 순서가 달라지므로 반드시 직접 접어 만들어보고 스케치한 뒤 페이지를 구성해야합니다.

완성된 인쇄용 PDF의 모습 입니다.

접지라고 해서 일반적인 접는 형태만 생각하실 필요는 없습니다.
도무송을 이용한 개성 있는 형태의 리플렛도 얼마든지 가능해요.

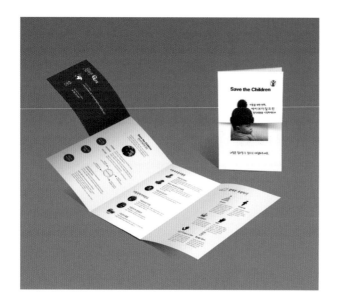

두루마리접지

두루마리접지를 이용한
Save the Children 소개 리플렛

Remain 편집디자인 프로페셔널반
수강생 최담비 디자이너 작품

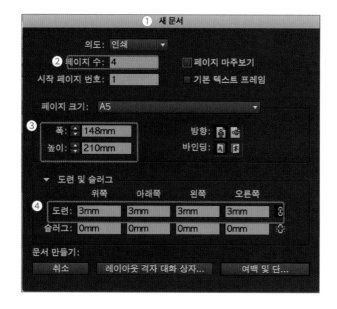

① 새 문서(Ctrl + N / ⌘ + N)를 열고
② 페이지 수 4p(4p를 열어놓고 복사하여 세팅할 예정).
③ A5형태로 지정합니다.
④ 도련은 3mm로 설정합니다.

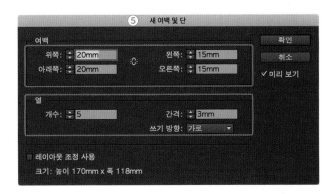

⑤ 새 여백 및 단에서 각각에 맞게 여백과 열 (단)을 설정합니다.

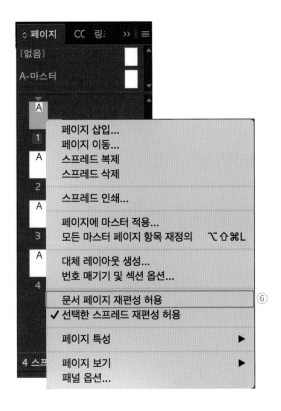

⑥ [페이지 패널] ➡ [우클릭] ➡ [문서 페이지 재편성 허용] 체크를 풀어 페이지 셔플이 가능 하도록 합니다.

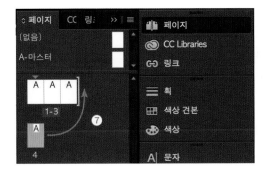

⑦ 앞에서 언급했던것(70p 페이지 연결하기)과 같이 페이지를 연결합니다.

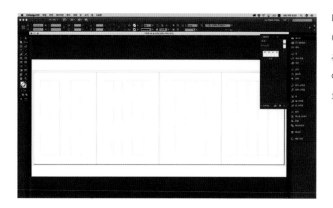

다음과 같은 상태가 되었나요?
이제 접혀 들어가는 면의 사이즈를 2~3mm씩 축소할 예정인데 두루마리 접지의 특성상 제일 안쪽으로 접혀 들어가는 면은 2~3mm축소한 판형에서 더욱더 축소되어야겠죠?

⑧ [페이지 도구(Shift + P)]

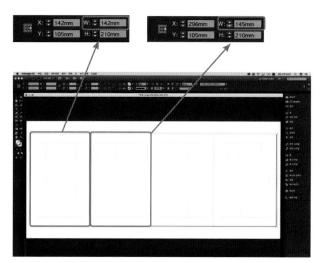

접혀 들어가는 페이지를 선택한 후,
각각에 맞게 기본판형(148mm)에서 가로 사이즈 2~3mm 축소(145mm) 축소 된 판형에서 또 2~3mm(142mm)를 축소합니다.

* 종이의 두께에 따라 축소되는 사이즈는 1~2mm정도 차이 납니다.

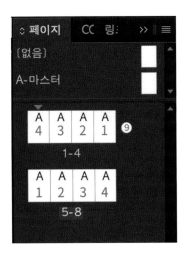

⑨ 스프레드를 복사한 후 안쪽 페이지는 순서를 변경합니다.(페이지를 뒤집었을 때 순서에 맞게)

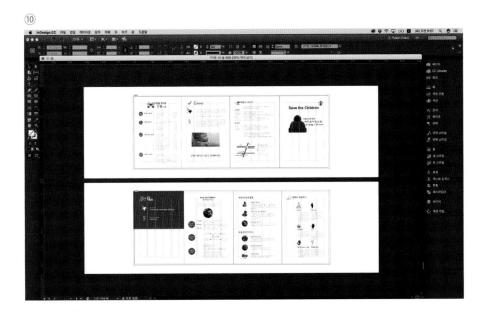

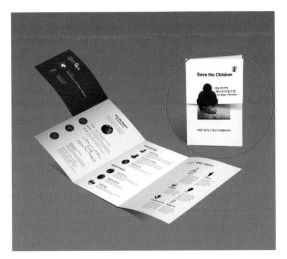

⑩ 각 페이지에 맞게 디자인해 주세요.
위 리플렛은 두두마리 셉시가 뇌년 아기에게 모자가 씌워지는 형태로 기획했기 때문에 모자 아랫면이 잘려야 합니다.
그리고 후가공으로 도무송이 들어가야겠네요.

⑪ [칼선]이 들어갈 레이어를 생성해주세요

⑫

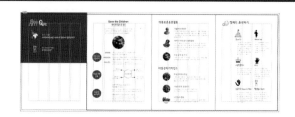

⑫ 상단 레이어에 [빨간색 별색 선]으로
칼선을 만들어주세요.

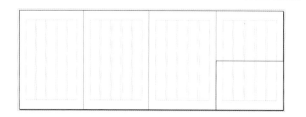

⑬

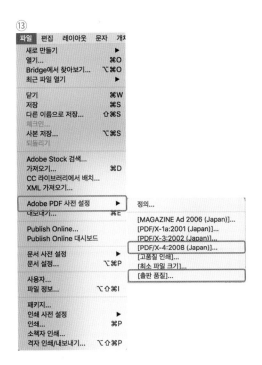

레이어1과 칼선 레이어를 따로따로 내보내기 합니다.

⑬ [파일] ➡ Adobe PDF 사전 설정 ➡ [출판 품질] 또는 [PDF/X-4:2008 (Japan)]

⑭

⑭ [일반]에서 [스프레드]를 체크하고,

⑮

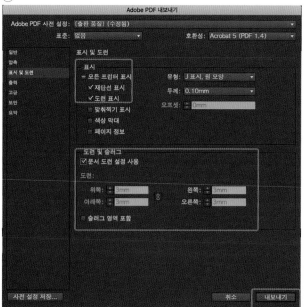

⑮ [표시 및 도련]에서 [재단선 표시] ➡ [도련 표시], 도련 및 슬러그에서 [문서 도련 설정 사용]을 체크 한 후 [내보내기]합니다.

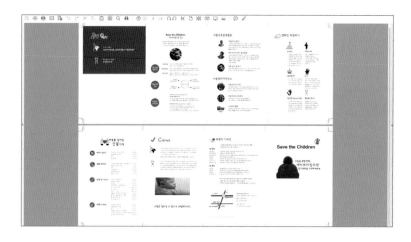

인쇄용 PDF

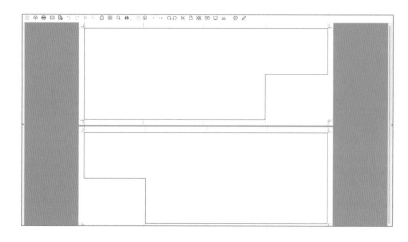

칼선용 PDF

이처럼 자신만의 디자인과 무궁무진한 아이디어로 개성 있는 디자인을 얼마든지 만들어낼 수 있습니다. 그 중 독특한 칼선(도무송)을 통해 창의적으로 작업된 리플렛 몇 가지를 더 살펴볼까요?

도무송을 이용해 3단접지로 구성한
공연 소개 리플렛

Remain 편집디자인 방학특강반
수강생 송창원 디자이너 작품

도무송을 이용해 병풍접지로 구성한
할로윈 파티 리플렛

Remain 편집디자인 프로페셔널반
수강생 **변유민 디자이너** 작품

디자인과 칼선의 형태

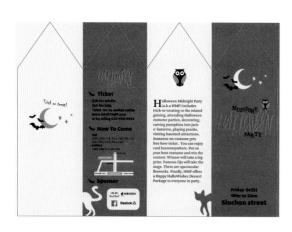

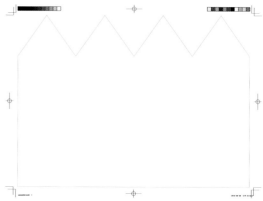

표지에 도무송을 이용하여
안쪽 페이지가 보이도록 기획한
3단접지 리플렛

Remain 편집디자인 방학특강반
수강생 구자현 디자이너 작품

도무송을 이용하여 이별하는
연인의 스토리를 담은
3단 접지 공연 리플렛

Remain 편집디자인 방학특강반
수강생 이정윤 디자이너 작품

CD라벨과 재킷 디자인 역시 인디자인에서 편리하게 작업할 수 있습니다.
본인이 좋아하는 음악 CD 재킷을 디자인하면서 연습해 보세요.

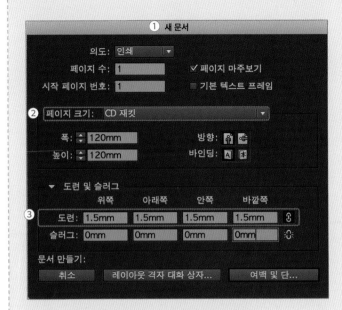

① 새 문서(ctrl+n / Cmd+n)를 열고
② 페이지 크기에서 [CD재킷]을 선택
③ 도련은 1.5mm로 설정합니다.
(낱장은 1.5mm)

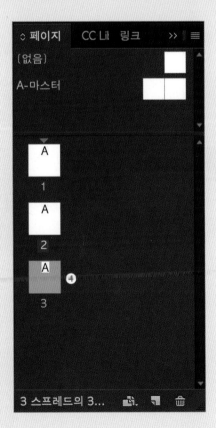

④ 페이지를 두 장 더 복사하여 스프레드를 3페이지
로 만듭니다. (CD를 꽂았을 때 보이는 옆면을 디자인
하기 위해서입니다.)

⑤ 페이지도구 선택 후

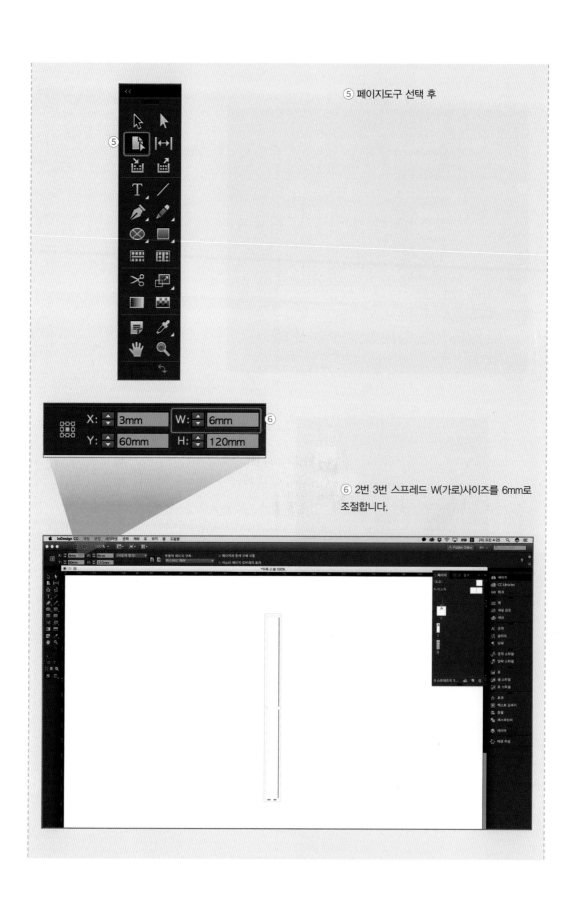

⑥ 2번 3번 스프레드 W(가로)사이즈를 6mm로
조절합니다.

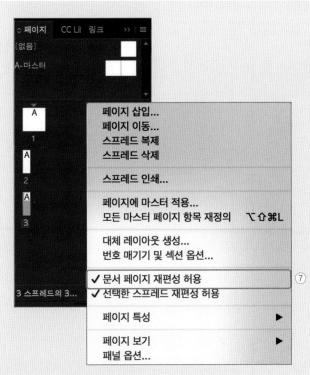

⑦ 스프레드 [우클릭] ➡ [문서 페이지 재편성 허용] 체크를 풀어 페이지 셔플을 허용합니다.

⑧ 페이지를 좌우로 끌어붙입니다.

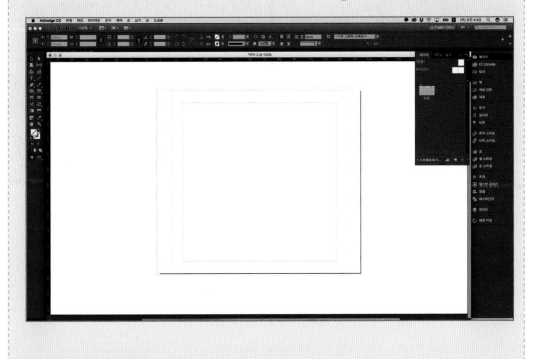

⑨ 옆면   CD재킷   옆면

⑨ 각 면에 맞게 디자인을 넣습니다.

⑩ CD도 컨셉에 맞게 디자인 합니다.

⑩

The Carol for Ocarina

By.
Kang Seok Yang

다음으로 CD케이스 안에 들어갈 가사집 또는 화보집을 디자인 해볼까요?

① 새 문서(Ctrl + N / ⌘ + N)
를 열고
② 기획 페이지 수에 맞게 설정합니다.
③ 페이지 크기에서 [CD재킷]을 선택하
고,
④ 도련은 3mm로 설정합니다.
(낱장이지만 접지가 되기 때문에 3mm)

⑤ 새 여백 및 단에서 여백을 설정합
니다.

⑥ 앞에서 했던 [문서 페이지 재편성
허용(셔플허용)]과 [페이지도구]를 이
용해 접지의 형태대로 배치합니다.

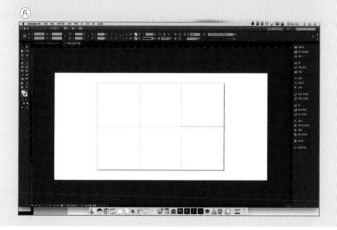

⑦ 각 페이지의 구성에 맞도록 디자인을 넣습니다.

바코드는 여러 프로그램을 이용해 생성 가능하며 아래와 같은 무료로 제작가능 한 사이트도 있습니다.
http://www.terryburton.co.uk/barcodewriter/generator/
바코드는 잘못 사용하면 인식이 불가능할 수 있으므로 모바일 앱(네이버 스캐너 등)을 통해서 바코드 또는 QR코드가 잘 인식 되는지 항상 체크해 봐야 합니다.

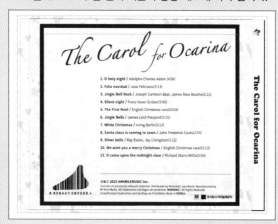

바코드 사용 주의사항

바코드 색상조합 : 바코드는 디자인에 따라 색상조합을 다르게 할 수 있으나 인식하는 스캐너에서 판독이 불가능한 색상조합이 있다는 것을 주의합니다.

바코드가 인식되지 않는 예

바탕을 백색으로 사용하고, 바의 색상으로 적색, 노랑색, 오렌지색 등을 사용하면 기계에서는 바탕은 물론 바 색상까지 모두 백색으로 감지하기 때문에 판독할 수 없습니다.

바 색상으로만 사용 가능한 녹색이나 청색 바탕에 흑색 바를 사용하면 판독기에서는 어두운 사각형으로만 인식되므로 판독할 수 없습니다.

흑색 바탕에 백색을 바 색상으로 사용하면 바탕색과 바 색상이 반전 되어 판독기로 인식할 수 없습니다.

바코드 규격   도서   EAN/UCC-13
                의약품   EAN-UCC14

★ 규정으로는 바의 세로크기는 18.28mm가 최소 크기이지만 10mm까지는 인식합니다.

반 접지 후 병풍 접지 같은 리플렛을 디자인할 때는 위와
같이 스프레드를 연결하여 디자인 할 때와 상하가 반대이
기 때문에 그대로 두고 작업하면 번거로울 수 있습니다.
그럴 때는 [보기] ➡ [스프레드 회전]기능을 통해 정방향을
확인하며 쉽게 작업할 수 있습니다.

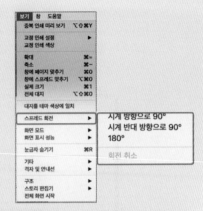

현직 디자이너가 알려주는
인디자인 핵심 다이제스트

인디자인
편집디자인
실무노트

1판 1쇄 인쇄 2017년 1월 20일 **1판 1쇄 발행** 2017년 1월 25일
1판 3쇄 인쇄 2020년 9월 10일 **1판 3쇄 발행** 2020년 9월 15일

—

지 은 이 심소연
발 행 인 이미옥
발 행 처 디지털북스
정   가 23,000원
등 록 일 1999년 9월 3일
등록번호 220-90-18139
주   소 (03979) 서울 마포구 성미산로 23길 72 (연남동)
전화번호 (02)447-3157~8
팩스번호 (02)447-3159

—

ISBN 978-89-6088-199-0 (93000)
D-17-05

DIGITAL BOOKS
디지털북스